Wanderführer
Europäischer Fernwanderweg E 1

Nordsee – Bodensee – Gotthard
(– Mittelmeer)

Kompass Wanderführer

Europäischer Fernwanderweg E 1

Teilstrecke:
Nordsee – Bodensee – Lago di Lugano
(Flensburg – Konstanz – Lugano)

Begangen und beschrieben
von Arthur Krause

Kurzbeschreibungen
»Schweden – Dänemark – Nordschleswig«,
»Norditalien – Umbrischer Apennin«
und »Westliche Anschlußroute«
von Hans Jürgen Gorges

Deutscher Wanderverlag
Dr. Mair & Schnabel & Co. · Stuttgart

wandern+ radwandern

Die große Wanderbuch-Reihe
für grenzenloses Wandern

Gesamte Kartographie:
Generalkarte 1:200 000 Mairs Geographischer Verlag
Ausschnitte für dieses Buch bearbeitet:
Ing.-Büro Adolf Benjes und Adele Greschner

In diesem Buch werden nur jene Kartenwerke aufgeführt, die unseren Karten-Ausschnitten zugrunde liegen. Aus Platzgründen können nicht alle im Fachhandel erhältlichen Karten genannt werden.

Umschlagbild und Seite 2:
(Foto: Ulrich Schnabel, Archiv: DWV)

6., überarbeitete Auflage 2000

ISBN 3-8134-0214-2

© 1978. **Deutscher Wanderverlag Dr. Mair & Schnabel & Co.,**
Gutenbergstraße 13, D-73760 Ostfildern (Kemnat)
E-mail: kompass@deutscher-wanderverlag.de
www.deutscher-wanderverlag.de
Alle Rechte, auch die der photomechanischen Wiedergabe
und der Übersetzung, vorbehalten.
Satz: Fotosatz-Team, D-70771 Leinfelden-Echterdingen
Druck: Siegfried Roth, D-73277 Owen/Teck
Printed in Germany

Gedruckt auf 100% chlorfrei gebleichtes Papier

Inhalt

Allgemeine Hinweise 9
Anschriften 240

Schweden – Dänemark – Nordschleswig (etwa 1413 km)

0 Kurzfassung aus Kompass Wegweiser *Auf Tour in Europa*.
Das Handbuch für die Europäischen Fernwanderwege
von *Hans Jürgen Gorges*.

Nr.		Seite
0.1	Der E 1 in Schweden (1130 km)	11
0.2	Jütland (159 km)	11
0.3	Nordschleswig/Südjütland (124 km)	13

Deutschland (etwa 1773 km)

Schleswig-Holstein – Nordheide

1 Flensburg – Schleswig – Kiel – Eutin – Lübeck (x E 9) – Ratzeburg – Mölln – Güster – Hamburg – Lüneburger Heide – Soltau – Müden (562 km)

Information: Wanderverband Norddeutschland e.V.
Spaldingstraße 16 B, D-20097 Hamburg

1.1	Dänische Grenze – Flensburg – Oeversee (21 km)	14
1.2	Oeversee – Schleswig (27 km)	16
1.3	Schleswig – Brekendorf (20 km)	18
1.4	Brekendorf – Eckernförde (26 km)	22
1.5	Eckernförde – Dänisch-Nienhof (25 km)	25
1.6	Dänisch-Nienhof – Kiel (21 km)	27
1.7	Kiel (Wellingdorf) – Preetz (15 km)	29
1.8	Preetz – Plön (21 km)	31
1.9	Plön – Malente – Eutin (24 km)	32
1.10	Eutin – Schönwalde (20 km)	34
1.11	Schönwalde – Neustadt (20 km)	36
1.12	Neustadt – Bad Schwartau (33 km)	38
1.13	Bad Schwartau – Lübeck (Kleingrönau) (30 km)	41
1.14	Lübeck (Kleingrönau) – Ratzeburg (29 km)	45
1.15	Ratzeburg – Mölln (16 km)	48
1.16	Mölln – Güster (18 km)	49
1.17	Güster – Witzhave (33 km)	51
1.18	Witzhave – Hamburg (Billstedt) (27 km)	54
1.19	Hamburg (Billstedt) – Hamburg (Blankenese) (22 km)	56
1.20	Hamburg (Blankenese) – Buchholz (32 km)	59
1.21	Buchholz – Undeloh (26 km)	62
1.22	Undeloh – Bispingen (20 km)	64
1.23	Bispingen – Soltau (20 km)	66
1.24	Soltau – Wietzendorf – Müden (30 km)	69

Südheide und Hannoversches Bergland

2 Müden – Celle – Steinhuder Meer – Hameln/Weser (x E 11) (163 km)

Information: Hannoverscher Wander- und Gebirgsverein e.V.
Postfach 25 12, D-30025 Hannover

2.1	Müden – Celle (Klein-Hehlen) (30 km)	71
2.2	Celle (Klein-Hehlen) – Wennebostel (29 km)	73
2.3	Wennebostel – Steinhude (33 km)	75
2.4	Steinhude – Bad Nenndorf (20 km)	78
2.5	Bad Nenndorf – Bad Münder (28 km)	80
2.6	Bad Münder – Hameln (x E 11) (17 km)	82

Lippisches Bergland – Teutoburger Wald

3 Hameln – Lemgo – Detmold – Externsteine – Altenbeken (82 km)

Information: Teutoburger-Wald-Verein e.V.
Heeper Straße 26, D-33607 Bielefeld

3.1	Hameln – Linderhofe (28 km)	84
3.2	Linderhofe – Lemgo – Detmold (26 km)	87
3.3	Detmold – Externsteine – Altenbeken (28 km)	90

Eggegebirge

4 Altenbeken – Willebadessen – Iburg – Blankenrode – Marsberg (57 km)

Information: Eggegebirgsverein e.V.
Auf dem Krähenhügel 7, D-30014 Bad Driburg

4.1	Altenbeken – Willebadessen (25 km)	94
4.2	Willebadessen – Marsberg (32 km)	95

Sauerland

5 Marsberg – Niedersfeld – Kahler Asten – Bad Berleburg – Laasphe – Siegen – Herdorf (170 km)

Information: Sauerländischer Gebirgsverein e.V.
Hasenwinkel 4, D-59821 Arnsberg

5.1	Marsberg – Schweinsbühl (25 km)	98
5.2	Schweinsbühl – Willingen – Niedersfeld (24$^1/_2$ km)	101
5.3	Niedersfeld – Oberkirchen (25 km)	103
5.4	Oberkirchen – Bad Berleburg (16 km)	106
5.5	Bad Berleburg – Bad Laasphe (19 km)	108
5.6	Bad Laasphe – Lahnhof (18 km)	111
5.7	Lahnhof – Deuz – Siegen (19 km)	114
5.8	Siegen – Freusburg – Herdorf (26 km)	115

Westerwald

6 Herdorf – Bad Marienburg – Montabaur – Nassau (105 km)

Information: Westerwald-Verein e.V. Kreisverwaltung
Peter-Altmeier-Platz 1, D-56410 Montabaur

6.1	Herdorf – Fuchskaute (22 km)	118
6.2	Fuchskaute – Bad Marienberg (14 km)	120
6.3	Bad Marienberg – Selters (29 km)	122
6.4	Selters – Montabaur (15 km)	124
6.5	Montabaur – Nassau (25 km)	126

Taunus

7 Nassau – Kloster Arnstein – Idstein – Großer Feldberg (x E 3) – Hohemark – Frankfurt am Main (90 km)

Information: Taunusclub e.V.
Odenwaldstraße 10, D-65812 Bad Soden

7.1	Nassau – Schaumburg (Balduinstein) (24 km)	129
7.2	Schaumburg (Balduinstein) – Michelbacher Hütte (Michelbach) (20 km)	131
7.3	Michelbacher Hütte (Michelbach) – Idstein (17,5 km)	134
7.4	Idstein – Frankfurt (Hohemark) (28 km)	135
7.5	Frankfurt (Hohemark) – Frankfurt (Sachsenhausen) (26 km)	139

Odenwald

8 Frankfurt – Ober-Ramstadt – Felsberg – Reichenbach – Heidelberg/Ziegelhausen – Bretten – Pforzheim (198 km)

Information: Odenwaldclub e.V.
Postfach 12 70, D-64794 Höchst i. Odw.

8.1	Frankfurt (Sachsenhausen) – Dreieichenhain (17 km)	142
8.2	Dreieichenhain – Ober-Ramstadt (28 km)	144
8.3	Ober-Ramstadt – Reichenbach (17 km)	146
8.4	Reichenbach – Birkenau (23 km)	148
8.5	Birkenau – Ziegelhausen (22 km)	150
8.6	Ziegelhausen – Rauenberg (25 km)	153
8.7	Rauenberg – Odenheim (16 km)	156
8.8	Odenheim – Bretten (25 km)	156
8.9	Bretten – Pforzheim (23 km)	160

Schwarzwald

9 Pforzheim – Hornisgrinde – Mummelsee – Schliffkopf – Hausach – Feldberg – Schluchsee – Wutachschlucht – Konstanz am Bodensee (346 km)

Information: Schwarzwaldverein e.V.
Schloßbergring 15, D-79098 Freiburg i.Br.

9.1	Pforzheim – Dobel (25 km)	163
9.2	Dobel – Forbach (22 km)	166
9.3	Forbach – Mummelsee (22 km)	169
9.4	Mummelsee – Kniebis (24 km)	172
9.5	Kniebis – Hausach (32 km)	174
9.6	Hausach – Schonach (20 km)	176
9.7	Schonach – Thurner (29 km)	179
9.8	Thurner – Titisee – Feldberg (23 km)	181
9.9	Feldberg – Lenzkirch (26 km)	183
9.10	Lenzkirch – Schattenmühle (20 km)	186
9.11	Schattenmühle – Blumberg (19 km)	188
9.12	Blumberg – Engen (25 km)	190
9.13	Engen – Singen (22 km)	192
9.14	Singen – Güttingen (16 km)	195
9.15	Güttingen – Konstanz (22 km)	197

Schweiz (etwa 320 km)

10 Konstanz (D)/Kreuzlingen (x E 4/E 5) – Weinfelden – Wil – Wattwil – Rapperswil (84 km)
Information: Schweizer Wanderwege
                Im Hirshalm 49, CH-4125 Riehen

Vorbemerkung für Teilstrecke Schweiz	199
10.1 Konstanz – Wil (30 km)	200
10.2 Wil – Wattwil (25 km)	204
10.3 Wattwil – Rapperswil (29 km)	207

11 Rapperswil – Einsiedeln – Schwyz – Flüelen (Vierwaldstätter See) – Andermatt (106 km)

11.1 Rapperswil – Einsiedeln (24 km)	209
11.2 Einsiedeln – Schwyz (25 km)	211
11.3 Schwyz – Flüelen (19 km)	213
11.4 Flüelen – Amsteg (18 km)	215
11.5 Amsteg-Andermatt (20 km)	217

12 Andermatt – Gotthard/Gottardo – Airolo – Biasca – Bellinzona – Isone – Tesserete – Lugano – Morcote (131 km)

12.1 Andermatt – Airolo (18 km)	220
12.2 Airolo – Osco (17 km)	222
12.3 Osco – Biasca (28 km)	224
12.4 Biasca – Bellinzona (22 km)	227
12.5 Bellinzona – Isone (13 km)	229
12.6 Isone – Tesserete (11 km)	231
12.7 Tesserete – Lugano – Morcote (22 km)	232

Norditalien – Umbrischer Apennin (etwa 1033 km)

13 Kurzfassung aus Kompass Wegweiser *Auf Tour in Europa* von *Hans Jürgen Gorges.*

Campo dei Fiori – Parco del Ticino (221 km) / Ligurischer Apennin (294 km) / Tosko – Emilianischer Apennin (228 km) / Tosko – Romagnolischer und Umbrischer Apennin (290 km)	235

Allgemeine Hinweise

Tageswanderungen von etwa sieben Stunden erfordern Ausdauer und Erfahrung. Wer sich auf eine längere Wegstrecke macht, sollte zuvor auf kürzeren Touren seinen Gesamtzustand prüfen. Wichtig ist, daß ausreichend Ruhezeiten eingeplant werden.

Wanderungen im *Gebirge* setzen fast immer auch Schwindelfreiheit und des öfteren auch Gletschererfahrung voraus.

Neben leichter *Kleidung* für hochsommerliche Verhältnisse (auch Badezeug, Sonnenbrille u.a.) sollte man für plötzlichen Kälteeinbruch auch warme Kleidung vorsehen (langer Anorak, Kopfbedeckung, Handschuhe, Wollsachen, Regenschutz). Außerdem: Ersatzwäsche, Wasch- und Nähzeug, Klopapier, schwere, gut eingelaufene Bergschuhe mit neuer griffiger Sohle, Taschenlampe, Erste-Hilfe-Artikel und Medikamente nach persönlichem Bedarf, notwendiger Proviant und Thermosflasche mit Getränk, ausreichend Geld sowie *Ausweispapiere* einschließlich Reisepaß (*Grenzübertritt*!) und Krankenschein, Wanderstock.

Gesamtgewicht des *Rucksackes* nicht über 15 kg.

Für das *hochgebirgige Gelände* sind Biwaksack, Bergseil, Eispickel und Steigeisen sowie Gletscherbrille ratsam, zeitweise notwendig.

Vor Antritt der Wanderung rechtzeitig über Rundfunk, Fernsehen und Presse, vor allem auch bei Wanderorganisationen und alpinen Vereinen, über die Geländeverhältnisse, die nächsttägige Wetterlage und die Bewirtschaftung der alpinen Schutzunterkünfte erkundigen!

Während der Tour selbst im Zweifel immer wieder *Auskünfte* und *Ratschläge* erfahrener Einheimischer einholen:

Drohende Wetterstürze und witterungsbedingte schlechte Wegzustände (gegebenenfalls empfohlene Ausweichrouten wählen oder umkehren!)

Nur markierte oder ausreichend deutlich beschriebene Wege benützen, *Abkürzungen* können Verirrungen bewirken und unter Umständen lebensgefährlich (Gebirge) werden.

Ausreichend *Zeitreserven* vorsehen, zwei Drittel der Tagestour bereits in der ersten Tageshälfte zurücklegen.

In alle *Hüttenbücher* ordnungsgemäß eintragen, auch bei kurzer Rast, um im Notfalle der Bergrettung die Arbeit zu erleichtern.

In Bergnot: Das international anerkannte alpine Notsignal anwenden: Innerhalb einer Minute sechsmal in regelmäßigen Abständen ein Zeichen geben, hierauf eine Pause von einer

Minute einhalten, dann das Zeichen sechsmal in der Minute wiederholen usw., bis eine Antwort kommt. Letztere erfolgt seitens der Rettungsmannschaft in der Weise, daß innerhalb einer Minute dreimal in regelmäßigen Abständen ein Zeichen gegeben wird. Die jeweiligen Zeichen können entweder hörbare (lautes Pfeifen, Rufen u.a.) oder sichtbare (Heben gut erkennbarer Gegenstände, Taschenlampe, Spiegelung u.a.) sein.

Vorsicht bei im Sommer noch liegenden *Altschneefeldern* oder auf steilen Grashängen und schneebedeckten Steinplatten *(Rutschgefahr!)*

In Höhen von etwa 2000 Metern muß selbst im Hochsommer mit Neuschneefeldern und im Extremfall sogar mit plötzlichen Vereisungen gerechnet werden.

Vergletscherte Gebiete niemals allein und unangeseilt begehen.

Bei drohendem *Gewitter* frühzeitig umkehren oder eine sichere Unterkunft aufsuchen. Ist dies nicht möglich: Bei *Blitzgefahr* nicht stehenbleiben, sondern eine Kauerstellung einnehmen. Sich niemals unter hohen, vereinzelt stehenden Bäumen aufhalten, im Gebirge Grate und Bergkämme verlassen, Wasserrinnen meiden.

Für Aufenthalt *im Freien über Nacht*, um Körperunterkühlung und Erschöpfung vorzubeugen, Biwaksack und Alu-Rettungsfolie im Rucksack mitführen.

Eine Bitte: Ruhig verhalten, Wiesen, Wälder und Gewässer nicht verschmutzen, Feuer verhüten und die herrliche Pflanzenwelt im Gebirge unberührt und die Jungwildtiere unangetastet lassen!

Eine Bergwanderung, vor allem eine Hochgebirgstour, verspricht nur bei sorgfältiger Planung, zweckmäßiger Ausrüstung sowie notwendiger Sorgfalt und Vorsicht echte Erholung, um ein eindrucksvolles Erlebnis zu werden.

Allen Vereinen oder Einzelwanderern, die mich auf wichtige Änderungen aufmerksam gemacht haben, besonders Herrn Schlinzig, Vorsitzender der Wegekommission der Europäischen Wandervereinigung e.V., Hans Samberger, Carsten Wasow und Hans Jürgen Gorges, gilt mein aufrichtiger Dank für die so tatkräftige Unterstützung. Ferner danke ich meiner Frau für ihre Hilfe beim Nachwandern der überprüften Strecken und bei der Niederschrift des Manuskripts.

Meldungen über Streckenverlegungen werden von Verlag und Autor dankbar entgegengenommen.

Arthur Krause

0.1 Der E 1 in Schweden

Der E 1 führt von Grövelsjön in Mittelschweden zunächst durch das südliche Gebirgsland (Fjäll) und dann das sogenannte Tiefland (in weiten Teilen kein Flachland!) Mittel- und Südschwedens bis Varberg an die Küste des Kattegat (Fortsetzung in Dänemark). Außerhalb des eher offenen Fjälls sind Wälder und Seen vorherrschende Landschaftselemente.

Der E 1 folgt einer Reihe zusammenhängender regionaler/lokaler Wanderwege, die einheitlich markiert sind, jedoch verschiedene Bezeichnungen tragen. Diese Wege werden von den jeweiligen lokalen Behörden betreut, durch deren Bereich sie verlaufen. Für alle Routen gibt es Informationsmaterial mit Karten, meist jedoch nur auf schwedisch. Dieses Material ist von den jeweils zuständigen Stellen erhältlich, in der Regel aber nur in Schweden.

Allgemeine Information Svenska Turistföreningen, Stureplan 4 C, Box 25, S-101 20 Stockholm (STF). Von STF sind Übersichten über die schwedischen Wanderwege und E-Wege in Schweden (neben E 1 auch E 6) sowie ein *aktuelles Telefonverzeichnis der betreuenden Stellen* erhältlich, bei denen das Detail-Material abgefragt werden kann. Gesamtlänge 1130 km.

Zur Fortsetzung des E 1 in Dänemark mit Fähre von Varberg nach Grenå, weiter siehe 0.2.

0.2 Jütland
Viborg – Vejen

Eigenheit Abwechslungsreiche Strecke durch Wald, Heide und landwirtschaftlich genutztes Gebiet, teilweise nur dünn besiedelt.
Länge 159 Kilometer.
Markierung Symbol »Wanderer« (Hærvejen/Heerweg), stellenweise weißes X.
Betreuer Dansk Vandrelaug (DVL), Kultorvet 7/1, DK-1175 København K.
Karten mit Wegbeschreibung 1:100 000 (deutsch): Der Heerweg zu Fuß und per Fahrrad, Blatt 1 und 2, von DVL.
Anmerkungen Beginn der dänischen E 1-Strecke in Viborg. Bahnverbindung von Grenå (und aus Deutschland von Flensburg) über Århus.

Die Lücke zwischen Grenå und Viborg soll geschlossen werden. Es gibt bereits zwei mögliche Routen, die diese teilweise ausfüllen: a) Randers – Silkeborg (71 km), b) Århus – Skanderborg –

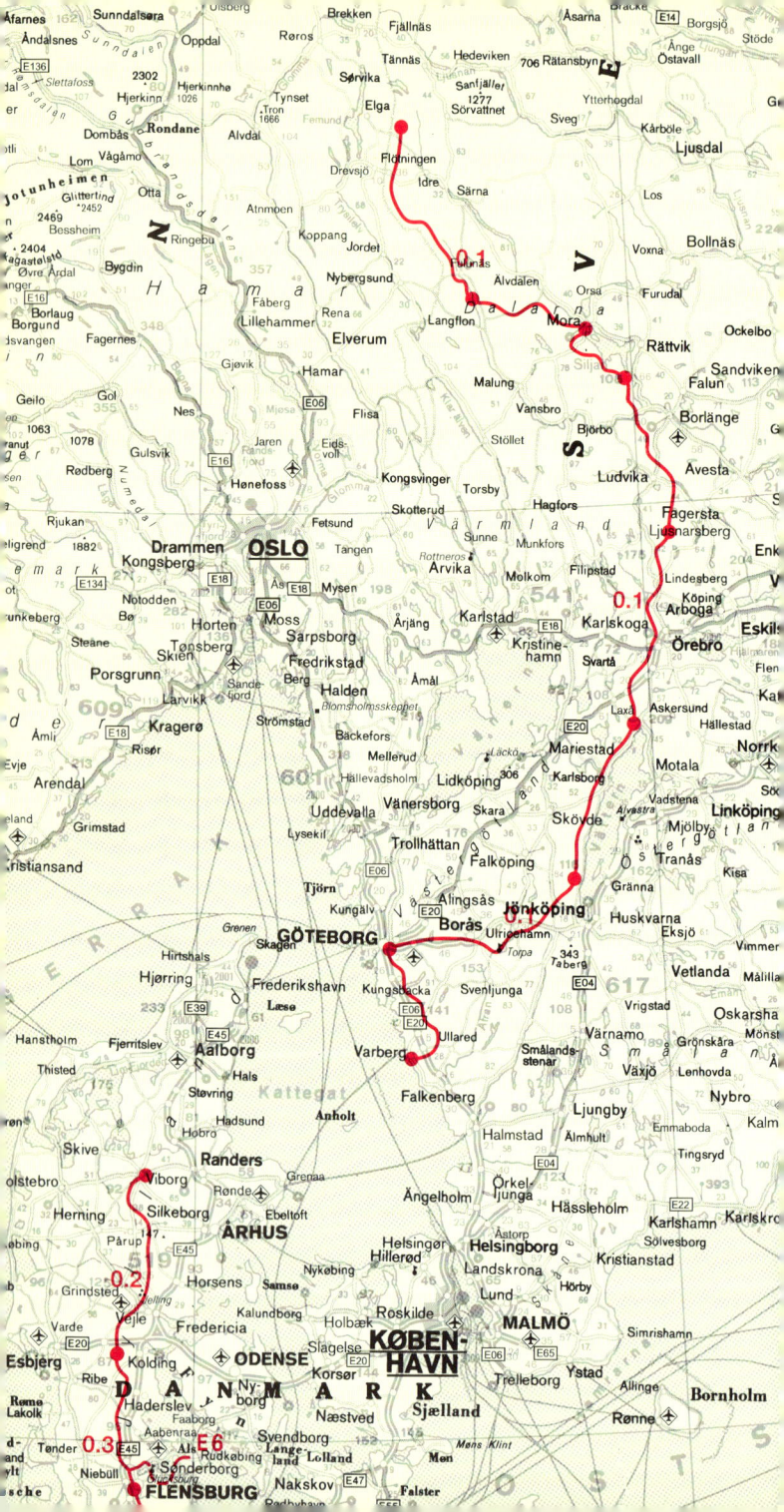

Silkeborg (64 km), Info-Blätter von DVL. 8 km westlich von Silkeborg verläuft der E 1 (Skjærskovhede, Bus).

Verlauf Viborg/Bahnhof – w. Hald Ege – Hald-See – Skelhøje – Sjørup – w. Nørre Knudstrup – Stenholt Skov (NSG) – s. Kragelund – Skjærskovhede (Bus von Silkeborg, Anmerkung) – Sepstrup – Vrads Sande (Dünen, NSG) – Nørre Snede – Øster Nykirke – Nørre Kollemorten – ö. Givskud – Jelling – Fårup-See – ö. Bredsten – Vejle Å (Fluß) – w. Egtved – Bække – Læborg – Vejen.

0.3 *Nordschleswig/Südjütland*
Vejen – Vojens – Flensburg

Eigenheit Im südlichen dänischen Abschnitt herrscht offenes Land vor. Hier ist die Besiedlung dichter.
Länge 124 Kilometer.
Markierung Bis Rønsdam wie 0.2. Rønsdam – Kruså/Grenze Symbol »Gendarm« (Gendarmstien/Gendarmenpfad). Ab Grenze/Kupfermühle weißes X (Gleichlauf E 6).
Betreuer Dänemark: wie 0.2.
Karten Dänemark: wie 0.2, Blatt 2 und 3. Deutschland: 1:50 000: Kompass-Karte, Blatt 707.
Führer Dänemark: deutsche Wegbeschreibung in den Karten. Deutschland: Wegbeschreibung ab Grenze siehe 1.1.

Verlauf Vejen – Askov – Skodborg – Jels – Stursbøl – Jegerup – Vojens – Burg Tørninghus – Vedsted – Abkær Mose (Moor, NSG) – Hovslund Stationsby – Øster Løgum – Rødekro – Hjordkær – w. Kliplev – Bjerndrup – Gejlå – Bov – Rønsdam – Kruså – Grenze DK/D – Kupfermühle – Flensburg (Strandbad – Nordertor – Bahnhof).

Schleswig-Holstein – Nordheide

1 Flensburg – Schleswig – Kiel – Eutin – Lübeck (x E 9) – Ratzeburg – Mölln – Güster – Hamburg – Lüneburger Heide – Soltau – Müden (562 km)

1.1 Dänische Grenze – Flensburg – Oeversee

Verkehrsmöglichkeiten Busverbindung.
Wegmarkierungen Weißes Andreaskreuz.
Tourenlänge 21 Kilometer.
Wanderzeit 5½ Stunden.
Höhenunterschiede Unbedeutend. Gesamte Steigung: etwa 30 m.
Wanderkarten 1:50 000 L 1122 Flensburg-Nord, L 1322 Flensburg Süd oder Kompass-Karte Blatt 707.
Gaststätten unterwegs Flensburg.
Übernachtung Flensburg, Oeversee.
Anmerkung Das südliche Randgebiet von Flensburg zeigt sich vor allem wegen einiger Industriegelände zum Wandern wenig lohnenswert. Daher besser: Schiffahrt vom Hafen nach Kollund und Wanderung durch das Kollunder Holz (E 6) zum Grenzübergang Kupfermühle. Weiter zum Strand von Wassersleben und zum Nordertor. Stadtbesichtigung von Flensburg; dann Bus bis Jarplund. Weiter wie beschrieben nach Oeversee.
Wissenswertes Flensburg: Stadtrecht seit 1284; am Ende der Flensburger Förde gelegen, Werftindustrie, Anlegehafen der Rumschiffe. Sehenswert: Nordertor (1595), Nordermarkt mit Schrangen (Bogengänge von 1595 und Neptunbrunnen (1758); St.-Marien-Kirche (altgotisch von 1284) mit neugotischem Turm von 1880; Kompanietor (Gildehaus der Schiffer und Kaufleute von 1603); St.-Nikolai-Kirche (westfälische Stufenhalle); St.-Johannis-Kirche (Wand- und Deckenmalereien von 1745).

Tourenbeschreibung Der deutsche Abschnitt des *Europäischen Fernwanderweges E 1* beginnt mit dem Andreaskreuz und der Beschilderung am Grenzübergang. Dort wenden wir uns zu einer Rolltreppe, die zum Grenzhotel hinaufführt. Diese steigen wir empor und gehen auf der alten *Zollstraße* einige Schritte nach rechts. Dann biegen wir nach links in eine Straße ein. Bereits nach 100 Metern geht es wieder nach links auf einem schönen Waldweg durch den *Flensburger Staatsforst*. In einem Rechtsbogen gelan-

gen wir bald an den Waldrand, dem wir auf einem Pfad unter den Bäumen etwa eine Viertelstunde lang folgen. Dann knickt der Weg schräg links ab durch den Wald, bis wir die *B 76* in einem Fußgängertunnel unterqueren.

Nun weiter halb rechts über die *Apenrader Chaussee* hinunter auf den Strandweg bei *Wassersleben* und am Ostseestrand entlang bis zum Strandbad. Hier steigen wir rechts hoch. Über die *Apenrader Straße* gelangen wir in die *Sonderburger Straße*. Dann biegen wir in den *Kupfermühlenweg* ein, kommen über die *Bauer Landstraße* in den *Turnerberg* und erreichen links an der *Petrikirche* vorbei durch die *Neustadt* das *Nordertor*.

Dahinter geht es links durch die *Norderfischerstraße* zum Hafengebiet. Durch die Kaianlagen laufen wir rechts am *Kompagnietor* und an der Anlegestelle der Personenschiffe vorbei. Am Ende des Hafenbeckens überschreiten wir Am *Kanalschuppen* den Hafendamm und steigen über die *St.-Jürgen-Treppe* zu einer Aussichtsplattform hoch. Weiter geht es über *Bismarck-* und *Heinrichstraße*, *Sandberg* und *Mühlendamm* zum Bahnhof.

Von dort aus eine Serpentine hinauf und links über eine Brücke der *Schleswiger Straße*. Erneut links und auf der *Valentiner*

Allee an den Bahnanlagen entlang in den *Steinfelder Weg*, dem wir noch bis zur *Eckernförder Straße* folgen.

Wir folgen ihr und biegen dann nach rechts in die *Jarplunder Straße*, die uns nach Jarplund führt.

Jetzt halten wir uns auf der *B 76* links, um nach 150 Metern links in den *Heinrichsweg* einzubiegen. Am *Julianenhof* vorbei erreichen wir den *Sophienhof*. Beide Höfe wurden 1759–1763 von den Dänen erbaut, um das Moor zu kultivieren. Darauf in südlicher Richtung nach *Munkwolstrup*. Durch das Dorf wandern wir nach Südwesten an einem Hünengrab vorbei erneut zur *B 76*. Diese wird beim Kriegerdenkmal von 1864 neben dem *Hotel Seeblick* überquert. Nun führt ein schmaler Weg zum *Sankelmarker See*. Am südlichen Ufer gelangen wir zu einem Heckenweg, wo wir nach links abbiegen. Dann steigen wir durch die Felder und über den Friedhof zur sehenswerten alten Kirche nach *Oeversee* empor.

1.2 Oeversee – Schleswig

Verkehrsmöglichkeiten Busverbindung.
Wegmarkierungen Weißes Andreaskreuz.
Tourenlänge 27 Kilometer. **Wanderzeit** 6½ bis 7 Stunden.
Höhenunterschiede Unbedeutend. Gesamte Steigung: etwa 30 m.
Wanderkarten 1:50 000 L 1322 Flensburg-Süd, L 1522 Schleswig, Wandern und Erholen im Kreis Rendsburg-Eckernförde (Naturpark Hüttener Berge), Blatt Nord oder Kompass-Karte Blatt 707.
Gaststätten unterwegs Süderschmedeby, Sieverstedt. Idstedt.
Übernachtung Schleswig.

Tourenbeschreibung Von der Bushaltestelle am *Historischen Krug* gehen wir zunächst auf der *B 76* kurz nach Süden. Dann biegen wir links in einen Wirtschaftsweg ein der uns an der Abzweigung nach rechts zum *Fröruper Holz* führt. Am Waldrand halten wir uns rechts. Dann kommen wir an einem Haus vorbei und gelangen südlich wieder in den Wald. Ein schöner Weg führt uns an den westlichen Rand. Rechts folgen wir einem asphaltierten, breiteren Weg mehr oder weniger südlich bis *Süderschmedeby*.

Weiter geht es jetzt südöstlich über *Sieverstedt* (schöne alte Kirche mit Holzturm) nach *Stenderup*. Jetzt etwa 1 Kilometer südlich, bis der Weg sich gabelt. Hier müssen wir uns links halten und gelangen bald durch den *Staatsforst Schleswig*, bis wir nach weiteren 700 Metern auf eine Landstraße stoßen, der wir nach links bis

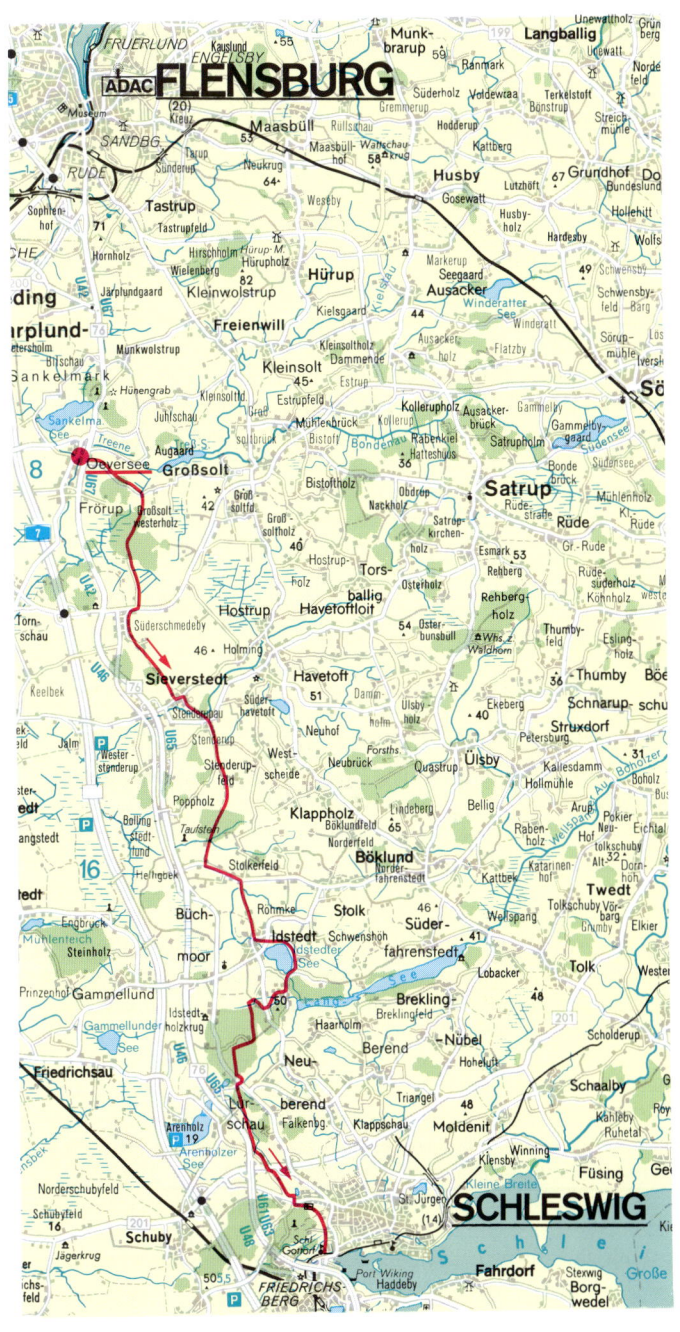

zur Schule folgen müssen. Dann geht es nach rechts bis *Idstedt* (Einkehrmöglichkeit). Wir müssen uns an der ersten Kreuzung nach links wenden, wo wir bald auf eine weitere Kreuzung stoßen. Nun schräg rechts etwas südlich zum *Idstedter See* und um dessen Ostseite herum zu einer *Asphaltstraße*. Auf dieser nach rechts, bis hinter einem *Militärgelände* an einem Waldstück der Weg rechts abgeht. Östlich von uns erstreckt sich der malerische *Langsee*.

Wir überqueren die Landstraße zwischen *Idstedt* und *Neuberend* und halten uns einige hundert Meter nordwestlich, um dann links nach Süden abzuschwenken. Am Ostrand des *Schleswiger Staatsforstes* entlangwandernd, gelangen wir auf eine schmale Straße, der wir nach rechts bis in die Nähe des *Forsthauses Idstedtwege* folgen. Jetzt weiter geradeaus, meist südwestlich, bis nach *Wilhelmslust* an der *B 76*. Hier nur kurz nach links. Dann wieder rechts und nach 200 Metern links über *Holpust* und den *Lürschauer Weg* zur *B 201*. Nun geht es über die *Husumer Straße* und anschließend rechts über den *Königswiller Weg*. Hinter einem Haus betreten wir links einen *Waldpfad*. Südöstlich durch den Tiergarten erreichen wir schließlich *Schloß Gottorf* und Schleswig, die alte Stadt an der *Schlei*.

1.3 Schleswig – Brekendorf

Verkehrsmöglichkeiten Bahnverbindung zwischen Schleswig und Owschlag, von Owschlag Busverbindung mit Brekendorf.
Wegmarkierungen Weißes Andreaskreuz.
Tourenlänge 20 Kilometer. **Wanderzeit** 5 Stunden.
Höhenunterschiede Leichter Anstieg von Haddeby nach Wedelspang (20 m) und am Selker Noor. Gesamte Steigung: 75 m.
Wanderkarten 1:50 000 L 1522 Schleswig, Wandern und Erholen im Kreis Rendsburg-Eckernförde (Naturpark Hüttener Berge), Blatt Nord oder Kompass-Karte Blatt 707.
Gaststätten unterwegs Haddeby, Selk.
Übernachtung Brekendorf.
Anmerkung In Schleswig nimmt der »Schlei-Eider-Elbe-Wanderweg« seinen Ausgang. Er berührt bei Meldorf in *Dithmarschen* die Nordseeküste und endet schließlich in *Hamburg-Blankenese*, wo er wieder auf den *Europäischen Fernwanderweg E 1* trifft.
Wissenswertes Schleswig: älteste Stadt Schleswig-Holsteins (seit etwa 1200), Bistum seit 948, zeitweise Residenz der Herzöge von Schleswig-Holstein-Gottorp, bis 1945 Provinzhauptstadt der preußischen Provinz Schleswig-Holstein. Sehenswert: St.-Petri-

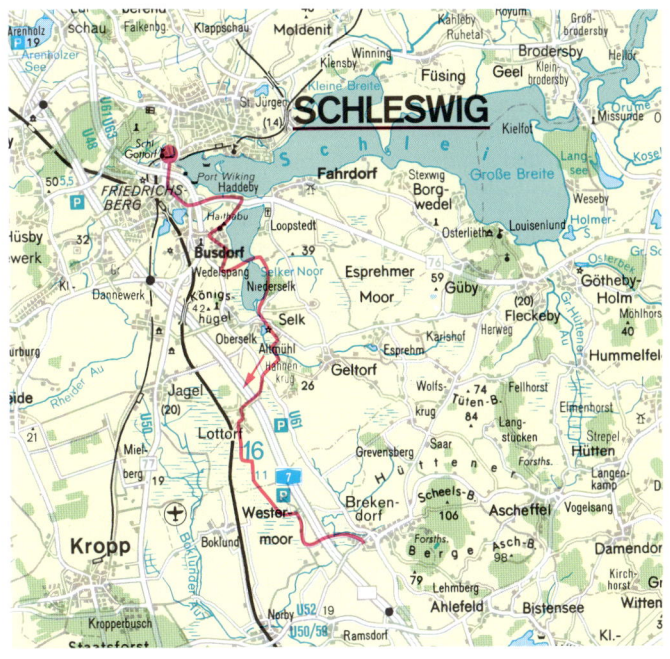

Dom (11.–19. Jahrhundert) mit Bordesholmer Altar von Brüggemann (1521); Fischersiedlung am Holm mit St.-Johannis-Kloster (1196); Schloß Gottorf (16.–18. Jahrhundert) mit Renaissance-Kapelle; 3 Kilometer südlich, nahe dem historischen Gasthaus Haddeby, liegen die mächtigen, halbkreisförmigen Wälle von Haithabu, ehemals Handelsstadt der Wikinger (9.–11. Jahrhundert) am Haddebyer Noor; Dannewerk an der Westvariante des E 1: im 9. Jahrhundert von Waldemar dem Großen angelegter, etwa 15 Kilometer langer Erdwall.

Tourenbeschreibung In der Nähe des *Gottorfer Schlosses* kann die Wanderung wieder beginnen. Am *Oberlandesgericht* geht es bald unter einer *Straßenbrücke* hindurch durch die *Friedrichstraße*. Vor dem *Städtischen Museum* links ab, dann rechts über den *Georg-Pfingsten-Weg*. Vor dem Backsteingebäude der Schule links in den *Haddebyer Strandweg* einbiegen, dann wieder unter der Umgehungsbrücke hindurch am Ufer entlang bis *Haddeby*.

Hier überqueren wir an einem Wirtshaus über eine Ampelanlage die *B 76*. An der alten Kirche vorbei gehen wir zu einem Friedhof auf einem Teil der *Hochburg*, die auch *Oldenburg* genannt wird. Vor dem Friedhof überqueren wir rechts einen Parkplatz. In der hinteren Ecke steigen wir steil links hoch. Dann geht es links bergabwärts zu einem breiteren Weg, dem wir rechts folgen. Bald darauf kommen wir nahe dem *Haddebyer Noor* durch zwei Weidezaundurchlässe. Währenddessen steigen wir rechts hoch und wandern über die mächtigen Wallanlagen, Reste der einstmals bedeutenden Stadt *Haithabu*. Hier zweigt die Westvariante des E 1 nach Hamburg ab (siehe 1.3.1, 1.3.2). Am ehemaligen *Südertor* wenden wir uns nach rechts, um über eine Asphaltstraße nach *Wedelspang* zu gelangen. Hier halten wir uns links und erreichen auf einem Fußpfad eine geschwungene Holzbrücke, die uns zwischen *Haddebyer* und *Selker Noor* auf die andere Seite bringt.

Dahinter alsbald weiter rechts hoch auf schmalem Weg oberhalb des Steilufers am *Selker Noor* entlang südlich bis *Niederselk*. Dann muß ein Schilfgelände mit Hilfe einer Holzbrücke überwunden werden. Wir stoßen auf eine Autostraße, neben der ein *Rad-* und *Fußweg* rechts weiter führt. An einem *Wirtshaus* wählen wir die rechte Gabelung, um nach etwa 250 Metern links über einen breiten Fahrweg die *Selker Mühle* zu erreichen.

An der linken, hinteren Ecke des Gebäudekomplexes gestattet uns eine Tür den Durchgang zum *Mühlenteich*. Über einen schmalen Pfad gehen wir links am Teich entlang und darauf durch einen Hohlweg bis zu einem *Hof*. Hier rechts über eine Asphaltstraße zu einem weiteren *Teich*. Hinter einer *Bachbrücke* rechts und über einen breiten Knickweg südwestlich zur *Autostraße*. Auf dieser gehen wir einige hundert Meter links weiter und dann rechts über eine Asphaltstraße über die Autobahn hinüber in 1 Kilometer nach *Lottorf*.

Hier halten wir uns durch den Ort nach links, um auf dem zweiten, breiteren Weg weiterzulaufen, der sich rechts abgabelt. Auf etwa 2,4 Kilometern wird dieser von Pappeln begrenzt und verläuft in südlicher Richtung. Nun im rechten Winkel links ab, bis sich der Weg nach wenigen hundert Metern nach rechts verzweigt. Jetzt nimmt uns ein heckengesäumter *Feldweg* auf, der uns zum *Westermoor* führt.

Wir wandern halblinks über einen an Regentagen schlechter passierbaren Moorweg zu einem alleinstehenden Gehöft (Abstecher zum Westermoor möglich), von hier aus über einen Asphaltweg bis in die Nähe der Autobahn. Vor dieser biegen wir hinter einem Hof rechts ab. Im Linksbogen gehen wir über eine schmale Asphaltstraße unter der Autobahnbrücke hindurch und an einer hohen Laubbaumhecke entlang nach *Brekendorf*. Durch den Ort bringt uns die Dorfstraße zu einem Gasthof mit Hotel.

Westvariante: Geest

1.3.1 Schleswig – Meldorf

Eigenheit Typisch für die Geest sind Sandflächen und Moore. Relativ dünn besiedelte Region mit eingeschränkten Übernachtungsmöglichkeiten.
Länge 101 Kilometer.
Markierung Weißes X (Schlei-Eider-Elbe-Weg).
Karten 1:50 000: Kompass-Karte, Blätter 714, 717. Die Strecke ist bis Albersdorf größtenteils nicht auf Wanderkarten erfaßt.
Führer Broschüre »Fern- und Hauptwanderwege in Schleswig-Holstein«, 2. Aufl. 1990 vom Wanderverband Norddeutschland.

Verlauf Schleswig – Haithabu (Wikingersiedlung, Abzweigung von Hauptstrecke) – Dannewerk (Wallsystem) – Thyraburg – s. Ellingstedt – Dörpstedt – Bergenhusen (Storchendorf) – Erfde – Scheppern – Pahlhude – Dörpling – Tellingstedt – Bunsoh – Albersdorf – Grünenthal (nahebei Nord-Ostsee-Kanal, Hochbrücke) – Tensbüttel – Dellbrück – Farnewinkel – Meldorf.

Westvariante: Marschen

1.3.2 Meldorf – Hamburg-Blankenese

Eigenheit Neben weiteren Strecken durch die Geest verläuft der Weg durch von Wiesen und Wassergräben geprägtes Marschengebiet. Zwischen Hohenraden und Waldenau ausgedehnte Baumschulpflanzungen.

Länge 161 Kilometer.
Markierung Weißes X (Schlei-Eider-Elbe-Weg). Ab Voßloch Gleichlauf E 9.
Karten 1:50 000: TK Schleswig-Holstein, Sonderblätter 28 (Kreis Steinburg), 29 (Kreis Pinneberg); Kompass-Karte, Blatt 717.
Führer Wie 1.3.1.

Verlauf Meldorf – Windbergen – Gudendorf – St. Michaelisdonn – Kuden – Burg – Hochdonn – Kanal-Fähre – Vaale – Huje – KD Kaaksburg – Hohenaspe – Itzehoe – Schloß Breitenburg – Westerhorn – Voßloch – Bredenmoor – Himmelmoor – Hohenraden – Rellingen – Waldenau – Sülldorf – Hamburg-Blankenese *(Vereinigung mit Hauptroute).*

1.4 Brekendorf – Eckernförde

Verkehrsmöglichkeiten Busverbindung.
Wegmarkierungen Weißes Andreaskreuz.
Tourenlänge 26 Kilometer.
Wanderzeit 6^1/$_2$ Stunden.
Höhenunterschiede Verhältnismäßig steile Anstiege zum Heidberg (99 m) und Aschberg (98 m). Ansonsten gering. Gesamte Steigung: etwa 250 m.
Wanderkarten 1:50 000 L 1522 Schleswig, L 1524 Eckernförde, Wandern und Erholen im Kreis Rendsburg-Eckernförde (Naturpark Hüttener Berge), Blatt Nord oder Kompass-Karte Blatt 707.
Gaststätten unterwegs Aschberg, Osterby, Kochendorf.
Übernachtung Eckernförde.

Tourenbeschreibung Am Ortsende geht es zunächst schräg rechts über *»Op de Barg«* und sogleich wieder links über *»Alter Bahndamm«* am Friedhof vorbei. An einer Autostraße treffen wir auf einen Gasthof mit Hotel. Zunächst folgen wir weiter dem ehemaligen Bahndamm in östlicher Richtung bis zum *Soldatenredder*. Auf diesem nach links und sogleich wieder rechts über den *Lehmberger Weg* zum Gasthof *Waldhütte*. An diesem vorbei gehen wir halblinks zu einem *Wanderparkplatz*, vor dem wir links in den *Naturpark Hüttener Berge* emporsteigen. Stets in der Nähe des Waldrandes schlängelt sich der Weg auf der Höhe unter den Bäumen entlang. Dann treffen wir auf eine schmale Asphaltstraße, der wir rechts an einem *Forsthaus* vorbei zum *Rammsee* folgen.

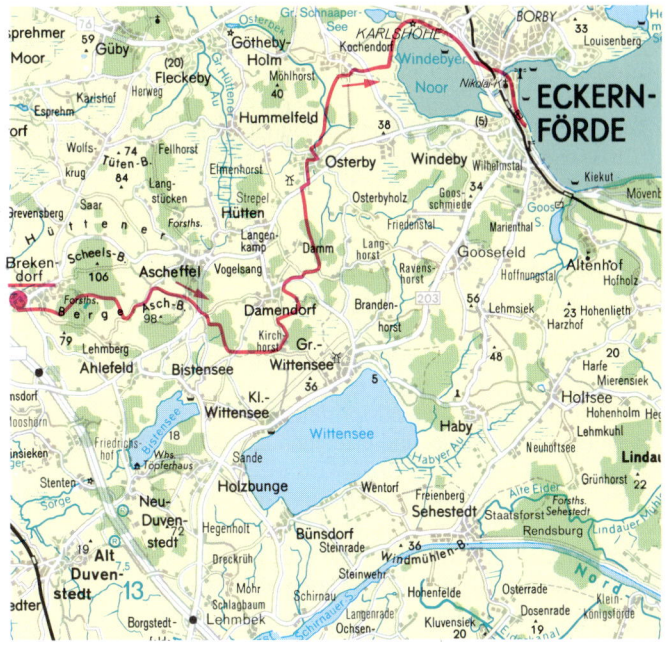

An diesem wandern wir über eine Lindenallee links vorbei. Über einen breiten Waldweg geht es weiter zum *Heidberg* (99 m). Dessen Gipfel erreichen wir, indem wir kurz vor einer Rechtskurve links hochsteigen. Oben genießen wir eine prächtige Aussicht.

Dann klettern wir rechts über einen Pfad wieder zu unserem *Waldweg* hinunter und folgen ihm weiter nach links. An einem *Parkplatz* wenden wir uns auf einem breiten *Heckenweg* nach rechts, wandern einige hundert Meter bergab und biegen in *Schoothorst* links in eine Asphaltstraße ein. Hinter einem Gehöft geht es etwas bergauf und anschließend rechts über einen Heckenweg zum *Gehege Silberbergen*. Beim Eintritt in den Wald wenden wir uns nach links. Stets in der Nähe des Waldrandes geht es nach etwa 500 Metern links steil bergauf zu einem breiten Weg, auf dem wir nur wenige Meter bis zu einem *Haus* rechts weitergehen. Vor diesem gelangen wir halblinks über einen Waldweg zum *Aschberg* (97 m) mit dem *Bismarckdenkmal*, wo uns ein Restaurant und die Jugendherberge erwarten. Oberhalb eines *Sportplatzes* gelangen wir auf eine schmale Asphaltstraße, die uns im Linksbogen zu einer Kreuzung bergab führt. Hier biegen wir rechts ab. Nach wenigen hundert Metern stoßen wir erneut auf eine *Asphaltstraße*, auf der wir nach rechts weiterwandern. Bald weist uns links ein breiter Feldweg bergab. Wir überschreiten eine Autostraße und gehen im Linksbogen auf einem asphaltierten Weg bergauf. Vor einem *Haus* rechts ab über einen Knickweg bis zu einer Kreuzung. Jetzt nach links durch das *Gehege Fresenboje*.

Ein Baggersee wird links umrundet. Nun geht es links zunächst durch den Wald, dann am Rand entlang bis zu einem Gehöft. Hier kurz nach links über eine schmale Asphaltstraße. Gleich darauf wieder rechts ab und über einen links abzweigenden Feldweg bis in die Nähe des *Gehagels*. Am Reiterhof von *Kirchhorst*, der nach rechts umgangen werden muß, nimmt uns ein fester Wirtschaftsweg auf. Noch vor Damendorf wählen wir den ersten Plattenweg nach rechts und wandern später auf einem Waldweg durch das *Altgehege* nordwärts, dann westlich um das *Seemoor* herum (Fundort einer bekleideten Moorleiche). Am Ende des Moorweges halten wir uns links und erreichen nach etwa 200 Metern die Kreisstraße Damendorf – Groß Wittensee, der wir 300 Meter nach rechts folgen, um in der Rechtskurve links einen Plattenweg zu nehmen. Dieser knickt nach 250 Metern nach rechts ab. Nach weiteren 300 Metern folgen wir einem links abzweigenden Plattenweg, der uns zum Gehege Viehwiesen führt, das wir nach links bis zum ehemaligen Gehöft *Suhrbrook* durchwandern. Von dort verläuft ein Wirtschaftsweg nach *Osterby*. (Einkehr in *Schinkenkrog*, Übernachtung in Privatzimmern.)

Vom Schinkenkrog wandern wir auf der Dorfstraße, bis wir hinter einer Bushaltestelle links abbiegen und am Kaufmann Wohlert vorbeigehend über eine Brücke ins *Auetal* kommen. Nun weiter durch eine neue Straße bis zur *Osterbekstraße*. Dann erreichen wir über den *Hasenwinkel* über die für Wanderer gebaute Brücke den Wanderweg in Richtung *Kochendorf*. An einer Kreuzung vor der letztgenannten Ortschaft wenden wir uns auf einem asphaltierten Feldweg nach rechts. Zur Linken erblicken wir ein hochaufragendes Hügelgrab. Nach einer Linkskurve gelangen wir zur Dorfstraße, der wir 200 Meter nach rechts folgen, um anschließend links in einen Knickweg einzuschwenken. Wenig später überschreiten wir die Umgehungsstraße und setzen unsere Wanderung auf einem Feldweg fort, der zum *Windebyer Noor* führt. An dessen Nordufer entlang gelangen wir nach *Eckernförde*.

1.5 Eckernförde – Dänisch-Nienhof

Verkehrsmöglichkeiten Ungünstige Busverbindung über Surendorf. Rucksacktour empfehlenswerter.
Wegmarkierungen Weißes Andreaskreuz.
Tourenlänge 25 Kilometer. **Wanderzeit** 6 bis 7 Stunden.
Höhenunterschiede Geringfügig.
Gesamte Steigung: etwa 110 m.
Wanderkarten 1:50 000 L 1524 Eckernförde, L 1526 Laboe oder Wandern und Erholen im Kreis Rendsburg-Eckernförde (Naturpark Hüttener Berge), Blatt Nord, Kompass-Karte Blatt 714, eventuell auch 1:75 000 Sonderblatt 41, Kiel und Umgebung.
Gaststätten unterwegs Schnellmark (Grüner Jäger etwas abseits der Strecke an der B 76), Surendorf.
Übernachtung Dänisch-Nienhof oder Surendorf.
Wissenswertes Eckernförde: Stadt seit 1288 und altes Ostseebad mit ausgedehntem Sandstrand, wichtiger Fischereihafen mit Werftindustrie. Sehenswert: gotische Backsteinkirche mit Barockalter (1640) von Gudewerdt; Schloß Altenhof.

Tourenbeschreibung Diese Etappe führt uns stundenlang an der Steilküste der *Ostsee* entlang. Zunächst gehen wir über die Strandpromenade nach Süden. Sobald der Weg die Straße überquert, steigen wir einen Fußweg empor, der uns unterhalb der Jugendherberge auf eine Straße führt. Auf dieser gelangen wir bald wieder zur Uferstraße, der wir am *Bahnhof Altenhof* vorbei bis zum reetgedecktem *Gasthaus Kiekut* folgen. Jetzt bleiben wir am Steilufer, bis der Weg in das *Schnellmarker Holz* einbiegt. In mehreren Windungen gelangen wir wieder an den Strand.

In *Aschau* halten wir uns links am Hang entlang. Dann bestimmt etwa 4 Kilometer lang der Strandverlauf unsere Wanderung. Meist ist auf dieser Strecke kein Weg zu erkennen. Wanderzeichen sind nur vereinzelt angebracht worden. Unterwegs passieren wir mehrere Campingplatzgelände. Hinter einem dieser Campingplätze folgen wir einem Strandwaldweg, um uns in *Noer* nach links wieder zum Strand hinzuwenden. Hinter einem Waldstück biegt schließlich ein breiterer Weg rechts ab, der südlich zu einer Landstraße führt. Auf dieser geht es nach links am *Gut Grönwohld* vorbei nach *Krusendorf* (sehenswerte Kirche mit *Brockdorfscher Gruft* von 1737).

Von der Kirche links ab zu einer Siedlung und wieder hinunter zum Strand. Weiter nach Osten bis zu einer Anlegestelle der Bundeswehr. Vor dem eingezäunten Bereich rechts durch ein

Sumpfgelände zu einer Straße. Dieser nur wenige Meter nach rechts folgen. Dann geht es nach links einen Knickweg hoch. Wenn *Surendorf* nicht berührt werden soll, wandert man an der Straße schräg links in nordöstlicher Richtung weiter, bis man die Strandpromenade erreicht. Nun wieder längs der eindrucksvollen Steilküste bis zum Wald. Nach 20 Minuten biegen wir rechts nach *Dänisch-Nienhof* ab, während die Hauptmarkierung weiter nach Osten führt.

1.6 Dänisch-Nienhof – Strande – Kiel

Verkehrsmöglichkeiten Ab Strande gute Busverbindung mit Kiel.
Wegmarkierungen Weißes Andreaskreuz.
Tourenlänge 21 Kilometer.
Höhenunterschiede Keine.
Wanderkarten 1:50 000 L 1526 Laboe oder Wandern und Erholen im Kreis Rendsburg-Eckernförde (Naturpark Hüttener Berge), Blatt Nord, Kompass-Karte Blatt 714 oder 1:75 000 Sonderblatt 41, Kiel und Umgebung.
Gaststätten unterwegs Strande.
Übernachtung Kiel und Vororte.

Tourenbeschreibung In *Dänisch-Nienhof* gehen wir von der Straße erst auf das Gut zu. Vor diesem verläuft ein Weg rechts ab durch den Wald, wo wir auf die *Markierung* treffen. Am Waldrand kommen wir nach rechts bald wieder zur Landstraße, auf der wir uns nur wenige hundert Meter nach rechts wenden. Dann geht es links ab auf einem *Feldweg* bis zu einer Straße, die uns links nach *Stohl* bringt. Wir durchwandern den Ort, wenden uns an der Straße nach Dänisch-Nienhof zunächst nach links, um bald wieder nach rechts in einen Fußweg zum Strand einzubiegen. Nun an diesem entlang bis zum *Bülker Leuchtturm* und dahinter auf einem befestigten Promenadenweg bis *Strande*.

Von *Strande* kann man Kiel mit Bus oder Schiff erreichen. Wer dennoch Lust hat, wandert zu Fuß auf dem Schilksee-Wanderweg zur Fähre von Holtenau und schließlich zum Schiffsanleger *Reventloubrücke* (Fährverbindung nach Wellingdorf) und zur Innenstadt.

Beim Olympiahafen in *Strande* überqueren wir die K 17, wandern in der Nähe der Kreisstraße südwärts und erreichen nach einem Rechtsbogen den *Schilkseewanderweg*, der uns bis *Dreilin-*

den leitet. Nun geht es weiter südwärts bis zur Unterquerung der
B 503. Durch den *Stiftwald* gelangen wir bis in die Nähe des
Schießstandes. Dann bringt uns der *Schilkseewanderweg* zur
Kanalbrücke, die wir unterqueren, um anschließend an der
Schleuse die Fähre zu benutzen, die uns über den *Nord-Ostsee-
Kanal* hinübersetzt. Jetzt kann man entweder den Bus zur Innen-
stadt nehmen oder weiter der Markierung folgen, die jedoch in
der Stadtmitte an der *Nikolaikirche* endet.

1.7 Kiel (Wellingdorf) – Preetz

Verkehrsmöglichkeiten Straßenbahn von Kiel (Stadtmitte) nach
Wellingdorf, Bahn- und Busverbindung zwischen Kiel und Preetz.
Wegmarkierungen Weißes Andreaskreuz.
Tourenlänge 15 Kilometer.
Wanderzeit 3^1/$_2$ bis 4 Stunden.
Höhenunterschiede Unbedeutend. Gesamte Steigung: 40 m.
Wanderkarten 1:50 000 Kompass-Karte Blatt 715.
Gaststätten unterwegs Oppendorfer Mühle, Raisdorf.
Übernachtung Preetz.
Wissenswertes Kiel: Gründung 1242 durch Graf Adolf VI. von
Schauenburg; von 1490 bis 1863 dänische Oberhoheit, seit 1866 zu
Preußen, Hauptstadt Schleswig-Holsteins seit 1947. Sehenswert:
Rathaus (1907–1911), Landeshaus mit Landtagssaal, Franzis-
kanerkloster (mit Kreuzgang und Grabplatte Adolfs VI. von
Schauenburg); Nikolaikirche (ursprünglich spätgotisch, im 19.
und 20. Jahrhundert restauriert und wiederhergestellt), Warleber-
ger Hof (Adelssitz von 1616 mit Rokokoportal), Ostseehalle,
Botanischer Garten, verschiedene Museen und Denkmäler, Nord-
Ostsee-Kanal: meist befahrener Seeschiffkanal der Welt.

Tourenbeschreibung Vom Bahnhof *Kiel* fährt die Linie 4 nach
Wellingdorf. Hier treffen wir auf unser *Europa-Wanderzeichen*.
Wir bleiben zunächst am linken *Schwentineufer* auf einem festen
Fußweg. Kurz nachdem wir eine Eisenbahnbrücke unterquert
haben, führt eine schmale *Fußgängerbrücke* auf das gegenüberlie-
gende Ufer. Hier läuft der Weg oberhalb des Steilufers entlang
und verläßt schließlich den Fluß südöstlich in Richtung *Oppen-
dorf*. Am alten *Gutshof* vorbei gehen wir noch etwa 500 Meter
weiter auf der festen Straße, verlassen diese nach rechts und
gelangen auf schmalem Weg über hügeliges Feld zu einer *Hecke*.
Dort biegen wir rechts ein und steigen am Waldrand entlang wie-

der zur *Schwentine* hinab. Wir passieren die *Oppendorfer* und *Rastorfer Mühle*, durchqueren ein Freizeit- und Wildparkgelände und gelangen durch einen Nadelwald am linken Ufer des *Rosensees* entlang an die alte Landstraße nach Rosenfeld, die wir überqueren, um einem Wiesenpfad zu folgen, der uns in einem Linksbogen zur *B 202* bringt, die wir ebenfalls überqueren. Ein abwechslungsreicher Wanderpfad endet nach etwa 1 Kilometer in einen *Landweg*, der uns, von Knicks und zahlreichen alten Eichen umsäumt, durch das reizvolle *Schwentinetal* nach *Preetz* führt. Vor dem ersten Haus am Stadtrand folgen wir nach links einer kurzen Kastanienallee zum *Klosterhof* und gehen weiter durch die *Kloster-* und *Mühlenstraße* zum *Zentralen Omnibusbahnhof* und zum Marktplatz, mitten in der Altstadt.

1.8 Preetz – Plön

Verkehrsmöglichkeiten Bahn- und Busverbindung zwischen Kiel, Preetz und Plön.
Wegmarkierungen Weißes Andreaskreuz.
Tourenlänge 21 Kilometer. **Wanderzeit** 5$^{1}/_{2}$ Stunden.
Höhenunterschiede Nur gelegentlich leichte Auf- und Abstiege vor allem am Lanker See und bei Rathjensdorf. Gesamte Steigung: etwa 100 m.
Wanderkarten 1:50 000 L 1726 Kiel, L 1928 Plön, Kompass-Karte Blatt 720 oder 1:75 000 Kiel und Umgebung.
Gaststätten unterwegs Rathjensdorf.
Übernachtung Plön.
Wissenswertes Preetz: reizvoll zwischen Seen und Wäldern gelegene Stadt an der Schwentine, bereits von Wenden besiedelt. Sehenswert: Gotische Klosterkiche von 1327 mit Nonnenchor und Schreinaltar (15. Jh.); Stadtkirche (17. Jh., innen modern).

Tourenbeschreibung Vom Marktplatz gehen wir auf der *Kirchstraße* zum Ufer des *Kirchsees*. Eine Fabrik umwandernd gelangen wir durch Grünanlagen zu einer Fußgängerbrücke, die uns jenseits der *Schwentine* nach *Schellhorn* laufen läßt. Wir folgen der *B 76* etwa 1 Kilometer nach rechts, bis wir hinter einem Waldstück rechts abbiegen. Nun führt der Weg etwas unterhalb neben der Fernverkehrsstraße entlang bis zu einem Parkplatz. Vor diesem schwenken wir nach rechts in eine Straße ein. Nur 200 Meter geht es rechts über einen Pfad, der uns zu einer Bucht des *Lanker Sees* bringt. Hier müssen wir sehr steil hochsteigen, um eine Straße zu erreichen. Wir halten uns jetzt rechts und gelangen in einem großen Linksbogen in ein Bachtal zum *Forsthaus Vogelsang*. Vor diesem gehen wir links hoch, überqueren bald den Bach und wandern auf schönem Weg am Ufer des *Wielener Sees* entlang. Bald führt uns das Wanderzeichen rechts zur Straße, welche nach links in eine weitere Straße einmündet. die rechts an *Gut Güsdorf* vorbei nach *Wittmold* verläuft.

Etwa 1 Kilometer weiter biegen wir nach rechts ab, um nach 300 Metern einem von Birken umsäumten Richtweg nach links zu folgen. An einem Gehöft trifft dieser auf den Zufahrtsweg eines Gutshofes. Hier wenden wir uns nach links zur Landstraße, auf der wir rechts am Ufer des *Kleinen Plöner Sees* entlang bis zur *B 76* weitergehen. Etwa 100 Meter halten wir uns links. Dann nimmt uns rechts eine kleinere Straße auf. Zweimal müssen wir rechts abbiegen, um zum Ufer des *Trammer Sees* zu gelangen.

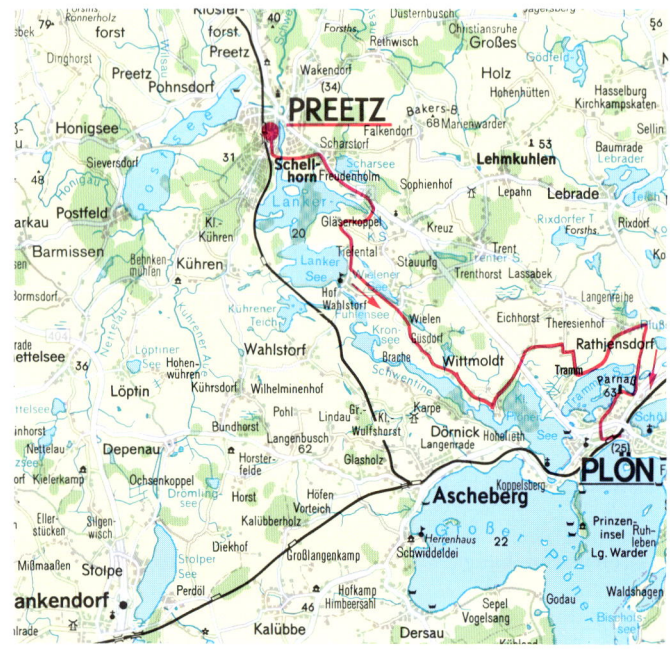

Gegenüber ragt der stattliche Bau des *Plöner Schlosses* auf. Jetzt folgen wir einem Fußpfad, der schließlich im rechten Winkel links nach *Rathjensdorf* hinaufführt.

Auf der Dorfstraße wenden wir uns rechts bis zum zweiten nach rechts abzweigenden Weg, der uns am *Eulenkrug* und *Trammer See* vorbei über den *Parnaß* mit Aussichtsturm nach *Plön* bringt.

1.9 Plön – Malente – Eutin

Verkehrsmöglichkeiten Bus- und Bahnverbindung.
Wegmarkierungen Weißes Andreaskreuz.
Tourenlänge 24 Kilometer. **Wanderzeit** 6 Stunden.
Höhenunterschiede Belanglos. Gesamte Steigung: etwa 50 m.
Wanderkarten 1:50 000 L 1928 Plön oder 1:75 000 Kiel und Umgebung oder 1:25 000 Holsteinische Schweiz.
Gaststätten unterwegs Niederkleveez, Malente, Uklei- und Fissauer Fährhaus.

Übernachtung Eutin oder Malente.
Wissenswertes Plön: gegründet im 13. Jahrhundert, zwischen Großem Plöner See und etlichen kleineren Seen gelegen. Sehenswert: ausgedehntes Plöner Schloß, im 17. Jahrhundert erbaut; im Schloßgarten Prinzenhaus und Prinzeninsel mit niederdeutschem Bauernhaus (Gaststätte).

Tourenbeschreibung Am Bahnhof gehen wir zunächst durch eine Gleisunterführung. Dann läuft der Wanderweg am Ufer des *Großen Plöner Sees* entlang, bis wir hinter dem Bad das *Gasthaus Fegetasche* erreichen. Wir folgen der Hauptstraße etwa 500 Meter nach rechts und biegen dann links in eine Straße ein, die wir jedoch bald rechts auf einem Fußweg verlassen. Dieser berührt nacheinander den *Großen-Madebröcken*, *Höft- und Behler See* und trifft zwischen *Langen- und Suhrer See* auf eine Autostraße, die uns links nach *Niederkleveez* führt.

Wir bleiben nun am Ufer des *Dieksees* und gelangen auf einem Waldweg nach *Gremsmühlen*. Hinter dem *Intermar-Hotel* geht es nach links über Bahngleise und anschließend rechts durch die *Lindenallee* nach *Malente* an den *Kellersee*.

Der Weg verläuft jetzt weiter etwa in nördlicher Richtung am *Kellersee* entlang. Dann folgen wir einer Straße nach rechts, die in Höhe der *Jugendherberge* nach links dreht. Nun geht es auf einem Feldweg bis zur Landstraße. Auf dieser bleiben wir etwa eine halbe Stunde in östlicher Richtung. Danach betreten wir einen Uferweg, der schließlich wieder auf die Straße trifft. Hinter dem *Uklei-Fährhaus* nimmt uns bis *Fissau* der *Domweg* auf, eine mit mächtigen Buchen bestandene Allee.

Hinter dem *Fissauer Fährhaus* halten wir uns links, um auf dem *Christine-Bölck-Weg* am *Schwentineufer* entlang zur *Sielbecker Dorfstraße* zu wandern. Dahinter folgen wir dem Flußufer noch etwa 500 Meter, um kurz vor Erreichen des *Großen Eutiner Sees* rechts über eine Brücke zum anderen Ufer und weiter nach *Eutin* zu wandern.

1.10 Eutin – Schönwalde

Verkehrsmöglichkeiten Busverbindung.
Wegmarkierungen Weißes Andreaskreuz.
Tourenlänge 20 Kilometer. **Wanderzeit** 5 Stunden.
Höhenunterschiede Ab Eutin (34 m) anfangs nur unbedeutende Steigungen, hinter Bergfeld zuletzt ziemlich steiler Aufstieg zum Bungsberg (168 m), Abstieg nach Schönwalde (110 m).
Gesamte Steigung: etwa 180 m.
Wanderkarten 1:50 000 L 1928 Plön, L 1930 Neustadt oder Lübecker Bucht oder 1:25 000 Holsteinische Schweiz.
Gaststätten unterwegs Bungsberg.
Übernachtung Schönwalde.
Wissenswertes Eutin: vom holsteinischen Grafen Adolf II. gegründet, später auch Bischofsresidenz. Sehenswert: St.-Michaelis-Kirche (Baubeginn um 1200) mit gotischem Chor, Marienleuchter (1322), Taufbecken (1511) und Kanzel (1653), Voßhaus mit Erinnerungen an den Dichter Johann Heinrich Voß, der hier von 1784–1802 wohnte, Schloß (17. Jahrhundert, nach 1945 restauriert) mit Schloßgarten, Windmühle, Hofapotheke (Ende des 17. Jahrhunderts), Palais am Markt (1785), Rathaus (1791) und Fachwerkhaus (1635), ebenfalls am Markt, St.-Georgs-Hospital (1770), Weberhalle (18. Jahrhundert). – Bungsberg: 4 Kilometer nordwestlich von Schönwalde gelegen, mit 168 m höchste Erhebung Schleswig-Holsteins, auf dem Gipfel Gaststätte und 53 Meter hoher Fernseh- und Aussichtsturm (Plattform 40 m hoch) mit ausgezeichneter Fernsicht.

Tourenbeschreibung Vom Schloß aus gehen wir zunächst zum Kurmittelzentrum. Nun durchqueren wir den *Seepark* und überschreiten hinter der Motorbootanlegestelle über eine kleine Brücke eine Engstelle des *Großen Eutiner Sees*. Der Weg verläuft nun unter schattigen Bäumen des *Seescharwaldes* am Nordufer entlang zum Ostende des Sees. Hinter einem Wanderparkplatz liegen die Häuser der *Schäferei*. Hier biegen wir links in einen breiten Sandweg ein, der uns in den *Staatsforst Eutin* hineinführt. Nachdem wir eine Autostraße überschritten haben, halten wir uns gleich darauf rechts, um streckenweise an einem niedrigen Erdwall entlang einem Weg zu folgen, der leider auch von Reitern benutzt wird. Dann stoßen wir auf eine schmale Asphaltstraße, auf der es links weitergeht.

Am Waldrand, wo vor uns der *Stendorfer See* leuchtet, liegt ein mächtiger Findling. Hier bietet sich uns die Möglichkeit, die Wanderung über den *Bungsberg* auszulassen und direkt zum *Kolksee* und weiter nach *Neustadt* zu gehen. Andernfalls gelangen wir auf einer Kastanienallee nach einer Viertelstunde zum *Gut Stendorf*.

Vor dem Gutshof zweigen wir links nach Norden ab und erreichen über eine fast 5 Kilometer lange Allee *Bergfeld*.

Jetzt geht es 1,5 Kilometer auf der stark befahrenen Autostraße nach rechts. Dann wandern wir links am *Bungsberghof* vorbei zum *Bungsberg* (168 m), der höchsten Erhebung *Schleswig-Holsteins* mit Restaurant, Aussichts- und Fernsehturm.

Nun wenden wir uns auf dem selben Weg wieder zur Bergfelder Autostraße zurück. Dieser folgen wir nach links, bis rechts ein Waldweg abbiegt, der bald in einen Knickweg übergeht, der uns in etwa 2 Kilometern nach *Schönwalde* bringt.

1.11 Schönwalde – Neustadt

Verkehrsmöglichkeiten Busverbindung.
Wegmarkierungen Weißes Andreaskreuz.
Tourenlänge 20 Kilometer.
Wanderzeit 5 Stunden.
Höhenunterschiede Abstieg von Schönwalde (110 m) bis südlich des Stendorfer Sees (40 m) nach Neustadt (0 m).
Gesamte Steigung: etwa 50 m.
Wanderkarten 1:50 000 L 1930 Neustadt oder Lübecker Bucht.
Gaststätten unterwegs Kasseedorf (etwas abseits).
Übernachtung Neustadt.
Wissenswertes Schönwalde: 110 m hoch gelegener Fremdenverkehrsort in der östlichen Holsteinischen Schweiz in der Nähe des Bungsberges (168 m). Sehenswert: Feldsteinkirche (13. Jahrhundert) mit Eichenholzkanzel (1647), Fürstenstuhl (1667) und Taufengel (1760).

Tourenbeschreibung Inmitten des Ortes steht das ehemalige Organistenhaus, ein sehenswertes Fachwerkgebäude, das heute als Jugendherberge dient. Gegenüber, neben der ehrwürdigen Feldsteinkirche, setzt sich unser Wanderweg fort. Bald geht es bergab durch die Wiesen. Schließlich wird ein manchmal reißender Wildbach überschritten. Wir durchqueren dann den Hochwald in südlicher Richtung und halten auch im freien Feld diese Richtung bei. Erst vor den Häusern von *Glinde* biegen wir nach rechts und benutzen eine feste Straße, die uns in einigen Windungen schließlich durch ein Kiesgrubengelände führt.

Südlich von *Kasseedorf* stößt der Weg auf eine Landstraße. Jetzt geht es links weiter, bald am Forsthaus vorbei und an der nächsten Linkskurve nach rechts in den Wald hinein. Nun hinter

einer Wiese nach links erneut durch Wald zum still gelegenen *Kolksee*, wo wir wieder auf die Abkürzungsroute treffen: Hier vereinigt sich der direkt von *Eutin* kommende Wanderweg wieder mit unserer Strecke. Etwas bergansteigend kommen wir erneut auf die Straße, die wir geradeaus überqueren. Hinter einem Schlagbaum zweigt jetzt ein Waldweg halbrechts ab, der am Rande eines Erlenbruches entlang verläuft. Nach etwa 200 Metern steigen wir schräg rechts ziemlich steil bergauf. Bald senkt sich der Weg wieder etwas abwärts. Hinter einer großen Zwillingsbuche schwenken wir im großen Linksbogen um ein Sumpfgelände herum. Dann wenden wir uns rechts, um nach wenigen hundert Metern auf einen Weg zu stoßen, auf dem wir uns erneut nach rechts halten. Bald danach verlassen wir den breiten Weg schräg rechts. Kurz vor dem *Griebeler See* treffen wir auf einen sandigen Fahrweg, dem wir links folgen. Er mündet in eine schmale Autostraße, auf der wir rechts nach *Holzkaten* weiterwandern.

Nun links und hinter der *Pension Tannenhof* an einer Linkskurve jedoch geradeaus weiter. Am Saum eines Waldstücks bietet sich uns ein weitreichender Rundblick über die Moränenhügel der *Holsteinischen Schweiz*. Vor dem *Gömnitzer Berg* (94 m) mit Aussichts- und Fernsehturm sehen wir bereits die Häuser von *Gömnitz*, die wir eine halbe Stunde später erreichen. Am Ortsende führt links ein Wirtschaftsweg nordöstlich zu einem Waldstreifen am *Wulfberg*. Dahinter streben wir auf einem Acker genau auf *Gut Sierhagen* zu. Wir betreten den großen Gutsplatz und bewundern Haupt- und Nebengebäude mit einem schönen Wappen. Nun geradeaus über eine Brücke zu einem Waldstück und anschließend durch eine alte Eichenallee südöstlich zur Autobahn (E 47). Unter dieser hindurch und an *Jarkau* vorbei zu einer Bahnlinie. Kurz vorher biegen wir nach rechts, um durch ein niedriges Wäldchen und auf einem Pfad längs der Bahn in die Nähe des Landeskrankenhauses zu gelangen. Hinter einem Sportgelände und einem Parkplatz erreichen wir am *Gogenkrug* die Hauptstraße von *Neustadt*. Am alten *Klosterhof* und dem sehenswerten *Speicherhaus* vorbei kommen wir über eine Brücke in die *Altstadt*.

1.12 Neustadt – Bad Schwartau

Verkehrsmöglichkeiten Bus- und Bahnverbindung von Bad Schwartau nach Neustadt und Lübeck (Stadtmitte).
Wegmarkierungen Weißes Andreaskreuz.
Tourenlänge 33 Kilometer.
Wanderzeit 8½ Stunden.
Höhenunterschiede Geringfügige Auf- und Absenkungen. Gesamte Steigung: etwa 120 m.
Wanderkarten 1:50 000 L 1930 Neustadt, L 2130 Lübeck oder Lübecker Bucht.
Gaststätten unterwegs Pönitz am See, Schürsdorf, Pansdorf (etwas abseits), Parinerberg, Großparin.
Übernachtung Bad Schwartau, Lübeck.
Wissenswertes Neustadt: Stadtrechte seit 1244, konnte nie die Bedeutung von Lübeck und Kiel erlangen. Sehenswert: Heilig-Geist-Hospital (1262), Stadtkirche, Kremper Tor, Speicherhaus am Binnenwasser.

Tourenbeschreibung Die Etappe beginnt am Bahnhofsvorplatz (ZOB). Am großen Vorratsgebäude der LHG wenden wir uns rechts über einen Bahnübergang und laufen dann parallel zu den Gleisen nach rechts. Am Drahtzaun des Bundesgrenzschutz-

hafens entlangwandernd erreichen wir die Straße *Am Holm*. Vorbei an einem Autofriedhof kommen wir zum *Holmer Weg*, der uns rechts über die Bahnlinie hinüberführt. Hinter einem Tenniszentrum halten wir uns links und wandern an der Raststätte *Am Holm* vorbei zu einer Landstraße, auf der wir links auf einem Rad- und Fußgängerweg in Richtung *Sierksdorf* weitergehen.

Die leichtgewellte Ackerlandschaft ist von kleinen Baumgruppen und Hecken durchsetzt. An einer langgezogenen Linkskurve zweigt rechts eine schmalere, von hohen Hecken gesäumte Asphaltstraße in Richtung *Wintershagen* ab. Hinter einigen älteren Häusern wenden wir uns rechts, um auf einem Feldweg etwa 1½ Kilometer hinter einer Autobahnunterführung zum Schluß durch eine Eichenallee zum *Gut Övelgönne* zu gelangen.

Hier treffen wir an einer von Pfählen gestützten, großen Scheune auf eine feste Straße, der wir links über *Altona* bis *Stawedder* folgen. Die *B 76* wird darauf schräg links überquert. Dann geht es in derselben Richtung wie bisher weiter. Streckenweise verläuft nun der Weg parallel zur Straße durch den *Forst Neukoppel*. In *Stubbenberg-Bauland* treten wir aus dem Wald wieder auf die Straße hinaus. Jetzt links zum Südende des *Taschensees*. Hier rechts auf schmalem Pfad hinunter zum Ufer. Dann links durch ein tief eingeschnittenes Tälchen nach etwa 400 Metern zum *Kleinen Pönitzer See* und auf schmaler Straße links hoch zur nächsten Kreuzung. Hier wenden wir uns rechts zur *B 432*, auf der wir rechts nach *Pönitz am See* gelangen.

Nun steigen wir vor dem *Landhaus am See*, einem teilweise aus Fachwerk erbautem Gasthaus, links anfangs über Stufen auf dem *Seeweg* zum *Großen Pönitzer See* hinunter und wandern links herum am Schilfgürtel entlang. Die vorbildliche Markierung weist uns an Seecafé und Badeanstalt vorbei zur *Seestraße*. Hier in *Klingberg* kommen wir geradeaus auf der *Uhlenflucht* zur Jugendherberge. 200 Meter weiter gehen wir an der *Geroldkirche* über Treppenstufen rechts hoch. Hinter einer Wiese mit einem Denkmalshügel wird das dichtbewachsene Waldstück *Fierth* durchquert. An einer Rastbank halten wir uns links, erreichen bald einen festen Fahrweg, der links nach *Schürsdorf* führt.

Hinter dem Gasthof *Brechtmann* und dem *Hubertushof* liegt der Dorfteich. Wir folgen nun an einer Gabelung rechts dem *Sandenredder* und überschreiten bald die *Dorfstraße*. Zwischen hohen Hecken gelangen wir auf schmaler Asphaltstraße zu einem Gartenbaubetrieb. Dahinter auf sandigem Feldweg nach Südosten und anschließend hinter einem hölzernen Schlagbaum geradeaus in den Forst hinein. Kurz darauf auf breitem Sandweg nach rechts. Wir überqueren bald die meist stark befahrene *B 207* und gehen in der gleichen Richtung weiter, bis wir vor einer Bahnlinie nach *Friedrichsberg* gelangen. Parallel zur Bahn wandern wir auf sehr breitem Weg links nach *Pansdorf*.

Hier geht es rechts auf einer Landstraße über einen Bahnübergang. Vor dem Ortsschild biegen wir links in einen breiteren, meist stark zerrittenen Fahrweg ein. Die Markierung leitet uns am *Hof Packan* vorbei durch Laubwald nach *Alttechau*. Am *Gemeinschaftshaus* verlassen wir die *Dorfstraße* nach rechts. Erneut nach rechts und weiter in wenigen Minuten nach *Rohlsdorf*. Hinter der *Schwartaubrücke* halten wir uns links in Richtung *Hobbersdorf*. Die Straße verläuft über die *Curau* und nähert sich bald dem *Schwartauufer*. Hier zweigt rechts eine Straße in Richtung *Horsdorf* ab. Hinter dem *Gehöft Breitenrehm* wählen wir einen links in das *Hobbersdorfer Gehege* hineinführenden, breiten Forstweg. Mehrmals müssen wir halbrechts abbiegen, ehe wir auf einem etwa 100 Meter langen Fußpfad freies Feld erreichen, wo uns ein breiter Heckenweg nach 500 Metern zu einer Landstraße bringt. Auf dieser wenden wir uns nach links und wandern am *Parinerberg* (Aussichtsturm und Gasthaus) vorbei 3 Kilometer bis *Großparin*. Von Parinerberg aus kann *Bad Schwartau* auf direktem Weg mit Markierung »weiße 7« erreicht werden, was den Straßenmarsch über Großparin erspart.

Von hier aus senkt sich ein Fußweg südöstlich zum *Schwartautal* hinab. Der Fluß wird auf einem Steg überschritten. Wir steigen zum Waldrücken empor und halten uns auf diesem südlich. Kurz darauf verläuft unser Fernwanderweg nach links weiter. Wir bleiben jedoch in südlicher Richtung und erreichen auf diese Weise *Bad Schwartau* (Bus- und Bahnverbindung mit Lübeck und Neustadt).

1.13 Bad Schwartau – Lübeck (Kleingrönau)

Verkehrsmöglichkeiten Bahnverbindung von Bad Schwartau mit Lübeck (Hbf.), Busverbindung von Bad Schwartau, Ratekau, Kücknitz, Brandenbaum, Kleingrönau mit Lübeck (Stadtmitte).
Wegmarkierungen Weißes Andreaskreuz.
Tourenlänge 30 Kilometer (ab Bahnhof Schwartau).
Wanderzeit 7^1/$_2$ Stunden.
Höhenunterschiede Unbedeutend.
Gesamte Steigung: etwa 50 m.
Wanderkarten 1:50 000 L 2130 Lübeck oder Sonderblatt 26 Lübecker Bucht.

Gaststätten unterwegs Ratekau, Forsthaus Waldhusen, Kücknitz.
Übernachtung Lübeck.
Wissenswertes Bad Schwartau: stärkste Jod-Quelle Norddeutschlands und ergiebige Moorlager. Sehenswert: Findlingskirche (12 Jh.) im Ortsteil Rensefeld mit Triumphkreuz (2,50 m hoch), Taufstein und Messingtaufbecken (1748). Spätgotische Kapelle (1508) des ehemaligen Siechenhospitals. Geibelhaus. Ausgrabungsstelle von Alt-Lübeck (Wendensiedlung).

Tourenbeschreibung Vom Bahnhof *Bad Schwartau* gehen wir zunächst etwa nördlich durch die Kuranlagen, bis wir an der *Schwartaubrücke* auf die Autostraße treffen. Wir überqueren hier den Fluß und steigen dann halblinks leicht bergaufwärts, um nun in halber Höhe des bewaldeten Abhangs auf einem schmalen Weg zumeist nach Norden zu wandern. 1½ Kilometer weiter steigen wir zur Höhe empor, wo wir wieder auf die Wegmarkierung des *Europäischen Fernwanderweges E 1* stoßen.

Der Weg verläuft anfangs unweit des Waldrandes zumeist nach Süden, bis er schließlich in einem Linksbogen durch das

Schwartautal nach Norden schwenkt. Vor einem Privatbahnübergang halten wir uns links und klettern kurz vor Erreichen einer *Schwartaubrücke* rechts am Steilhang entlang. Stets in der Nähe der Bahnlinie wandernd kommen wir zu einem dritten, bewachten Bahnübergang, den wir überschreiten müssen. Wir folgen weiter der Bahnlinie, gehen dann kurz vor dem Waldrand rechts über die *B 207* hinweg. Bald darauf erreichen wir *Ratekau*.

Hier wenden wir uns zuerst auf der *Kösliner Straße* nach rechts. Dann kurz links über den *Westring* und anschließend rechts auf der *Poststraße* zum *ZOB* an der Post. (Busverbindung mit Lübeck.) Wir halten uns nun kurz rechts, um gleich darauf links auf einer Hauptstraße südlich des Ortskerns mit sehenswerter Rundturmkirche nach Osten zu wandern. Hinter einer Bahnunterführung geht es an einem *Jugendzentrum* vorbei rechts an der Bahnlinie entlang. Wenige 100 Meter weiter knickt der Weg nach links und läuft als Heckenweg auf die *A 1* zu. Diese wird auf breitem Fahrweg unterquert. Jetzt entlang des *Forstes Hohelied* zu einem festen Fahrweg, der links bald heckengesäumt zur Höhe hinaufschwenkt. Hier schließen wir uns einer schmalen Asphaltstraße nach rechts an und gelangen zum Nordrand des *Forstes Beutz*. Von dort aus bringt uns ein schöner Heckenweg in die Nähe des *Hemmelsdorfer Sees*, den wir zur Linken blinken sehen. Dann erreichen wir rechts auf einer Landstraße *Kreuzkamp* (schlechte Busverbindung, nur bis mittags, nach Lübeck – Ratekau).

Nun weiter geradeaus über *Offendorferfeld* und vor dem Ortsschild von *Kleinsee* rechts zum *Waldhusener Forst*. Hier führt eine Asphaltstraße vor dem Wald nach links. Anschließend rechts (hier Vereinigung mit dem Internationalen Küstenweg E 9 nach Mecklenburg/Vorpommern) auf schönem Waldweg am Waldrand entlang. Jenseits eines Ackers sieht man dabei in einem Waldstück unter großen Buchen die mächtigen, aufgetürmten Findlinge eines Ganggrabes der jüngeren Steinzeit. Dann schwenkt der Weg waldeinwärts. Kurz darauf wählen wir eine Rechtsabzweigung und kommen 1 Kilometer weiter zum *Forsthaus Waldhusen* (1765 erbaut, heute Gaststätte).

Hier gehen wir links auf dem *Waldhusener Weg* über eine Bahnlinie und wenig später auf einer Brücke über die *B 75* hinweg. Von hier besteht Busverbindung mit *Lübeck*. Wir folgen nun vor *Kücknitz* der Autobahnausfahrt, um dann halblinks zum Gemeinschaftshaus *Rangenberg* zu wandern. Hier biegen wir links in ein Waldstück ein. Noch vor Erreichen der Autostraße geht es nun links auf schmaler Asphaltstraße über einen Bach hinüber. Dahinter auf einem Fußweg rechts am Ufer entlang. Dann nach rechts und gleich darauf links um eine Kläranlage herum. Zur Linken sehen wir jetzt die qualmenden Schlote der Industrieanlagen in *Schlutup*. Vor einem Sportplatz laufen wir rechts durch das Waldgelände von *Herrenwyk*, das zumeist aus niedrigem Kiefernwald besteht. Auf der *B 75* überwinden wir mit der hochragenden, aussichtsreichen *Herrenbrücke* die *Trave*. (Tunnelbau voraussichtlich 2004/2005 geplant.)

Nun links über eine Abfahrt zum *Jachthafen* vor dem *Stau* und am Schilfufer des *Breitlings* entlang zur *B 104*. Über diese hinweg und auf dem *Lübecker Weg* in das *Lauerholz* hinein. Einige hundert Meter weiter liegt links jenseits eines Stauteiches das *Forsthaus Altlauerhof* (Abzweigmöglichkeit zur JH nach *Lübeck*). Wir halten uns jedoch links, um dann hinter einem reetgedeckten Haus rechts auf dem *Telefon-Weg* zu einem alten Industriegelände zu gelangen. Hier verläuft unser Weg halbrechts nach Südwesten in den Wald hinein. Wenig später biegen wir links ab.

An einer Autostraße wenden wir uns kurz nach rechts, um gleich darauf links in der bisherigen Richtung über ein Bahngleis hinweg durch den *Forst Wesloe* zu gehen. An einer überdachten Rastbank folgen wir rechts *Damm-Weg*, *Großer Schießbahn* und *Teufels-Weg*. Vor dem *Soldaten-Weg* kurz nach links bis in die Nähe der Staatsgrenze und kurz darauf rechts durch Kiefernwald. Vor einer Wiese und einer Überlandleitung halten wir uns wiederum rechts, um schließlich an einem Wanderparkplatz auf eine Straße zu treffen, auf der wir links an Schrebergärten vorbeikommen. Auf der *Brandenbaumer Landstraße* überqueren wir rechts einen Bahnübergang (Haltestelle der Linie 5), um gleich dahinter vor einem Teich links die Siedlung *Kaninchenberg* zu durchwandern.

Nach einer Rechtskurve gelangen wir links auf dem *Koppelbarg* zum *Gleisweg*, dem wir uns nach links anschließen. Wir folgen der Bahnlinie etwa nach Westen, die hier an einer Ausbuchtung der *Wakenitz* entlang verläuft. Dann unterqueren wir den Bahndamm und erreichen über eine geschwungene Fußgängerbrücke das andere *Wakenitzufer*. An einem Haus des *Deutschen Bundes für Vogelschutz* führt uns ein Ligusterheckenweg nach links. Am Ufer des Landgrabens entlangwandernd befinden wir uns bald an der *Ratzeburger Landstraße* in Höhe des ehemaligen Gasthofs *Grönauer Baum*.

Hier schließen wir uns dem halb links abzweigenden *Falkenhusener Weg* an, der uns nach knapp 1$^1/_2$ Kilometern in Waldgebiet bringt (links Abzweigung zum *Waldhotel Müggenbusch*, ganzjährig geöffnet). Auf einem schmalen Weg treten wir halblinks in den Wald ein, halten uns an der nächsten Kreuzung links und bald darauf rechts, um wenige 100 Meter weiter am Waldrand entlangzugehen. Wir stoßen auf den *Absalonshorster Weg*, auf dem wir rechts zum *Forsthaus Falkenhusen* gelangen.

Schließlich kommen wir teils auf dem *Falkenhusener Weg*, teils parallel durch den Wald wandernd zu unserem Etappenziel *Kleingrönau* (Bushaltestelle der Linie 8).

1.14 Lübeck (Kleingrönau) – Ratzeburg

Verkehrsmöglichkeiten Busverbindung.
Wegmarkierungen Weißes Andreaskreuz.
Tourenlänge 29 Kilometer.
Wanderzeit 7^1/$_2$ Stunden.
Höhenunterschiede Geringfügig.
Gesamte Steigung: etwa 110 m.
Wanderkarten 1:50 000 L 2130 Lübeck, L 2328 Trittau, L 2330 Ratzeburg oder 1:45 000 Naturpark Lauenburgische Seen.
Gaststätten unterwegs Krummesse, Berkenthin, Buchholz.
Übernachtung Ratzeburg.
Wissenswertes Lübeck: 1143 vom Grafen Adolf von Schauenburg in der Nähe der Wendensiedlung »Liubice« gegründet, seit 1159 im Besitz Heinrichs des Löwen, dann kaiserlich und kurze Zeit dänisch, bedeutende Hansestadt, wechselvolle Geschichte, seit 1937 Stadtkreis Schleswig-Holsteins. Sehenswert: zahlreiche (überwiegend) Backsteinbauten sind erwähnenswert; mächtiges Holstentor von 1477, Burgtor (1444), Rathaus (13.–15. Jahrhundert), Petrikirche (13.–15. Jahrhundert), gewaltige Marienkirche (im 14. Jahrhundert vollendet), Dom (12. und 13. Jahrhundert), Heilig-Geist-Hospital, Salzspeicher an der Trave, Haus der Schiffergesellschaft, zahlreiche gut erhaltene Kaufmannshäuser wie Schabbel- und Buddenbrookshaus. Kleingrönau: ehem. Armenhaus und Kapelle (15. Jahrhundert). Berkenthin: frühgotische Backsteinkirche (13. Jahrhundert), Ausmalungen (nach 1250, 1899 erneuert: Jüngstes Gericht, Petrus und Paulus), Altar (17. Jahrhundert), Renaissancekanzel. Krummesse: Hallenkirche (13. Jahrhundert), Wandausmalung, spätgotische Triumphgruppe.

Tourenbeschreibung In *Kleingrönau* verlassen wir die *B 207* auf einer Straße, die am Südende des Sportplatzes nach Westen verläuft. Nach 250 Metern links im Bogen bis zu einem Knickweg. Jetzt rechts bis zu einer Teerstraße. Auf dieser bis kurz vor den *Blankensee*. In der Nähe des Ostufers links zum ehemaligen

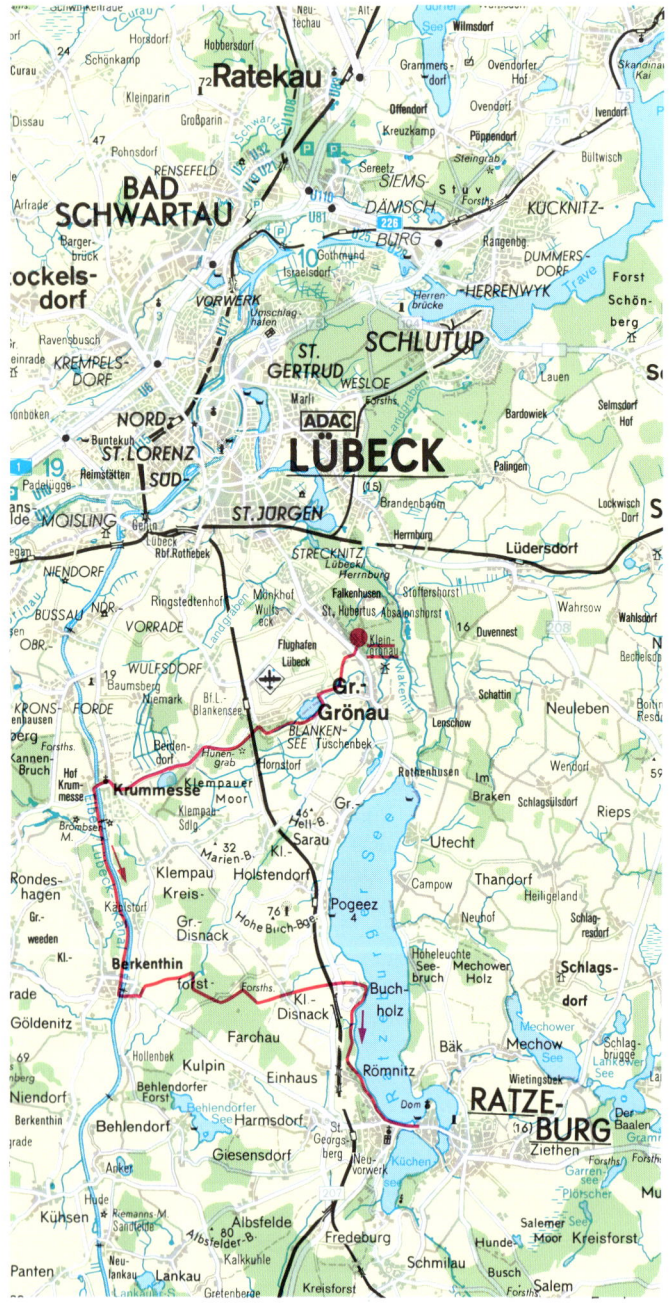

Seekrug. 500 Meter weiter gehen wir rechts einen Knickweg hoch, bleiben am Rand einer Pferdekoppel und steigen nahe eines Gehöftes zu einem baumgesäumten Weg hinunter. Dieser verläuft bald im Rechtsbogen durch ein Waldgebiet und berührt das Südwestende von *Blankensee.* Wir wenden uns nach links über einen Bahnübergang (etwa 100 Meter entfernt links am Gleis Steinkammergrab) und gelangen stets am Waldrand entlang über eine Landstraße nach *Beidendorf.*

Im Ort geht es zunächst nach links. Dann hinter dem Ortsausgang rechts am Nordufer eines kleineren Sees entlang und weiter geradeaus der Landstraße folgend bis *Krummesse.* Nur wenige Meter halten wir uns auf der Hauptstraße rechts, um gleich wieder schräg links abzubiegen. An einer alten Dorfkirche vorbei überschreiten wir eine Brücke des *Elbe-Lübeck-Kanals.* Links ab auf einem einsamen Leinpfad wandern wir jetzt gut 6 Kilometer neben dieser malerischen Wasserstraße nach Süden bis *Berkenthin.*

Eine Straßenbrücke wird unterschritten; hinter der Schleuse wird ein Gasthof erreicht. Hier bringt uns eine Fußgängerbrücke hinüber auf das andere Ufer zur sehenswerten Kirche. Hinter der Kirche kommen wir links zur *B 208.* Ihr folgen wir nur 200 Meter nach rechts, um nun links in einen Wirtschaftsweg einzubiegen. Dieser beschreibt nach 400 Metern eine Rechtskurve und führt uns 1,5 Kilometer weiter in den *Bartelsbusch.* Hier rechts hinunter über einen Bach, dann nach einem Linksbogen geradeaus bis zu einer Forststraße. Auf dieser links bis hinter das Forsthaus. Nun rechts in den Wald, bis nach knapp 300 Metern ein Weg links abzweigt, der bald den Forst hinter sich läßt und bei *Klein-Disnack* auf eine schmale Landstraße stößt. Dort halten wir uns geradeaus in östlicher Richtung: zunächst auf einem Straßenstück, dann einer Pfadspur folgend mit kurzer Rechts-Links-Wendung, um dann am Feldrand einen Wirtschaftsweg aufzunehmen, der uns nach *Buchholz* bringt, wobei Eisenbahnlinie und *B 207* gequert werden.

Hier weist uns das Zeichen hinunter zum *Ratzeburger See.* Auf einem reizvollen Wanderweg, der zunächst unmittelbar unten am Ufer, dann etwas höher durch den Wald verläuft, vorbei am *Ansverus-Kreuz* von 1066 in der Nähe von *Einhaus* (Zugang beschildert), gelangen wir schließlich über die *B 208* zur berühmten Domstadt *Ratzeburg.*

1.15 Ratzeburg – Mölln

Verkehrsmöglichkeiten Bahn- und Busverbindung.
Wegmarkierungen Weißes Andreaskreuz.
Tourenlänge 16 Kilometer. **Wanderzeit** 4 Stunden.
Höhenunterschiede Etliche kleinere An- und Abstiege. Gesamte Steigung: etwa 60 m.
Wanderkarten 1:50 000 L 2330 Ratzeburg oder 1:45 000 Naturpark Lauenburgische Seen.
Gaststätten unterwegs Farchauer Mühle.
Übernachtung Mölln.
Wissenswertes Ratzeburg: zuerst 1062 erwähnt, auf einer Insel zwischen Ratzeburger See, Domsee, Küchensee und Stadtsee gelegen, jedoch durch Dämme und Brücken Verbindung zum Festland, Stiftung eines Bistums durch Heinrich den Löwen 1154, Stadtgründung 1272, ab 1616 Residenz des Herzogtums Lauenburg, heute Sitz der Deutschen Ruderakademie. Sehenswert: Dom, 1154 errichtet, mit bedeutender Innenausstattung, Dompropstei, Kreuzgang und Steintor; Abguß von 1881 des Braun-

schweiger Löwen am Domfriedhof, Heinrichstein mit lateinischer Inschrift, St.-Georgsberg-Kirche (älteste Feldsteinkirche des Kreises). Ansverus-Kreuz (1066) bei Einhaus, Grab- und Gedenkstätte des Künstlers Ernst Barlach.

Tourenbeschreibung Am Marktplatz wenden wir uns südlich an der Kirche vorbei zur Promenade am *Küchensee*. Nun links an der Jugendherberge vorbei über einen Damm zum Waldrand. Rechts weiter an einer Gaststätte vorbei über einen Waldweg, der in Ufernähe verläuft, zur *Gaststätte Farchauer Mühle*. Kurz vorher überschreiten wir den *Schaalseekanal*. Der Uferweg führt uns weiter zur Mühle, deren Gelände wir überschreiten müssen. Dann folgen wir links einer Forststraße, die uns nach 1 Kilometer links abbiegen läßt, um uns in südlicher Richtung zur Bahnlinie zu bringen. 200 Meter hinter der Brücke gehen wir an einer Wegspinne nach links und am Ostrand der *Schmilauer Tannen* entlang nach Süden. Wir bleiben in der Nähe des Waldrandes. 400 Meter vor einer Autostraße geht es geradeaus südwestlich durch den Wald. 1 Kilometer weiter schließen wir uns einer breiten Waldstraße nach links an. Nun wandern wir fast 2 Kilometer nach Süden. Dann bringt uns ein Pfad rechts zum *Waldhof*. Vor diesem rechts ab am Schießplatzgelände vorbei. Dahinter geht es unter öfterem Links- und Rechtsabbiegen westlich zur *Schmilauer Chaussee*. Wir kreuzen diese Straße, kommen an einigen Denkmälern vorbei und erreichen auf der Höhe ein Kleingartengelände. An dessen Südrand gelangen wir zu einer Treppe, die uns zur Stadt *Mölln* hinuntersteigen läßt.

1.16 Mölln – Güster

Verkehrsmöglichkeiten Busverbindung.
Wegmarkierungen Weißes Andreaskreuz.
Tourenlänge 18 Kilometer.
Wanderzeit 4^1/$_2$ Stunden.
Höhenunterschiede Unwesentlich. Gesamte Steigung: 25 m.
Wanderkarten 1:50 000 L 2330 Ratzeburg, L 2530 Gudow oder 1:45 000 Naturpark Lauenburgische Seen.
Gaststätten unterwegs Gudow (etwas abseits).
Übernachtung Güster.
Wissenswertes Mölln: erste Erwähnung 1104, seit 1202 Stadtrechte, reizvoll zwischen Seen und Wäldern gelegener Kurort. Sehenswert: St.-Nikolai-Kirche (spätromanisch und gotisch), in

der Kirchenmauer Grabstein Till Eulenspiegels, der in Mölln 1350 an der Pest starb, Eulenspiegelbrunnen auf dem Marktplatz, wo auch einige verzierte Fachwerkhäuser stehen, gotisches Rathaus (1373) mit Gerichtslaube (1475); Mühlenplatz mit Mühle. Gudow: Feldsteinkirche (12. Jahrhundert): älteste Dorfkirche des Herzogtums Lauenburg, gotischer Schnitzaltar (14. Jahrhundert), Kanzel (17. Jahrhundert), frühgot. Triumphkreuzgruppe, zweigeschossige Gutsloge um 1600. Herrenhaus (klassizistisch).

Tourenbeschreibung Vom Rathaus gehen wir zum *Mühlenplatz* und am Nordufer des Mühlengrabens entlang bis zu einer Straße, auf der wir uns kurz rechts halten. Dann links auf schmalerem Weg zum Hotel *Waldhalle*. Von der Brücke läuft jetzt ein Pfad am Westufer des *Schmalen* und anschließend des *Lüttauer Sees* nach Süden. Wir stoßen auf eine Straße, neben der wir links bis zu einem Parkplatz wandern. Hier rechts hinüber und durch eine Unterführung zum westlichen *Drüsenseeufer*.

Am Südzipfel des Sees überschreiten wir über eine Fußgängerbrücke den *Hellbach*, in dessen Tal wir meist am Waldrand bleiben. Über einen sich häufig schlängelnden Weg, der immer schmaler wird, gelangen wir zu einem breiteren Waldweg. Dabei umkreisen wir den Lottsee und bewegen uns in der Nähe von *Krebs-* und *Schwarzsee*, die beide einen Abstecher wert sind. Auf dem Waldweg gehen wir rechts weiter und gelangen auf eine Waldstraße. Diese weist uns links den Weg nach *Gudow* (Einkehrmöglichkeit).

Zurück durch die *Seetannen* und auf romantischem Pfad südlich um den stillen *Sarnekower See* erreichen wir an einer Kreuzung, nach Norden schwenkend, wiederum die Wanderstrecke. Hier wenden wir uns nach links in westlicher Richtung, berühren bald die *Gudower Mühle* und biegen 400 Meter weiter links ab. Ebenfalls nach 400 Metern wird rechts die alte Richtung wieder aufgenommen. An einer Kreuzung schwenkt der Wanderweg nach links, um nach 400 Metern wiederum rechts weiterzuverlaufen. Wir unterqueren die Autobahn *A 24* und gelangen am Waldrand auf eine feste Straße. An dieser Stelle trennen sich die *Europäischen Fernwanderwege E 1* und *E 6*. Die Strecke Ostsee – Wachau – Adria – Ägäis geht links in südlicher Richtung weiter, während die Strecke Flensburg – Genua geradeaus über den Kanal nach *Güster* verläuft.

1.17 Güster – Witzhave

Verkehrsmöglichkeiten Ungünstige Busverbindung über Schwarzenbek und Bahnverbindung über Büchen mit Aumühle. Von Grande Busverbindung nach Trittau bzw. Glinde und Hamburg.
Wegmarkierungen Weißes Andreaskreuz.
Tourenlänge 33 Kilometer.
Wanderzeit 8 bis 8^1/$_2$ Stunden.
Höhenunterschiede Geringfügig. Gesamte Steigung: etwa 80 m.
Wanderkarten 1:50 000 L 2530 Gudow, L 2528 Geesthacht oder Sonderblatt 31, Naturpark Lauenburgische Seen.
Gaststätten unterwegs Wotersen, Talkau, Fuhlenhagen, Basthorst, Kuddewörde, Grande.
Übernachtung Witzhave, Trittau oder Glinde (Busverbindung mit Witzhave), Kuddewörde.
Wissenswertes Wotersen: stattliches Herrenhaus (1736) der Familie von Bernstorff. Fuhlenhagen: Fachwerkkapelle (16. Jahrhundert).

Tourenbeschreibung Zunächst verläuft die Wanderstrecke über die Hauptstraße nach Norden. Dann oberhalb eines tieferliegen-

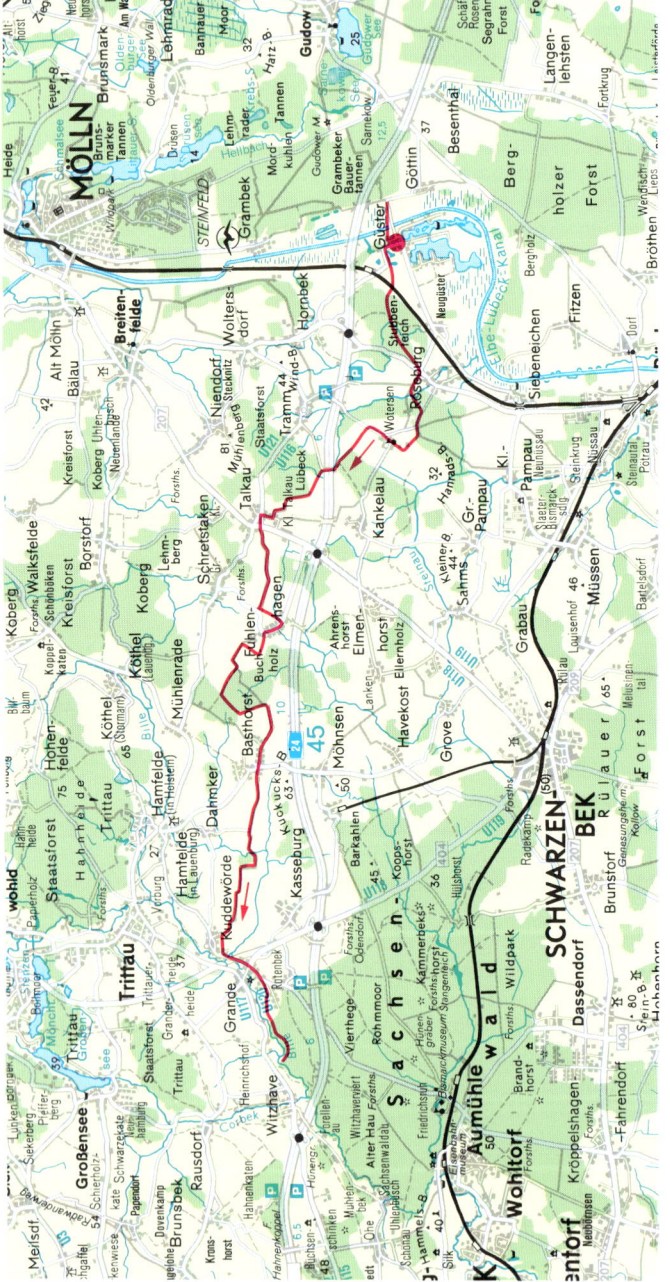

den Wochenendhausgeländes nach Westen. In einer Rechtskurve gehen wir geradeaus auf einem Knickweg weiter. Darauf im Rechtsbogen über einen Bahnübergang. Vor dem Wald geht es links, in diesen hinein und bald wieder nach links, schließlich nach etwa 150 Metern rechts in westsüdwestlicher Richtung durch den Forst.

Nach etwa 2 Kilometern wird die Straße bei *Roseburg* kurz nach links überschritten. Anschließend an der nächsten Kreuzung rechts ab nach Nordwesten bis zum *Mühlenbach*. Hinter dem Bach führt der Weg links durch lichten Wald nahe der *Fasanerie* vorbei.

Wir stoßen bald auf eine Landstraße, der wir aber nur bis zur nächsten Rechtskurve nach rechts folgen. Hier halten wir uns westlich und kommen nach 200 Metern zu einer prächtigen Allee, die uns rechts zum Gutsbezirk *Wotersen* bringt.

Nachdem wir einen Gasthof passiert haben, taucht rechts der gepflegte, schloßartige Gutshof auf. Etwa 700 Meter weiter nordöstlich verlassen wir den Wirtschaftsweg und biegen links in einen Feld- und Waldweg ein, der nach etwa 1,5 Kilometer die *Autobahn Hamburg – Berlin* überquert und nach einigen Kurven überwiegend nordwestlich etwa 2,5 Kilometer weiter nach *Talkau* führt.

Bei den ersten Siedlungshäusern gehen wir rechts weiter, erreichen an der Kirche die Dorfstraße und wenden uns hier nach links zur *B 207*. Hier gehen wir nur wenige Schritte nach links, dann läuft rechts ein breiter Weg am *Lehmberg* (60 m) vorbei auf *Fuhlenhagen* zu. Nach 2,5 Kilometern schwenken wir links in einen befestigten Knickweg ein. Anschließend wandern wir auf der Dorfstraße nach rechts durch den sehenswerten Ort.

Hinter der kleinen Kirche biegt links ein Feldweg ab, der zweimal nach rechts abknickt, bevor er an einem Wohnhaus nahe einer Hochspannungsleitung auf einen Wirtschaftsweg trifft, dem wir nach links folgen. Doch schon nach 200 Metern bringt uns ein Knickweg links zum Wald. Wir gehen rechts an seinem Rand entlang, bis dieser nach rechts vorspringt. Es heißt jedoch links den Forst südwestlich zu durchwandern. In der Nähe des gegenüberliegenden Waldrandes halten wir uns links und bleiben immer unter den Bäumen, bis wir zu einer festen Straße kommen, die rechts nach *Basthorst* führt.

Auf der Hauptstraße gehen wir nur wenige Meter nach links. Dann zweigt rechts ein fester Wirtschaftsweg ab, der uns über einen ehemaligen Bahndamm hinweg an den Südrand eines kleinen Waldstücks bringt. Viermal müssen wir nun abwechselnd jeweils nach rechts und links abbiegen, ehe wir nach etwa 4 Kilometern in *Kuddewörde* auf eine Autostraße treffen. Auf dieser wandern wir links weiter und überschreiten die Kreuzung mit der *B 404*. Hier liegt rechts die *Grander Mühle* (Gasthof).

An der *Möllner Landstraße* befindet sich eine Bushaltestelle mit Verbindung nach Trittau bzw. Glinde und Hamburg. Der markierte Weg geht jedoch noch 400 Meter weiter nach Südwesten. Dann zweigt rechts ein breiter Fahrweg ab, der uns zum *Sachsenwald* führt. Nun wenden wir uns rechts zu einem Waldpfad in der Nähe des *Billeufers*. Auf diesem folgen wir dem windungsreichen, malerischen Flußlauf, bis uns nach 3 Kilometern ein kleiner Steg und die Markierung »gelber Pfeil« mit Inschrift Gs auf das andere Ufer bringt, wo wir kurz darauf in *Witzhave* die Hauptstraße erreichen. Die Markierung des *Europäischen Fernwanderweges E 1* folgt jedoch weiter der *Bille*.

1.18 Witzhave – Hamburg (Billstedt)

Verkehrsmöglichkeiten Busverbindung, ab Aumühle Bahnverbindung über Reinbek und Bergedorf nach Hamburg (Stadtmitte), von dort U-Bahn nach Billstedt.
Wegmarkierungen Weißes Andreaskreuz, daneben vorwiegend schwarzes Bgf in gelbem Pfeil.
Tourenlänge 27 Kilometer. **Wanderzeit** 7 Stunden.
Höhenunterschiede Unbedeutend. Gesamte Steigung: 120 m.
Wanderkarten 1:50 000 L 2528 Geesthacht, L 2526 Hamburg-Wandsbek oder Wandern in Hamburg und Umgebung.
Gaststätten unterwegs Aumühle, Silkerfeld, Reinbek.
Übernachtung Hamburg und Umgebung.
Wissenswertes Sachsenwald, mit 65 qkm größtes zusammenhängendes Waldgebiet Schleswig-Holsteins, artenreicher Baumbestand, vor allem Buchen, neben Eichen, Fichten und Kiefern, in Friedrichsruh Altersruhesitz des Fürsten von Bismarck mit Mausoleum und Bismarck-Museum.

Tourenbeschreibung Von der Bushaltestelle geht es anfangs dem gelben Pfeil folgend etwa 400 Meter auf der Autostraße in Richtung *Grande*. Dann nach rechts über einen breiten Sandweg und bald über einen schmalen Pfad bergab zum Steg über die *Bille*. Jetzt halblinks nach einigen Schritten zum *Europäischen Fernwanderweg E 1*. Auf ihm weiter nach rechts die Autobahn querend und stets oberhalb des Steilufers, bis wir nach etwa 2 Kilometern die *Doktorbrücke* erreichen. Vor dieser halblinks

durch schönen Fichtenwald auf einem Waldweg immer geradeaus. Später in südlicher Richtung durch Buchenwald über den *Fürstenberg* hinweg, bis wir in *Aumühle* hinter einem rechter Hand liegenden Wildschweingehege den Wald verlassen.

An der *Bismarckmühle* (Gasthaus) vorbei geht es rechts ab zur *Schönningstedter Straße*, die bald über die *Bille* führt. Hinter einem Sportplatz biegen wir rechts in eine Eichenallee ein. Bald treffen wir auf ein Waldstück, an dessen rechtem Rand wir auf breitem Weg etwa 300 Meter entlanggehen. Nun links über einen Pfad meist durch Kiefernwald nach *Silkerfeld*.

Hier wenden wir uns hinter einem Gasthof nach rechts, um erst über einen Wiesenweg, dann über eine von mächtigen Eichen gesäumte Allee wandernd bald links die Straße zu überschreiten. Wir folgen jetzt dem *Silker Weg* am *Gut Silk* vorbei nach Reinbek.

Dort halten wir uns gleich hinter dem Ortsanfang links, um über die *Wohltorfer Straße* zum Steilabfall des *Billetals* zu gehen. Hier wenden wir uns nach rechts und durchwandern den *Vorwerksbusch*. Dann gehtes geradeaus über die *Bismarckstraße* zu einem Waldpark, den wir links über einen Fußweg betreten. Im Rechtsbogen (hier Abzweig zum S-Bahnhof *Reinbek* möglich) gelangen wir zum Kriegerdenkmal auf einem kleinen bronzezeitlichen Grabhügel. Der Fußweg gegenüber führt uns zum *Rosenplatz*. Nach dessen Überquerung wählen wir einen weiteren Fußweg, den *Küpergang*, der uns an der katholischen Kirche vorbei durch Parkanlagen zur *Jahnstraße* bringt. Gegenüber einem Friedhof halten wir uns links, um oberhalb eines Krankenhauses über eine Autostraße zu einem Höhenweg zu gelangen. Die zum Teil stark befahrene Straße kann auf einer Fußgängerbrücke überquert werden, die wir 100 Meter weiter rechts vorfinden.

Nach etwa 500 Metern steigen wir links in die Nähe *des Billeufers* hinab. Nun rechts auf dem Billewanderweg an einer alten Eiche vorbei. Wir gelangen in die Nähe der Bahnlinie Hamburg – Berlin. Stets am *Billeufer* entlang durchwandern wir darauf die Siedlung von *Sande*.

Wer jedoch zum *Bahnhof Bergedorf* möchte, muß dem Flußlauf und der Markierung »gelber Pfeil« mit Bgf weiter folgen. Der Hauptweg führt durch ein Waldstück und überbrückt die *B 5*. Dahinter geht es gleich rechts über einen Fußpfad, der uns zur *Boberger Düne* führt. Davor nach rechts 300 Meter in Richtung Boberg. Nun schräg links am *Achtermoor* vorbei. Dann wird rechts die B 5 unterquert. Darauf folgen wir der Hauptstraße nach links und kommen zur Kirche von *Kirchsteinbek*. Dann erreichen wir meist parallel zur *B 5* unter anderem auf der *Kapellener Straße* am Friedhof vorbei die Anlagen am *Schleemer Bach*. Daneben gehen wir rechts über eine U-Bahnbrücke, um links bald zum *Bahnhof Billstedt* zu gelangen.

1.19 Hamburg (Billstedt) – Hamburg (Blankenese)

Verkehrsmöglichkeiten Vielfältig.
Wegmarkierungen Weißes Andreaskreuz.
Tourenlänge 22 Kilometer.
Wanderzeit 5½ Stunden.
Höhenunterschiede Unwesentlich.
Gesamte Steigung: etwa 15 m.
Wanderkarten 1:50 000 L 2526 Hamburg-Wandsbek, L 2524 Hamburg-Harburg oder Wandern in Hamburg und Umgebung.
Gaststätten unterwegs Fast auf der gesamten Strecke.
Übernachtung Zahlreiche Hotels und Pensionen.
Wissenswertes Hamburg: Im 9. Jahrhundert als »Hammaburg« an der Alster gegründet, im Laufe der Jahrhunderte wuchs seine Bedeutung ständig, wichtige Industrie- und Hafenstadt mit

16 Kilometer langen Hafenanlagen, freie Hansestadt. Sehenswert: Rathaus (1886–1897 im Renaissancestil errichtet), St.-Jakobi-Kirche (14. und 20. Jahrhundert) mit Arp-Schnitger-Orgel, die barocke St.-Michaelis-Kirche (»Michel«) mit 132 Meter hohem Turm Wahrzeichen Hamburgs, ausgedehnte Hafenanlagen mit Werften und St.-Pauli-Landungsbrücken, Elbtunnel und Köhlbrandbrücke, Jungfernstieg, Ballindamm, Alsterpavillon, Staatsoper, Chilehaus (1922–24), Sprinkenhof (1927–30) Hafenviertel St. Pauli mit dem Vergnügungszentrum Reeperbahn, daneben Heiligengeistfeld (Rummelplatz des Hamburger »Doms«), Altona mit sehenswerten Häusern, Volkspark Planten un Blomen mit 271,5 Meter hohem Fernsehturm, Ernst-Merck-Halle (1951) und Kongress-Centrum (1973), Tierpark Hagenbeck (1907 angelegt), verschiedene Museen wie vor allem die Kunsthalle und Museum für Kunst und Gewerbe.

Tourenbeschreibung Obwohl der Wanderweg im Stadtbereich *Hamburgs* in der Regel durch Grünanlagen verläuft, ist es empfehlenswert, die Anfangsstrecke von *Billstedt* bis zum *Berliner Tor* mit der U-Bahn (Linie U 3) zurückzulegen. Wer dennoch zu Fuß zur Innenstadt wandert, folgt weiter dem Fußweg *(Maukestieg, Riedweg)* entlang der U-Bahntrasse, welche ab der *Legienstraße* unterirdisch weitergeführt wird. Nahe der *U-Bahnstation »Horner Rennbahn«* wird das Einkaufszentrum durchschritten oder bei Sperrung umgangen, bis man danach rechts neben dem *U-Bahneingang* eine Fußgängerunterführung nutzen kann, die uns auf die andere Straßenseite bringt. Bald erreicht man das *»Rauhe Haus«* und die Horner *Landstraße*. Dann steigen wir hinter der Bahnbrücke bei der U-Bahnstation rechts die Stufen hinauf und folgen links weiter der U-Bahnlinie zu den *Hammer Kirchen*. Vor uns zeigt sich uns die eindrucksvolle Ansicht der Innenstadtkirchtürme. Anschließend geht es zur *Burgstraße*, zum *Berliner Tor* und zur *Feuerwache*. Wir überqueren den *Steindamm* und wandern nordöstlich über die *Lohmühlenstraße* auf deutlich gekennzeichneter Strecke am *St.-Georg-Krankenhaus* vorbei zur *Außenalster*. An deren Ufer wandern wir auf einem betonierten Weg nach links. Anschließend über den *Bürgermeisterweg* unter der *Kennedybrücke* hinweg zur *Lombardsbrücke*.

Diese bringt uns zum *Neuen Jungfernstieg*, der uns eine Eisenbahnbrücke unterqueren läßt. Dann sogleich rechts durch eine Parkanlage zu einem Fußgängerüberweg über den *Dammtordamm* zum *Stephansplatz*. Nun halten wir uns kurz links, um sogleich rechts durch die begrünten *Kleinen* und *Großen Wallanlagen* zum *Millerntordamm* zu kommen. Gegenüber geht es am

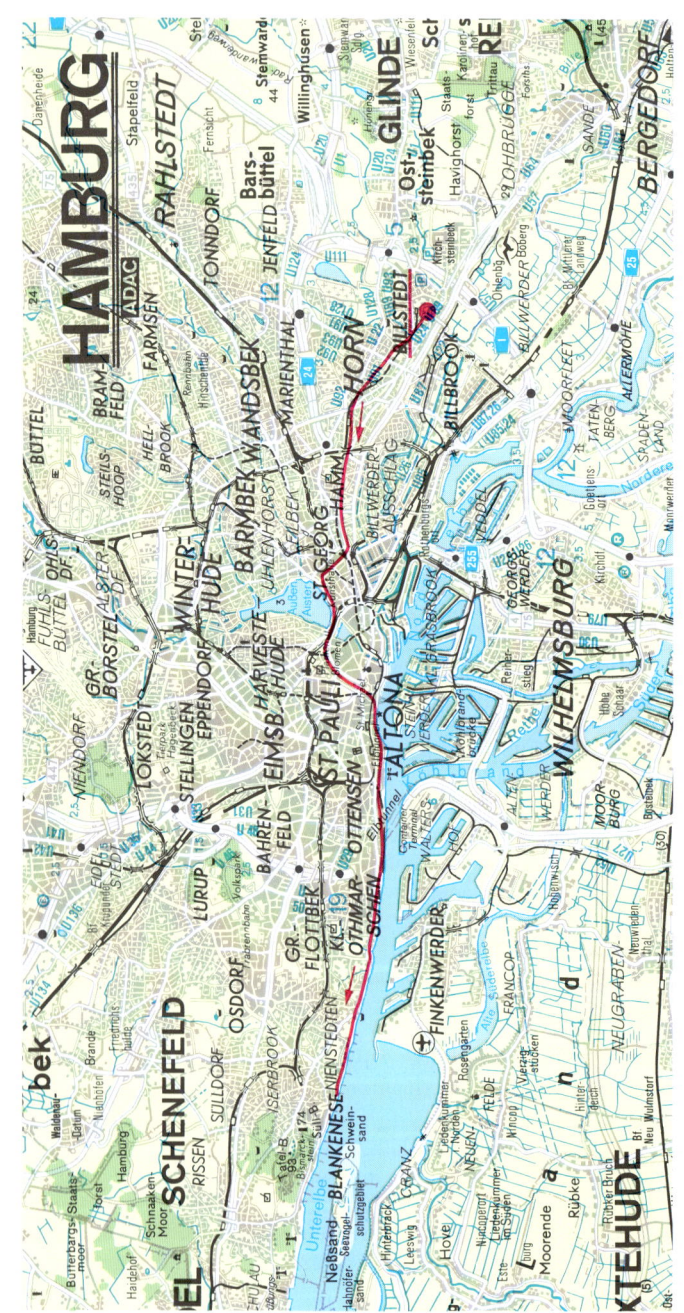

Bismarckdenkmal vorbei. Wir überqueren die *Seewartstraße* und erreichen dann die *Jugendherberge*. Dahinter steigen wir abwärts zu den *St.-Pauli-Landungsbrücken*.

Hier gehen wir rechts zum *Fischmarkt* weiter, auf dem jeden Sonntagmorgen bis zehn Uhr reges Treiben herrscht. Daran schließt sich eine Wanderung über die *Große Elbstraße* an. Unterhalb eines Hochhauses steigen wir rechts eine Treppe hoch, um links über den *Olbersweg* durch Parkanlagen zum *Altonaer Balkon* unterhalb des Rathauses zu gelangen. Unter uns erblicken wir die imposante Kulisse der Hafenanlagen und im Hintergrund die kühngeschwungene *Köhlbrandbrücke*.

Jetzt an der *Seemannsschule* vorbei bis zu einer Treppe links abwärts und über den *Lüdemannsweg* nach *Övelgönne*. Hier führt uns unserere Wanderung an etlichen sehenswerten Lotsen- und Kapitänshäusern vorbei zum *Elbuferweg*, der uns anschließend an der *Teufelsbrück* die *Elbchaussee* erreichen läßt. Über eine breite Uferpromenade wandern wir nun unterhalb von *Nienstedten* und am *Mühlenberg* mit seinem Hirschpark vorbei in einer knappen Stunde zur Landungsbrücke der Fähre, die uns bei der nächsten Etappe nach *Cranz* übersetzen wird. Heute steigen wir jedoch rechts stellenweise über Treppenstufen an alten Seemannshäusern vorbei nach *Blankenese* hinauf.

1.20 Hamburg (Blankenese) – Buchholz

Verkehrsmöglichkeiten Bahnverbindung über Hamburg (Hbf.).
Wegmarkierungen Weißes Andreaskreuz.
Tourenlänge 32 Kilometer.
Wanderzeit 8 Stunden.
Höhenunterschiede Nennenswerter Anstieg nur in der Fischbeker Heide. Gesamte Steigung: etwa 170 m.
Wanderkarten 1:50 000 L 2524 Hamburg-Harburg, Wandern in Hamburg und Umgebung (nur bis Karlstein), Naturschutzgebiet Lüneburger Heide (etwa ab 10 km vor Buchholz).
Gaststätten unterwegs Cranz, Neuenfelder Hinterdeich, Fischbek, Karlstein, Steinbeck.
Übernachtung Buchholz.
Wissenswertes Blankenese: sehenswerte Wohnhäuser aus den ersten Jahrzehnten des 19. Jahrhunderts. Neuenfelde: Backstein-

kirche (1682), 1683 ausgemalte, holzverschalte Deckentonne, Arp Schnittger baute 1682–88 eine neue Orgel und wurde 1719 hier bestattet, Kanzel und Kirchenstühle (18. Jahrhundert), manierist. Taufstein mit Baldachin (um 1600), flämische Krone (1709). Altes Land: zahlreiche sehenswerte Höfe mit Fachwerkgiebeln und holzschnitzverzierten Hofpforten.

Tourenbeschreibung In *Blankenese* beginnen wir unsere Etappe am Bahnhof. Am Ausgang halten wir uns links und erreichen in südlicher Richtung das Viertel mit alten Seemannshäusern. Hier weist uns ein steiler Weg teils über Treppen rechts hinunter zur Anlegestelle am *Elbeufer*, wo die gemeinsame Wegführung der Wanderstrecke E 1 mit dem Internationalem Küstenweg E 9 endet (E 9 weiter nach Glückstadt, Bederkesa, Bremerhaven und zur Weser). Ein Fährschiff bringt uns hinüber zum alten Fischerdorf *Cranz*.

Hier wenden wir uns auf der Straße zunächst nach links. Bald geht links eine Brücke über die *Este*. Dahinter links auf dem Deich entlang am Werftgelände vorbei. Immer dem Deich folgend passieren wir *Neuenfelde* (sehenswerte Kirche mit Arp-Schnitger-Orgel). Hier biegen wir hinter der Kirche zunächst rechts in den *Arp-Schnitger-Stieg* ein. Nach Erreichen der *Nincoper Straße* folgen wir nun der Markierung auf der Landstraße zunächst 1^1/$_2$ Kilometer nach rechts und dann links etwa 3 Kilometer bis *Rüpke*. Von dort geht es links zum Neuenfelder Hinterdeich und am Gasthaus Zum Hinterdeich vorbei bis zu einem Weg, der uns rechts nach *Fischbek* wandern läßt.

Ab Neuenfelde sei eine Alternative aufgezeigt, die das unbeliebte Straßenwandern weitgehend ausschaltet: Von der Nincoper Straße gehen wir leicht nach links versetzt geradeaus weiter in den *Nincoper Moorweg* hinein. Die Benutzung dieses Privatweges wird zur Zeit geduldet und führt uns ebenfalls zum *Neuenfelder Hinterdeich* mit dem Gasthaus Zum Hinterdeich. Als einzige Schwierigkeit taucht unterwegs eine Pferdekoppel auf, die entweder durchquert oder umgangen werden muß.

Hinter dem Bahnübergang kommen wir, indem wir die Kirche rechts umgehen, nach etwa 100 Metern zur meist stark befahrenen *Cuxhavener Straße (B 73)*. Auf der anderen Straßenseite nimmt uns geradeaus der *Scharlberg* auf. Hier trifft von links eine von der S-Bahn-Endhaltestelle Neugraben kommende Anbindung mit unserem Hauptwanderweg zusammen. Unvermittelt befinden wir uns plötzlich in einer bergigen Heidelandschaft, dem Naturschutzgebiet *Fischbeker Heide*. Auf und ab schlängelt sich der Weg durch die reizvolle Gegend. Auf einer kahlen Höhe streifen wir ein Segelfluggelände. Dann geht es links bergab zum Wald und an einer Grenze entlang zu einer Siedlung auf dem *Tempelberg*. Auf der Strecke wenden wir uns nach rechts, treten bald wieder in den Wald ein und erreichen, meist südwestlich wandernd, nach etwa 4 Kilometern den *Karlstein*. Vor diesem Kulturdenkmal steigen wir rechts hinunter zur *Karlsteinschänke*.

Wenn wir nach einer Erfrischungspause wieder auf die Straße treten, wenden wir uns nur kurz nach rechts, um gleich darauf rechts auf einen Waldweg nach Südosten einzuschwenken. Nach 500 Metern geht es halb rechts nach Südsüdwest. Diese Richtung halten wir etwa 3 Kilometer bei. Schließlich treten wir ins freie Feld hinaus. Doch schon nach wenigen Metern führt ein breiter Weg nach links 600 Meter weiter zu einer Forststraße. Dieser folgen wir rechts über die *Autobahn* hinweg. Kurz danach links ab auf einem Waldweg bis zur zweiten Schneise. Dann rechts 1,7 Kilometer nach Südsüdwest. Endlich links und nach einigen Rechtslinkswendungen an *Wochenendhäusern* vorbei zur Straße, die links nach *Steinbeck* führt.

Die *B 75* wird überquert: Dann noch etwa 200 Meter geradeaus. Hier zweigt rechts ein Weg ab, dem wir etwa 100 Meter weit folgen. Nun links zu den Waldsiedlungen von *Buchholz*. Nach einem Linksbogen treffen wir auf eine Straße, auf der wir 250 Meter rechts weitergehen. Jetzt bringt uns ein Fußweg links hinunter über einen Bach, dann in einigen Kurven an der Südwestseite des Krankenhauskomplexes vorbei zur Straße, auf der wir bald zur Ortsmitte und zum Bahnhof gelangen.

1.21 Buchholz – Undeloh

Verkehrsmöglichkeiten Ungünstige Busverbindung (Rucksacktour empfehlenswert).
Wegmarkierungen Weißes Andreaskreuz.
Tourenlänge 26 Kilometer.
Wanderzeit 6½ Stunden.
Höhenunterschiede Aufstieg von Buchholz (67 m) zum Brunsberg (129 m), Abstieg nach Handeloh (55 m) und Inzmühlen (45 m), allmählicher Anstieg bis etwa 115 m kurz vor Undeloh (74 m), zuletzt leicht bergab. Gesamte Steigung: etwa 170 m.
Wanderkarten 1:50 000 L 2724 Buchholz/Nordheide, L 2924 Schneverdingen oder Naturschutzgebiet Lüneburger Heide.
Gaststätten unterwegs Waldsiedlung am Pferdekopf, Handeloh.
Übernachtung Undeloh.

Tourenbeschreibung Vom Bahnhof *Buchholz* gehen wir etwa 250 Meter in östlicher Richtung. Dann überqueren wir rechts die Bahnlinie, um dahinter wiederum rechts abzubiegen. Nach 120 Metern wenden wir uns links, kommen an einer Kirche vorbei und wandern bald darauf nach rechts herum. Etwa 100 Meter weiter geht es links ab zu einem breiten Sandweg, der uns westlich an Kiefernwald entlang zu einem Sportplatz führt. Nun schräg links südwestlich durch den Wald. Nach 400 Metern überschreiten wir eine Bahnlinie und halten uns links zwischen Waldrand und Gleisen in südlicher Richtung, bis wir zu einer Waldsiedlung gelangen.

Hier zweigt der Wanderweg schräg rechts ab. Über *Höllenberg* und *Höllental* führt der Weg zuletzt über kahles Gelände zum *Brunsberg* (129 m) hinauf. Auf der Höhe halten wir uns links etwa nach Südosten und erreichen schließlich, wobei zwischendurch eine Straße gekreuzt wird, vor dem Aussichtspunkt *Pferdekopf* eine Waldsiedlung mit einem Gasthaus. Jetzt rechts hinunter am Zaun entlang und unten angekommen über einen Bach. Dann bergauf, bis der Weg nach Westen dreht und uns zu einer

Kreuzung vor der Höhe des *Flidderberges* bringt. Hier nimmt uns ein Waldweg auf, der uns in etwa 3 Kilometern nach *Handeloh* leitet.

Auf der Hauptstraße halten wir uns links, überschreiten die Bahnlinie und kommen in *Inzmühlen* ins *Seevetal*. Unmittelbar vor der *Seevebrücke* verläuft rechts ein Pfad durch das Gebüsch am Ufer entlang. Meist in der Nähe des Flusses bleibend erreichen wir nach etwa 4 Kilometern die Försterei *Wehlen*.

Hier wenden wir uns links zu einer Wegspinne. Auf einem Forstweg wandern wir nun unweit von *Fahlenberg* und *Thonhof* nach Osten und befinden uns nach 3,5 Kilometern in der Nähe der Ansiedlung *Meningen*. Hier folgen wir einem breiten Weg nach rechts, um nach etwa 1,2 Kilometern links abzubiegen. Von dort aus geht es in 2,5 Kilometern zum Heidedorf *Undeloh*.

1.22 Undeloh – Bispingen

Verkehrsmöglichkeiten Zuvor erfragen, da ungünstig. Rucksacktour empfehlenswert.
Wegmarkierungen Weißes Andreaskreuz.
Tourenlänge 20 Kilometer. **Wanderzeit** 5 Stunden.
Höhenunterschiede Aufstieg von Undeloh (74 m) zum Wilseder Berg (169 m), Abstieg über Wilsede (120 m) nach Behringen (72 m) und Bispingen (71 m). Gesamte Steigung: etwa 130 m.
Wanderkarten 1:50 000 L 2924 Schneverdingen oder Naturschutzgebiet Lüneburger Heide.
Gaststätten unterwegs Wilsede, Behringen.
Übernachtung Wilsede, Behringen, Bispingen.

Tourenbeschreibung Hinter dem neuen Fachwerkhaus, Hotel *Undeloher Hof,* wenden wir uns rechts und halten uns dann südwestlich durch den Wald. Nach Erreichen der offenen *Heidefläche* heißt es, links am Waldrand bis zu einem breiteren Weg entlang zu gehen. Dieser bringt uns rechts teilweise vorbei am Nordrand eines größeren Waldstückes zur *Nordseite* des *Wilseder Berges*. Links führt ein von niedrigen Begrenzungshölzern gesäumter Weg auf dessen Höhe.

Oben befindet sich ein großer Findling, der mit Enfernungshinweisen versehen ist. Bei günstiger Witterung genießen wir die prächtige Fernsicht und steigen dann zwischen ansehnlichen Wacholderbüschen durch den *Schlangengrund* hinab zum Museumsdorf Wilsede.

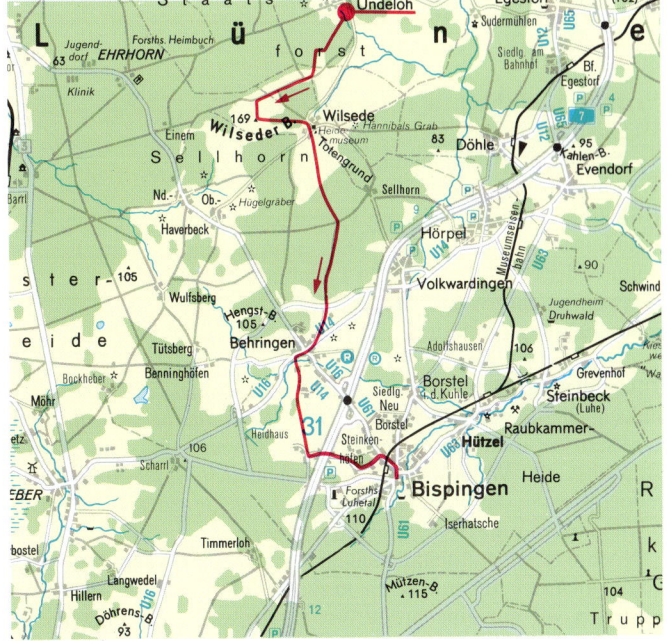

Dahinter verläuft ein Heideweg südöstlich zur Höhe über dem malerischen *Totengrund*. In der gleichen Richtung wie bisher steigen wir zum Waldrand hinunter. Hier läuft ein breiter Weg geradeaus in den *Forst* hinein, der nach etwa 1 Kilometer einen anderen Weg kreuzt. Wenige Meter weiter stößt von links ein neuer Weg hinzu, dem wir nach rechts bis *Behringen* folgen.

Auf der *Hauptstraße* halten wir uns rechts, gehen über eine Kreuzung und biegen in die nächste schmalere Straße nach links ein. Die *Brunau* wird überschritten. Dort führt der Weg nach rechts und dann gleich wieder nach links. An einem kleinen Waldstück umgehen wir ein Gehöft. Dann wandern wir nach rechts an einem *Wäldchen* entlang. Schließlich gabelt sich der Weg. Wir wandern links durch die Felder. Südlich erreichen wir nach kurzer Zeit eine *Häusergruppe*. Hier zweigt ein breiter Weg nach Osten ab, unterquert die Autobahn und berührt schließlich an einem Waldstück ein Gehöft. Wir schwenken dann nach links nach Osten und kommen dann auf eine Straße, die uns rechts nach *Bispingen* bringt.

1.23 Bispingen – Soltau

Verkehrsmöglichkeiten Busverbindung.
Wegmarkierungen Weißes Andreaskreuz.
Tourenlänge 20 Kilometer.
Wanderzeit 5 Stunden.
Höhenunterschiede Gering. Gesamte Steigung: etwa 75 m.
Wanderkarten 1:50 000 L 2924 Schneverdingen und L 3124 Soltau oder Naturschutzgebiet Lüneburger Heide.
Gaststätten unterwegs Stübeckshorn.
Übernachtung Soltau.

Tourenbeschreibung Von der *Kirche* aus zweigt eine *Autostraße* links nach Süden ab. Bevor sie bei der *Jugendherberge* nach einer Linkskurve über die *Luhe* verläuft, biegen wir nach rechts. Zunächst am Waldrand entlang, schließlich durch den Wald, jedoch stets in der Nähe der Bahngleise, gelangen wir nach etwa 3 Kilometern zum Gebiet der *Luhequelle*.

Noch vor der Autobahn steigen wir an einem Wegbalken links zum *Quellteich* hinauf. Nach kurzen Links- und Rechtskehren gelangen wir auf eine breite *Sandstraße*, die wir schräg rechts überqueren müssen. Noch vor einer Autobahnunterführung heißt es jetzt, sich einem teilweise von Gebüsch überwucherten Pfad anzuvertrauen und anschließend etwa 1 Kilometer unmittelbar an der Autobahn entlang nach Süden zu wandern. Das Wanderzeichen weist uns an einer Unterführung links. Doch nach etwa 300 Metern geht es rechts durch den Wald nach *Stübeckshorn*. Noch vor Erreichen der Hauptstraße halten wir uns rechts, um etwa 800 Meter durch Feld und Wald zu marschieren. Dann links in 600 Metern zu einer *Waldstraße*, die uns rechts in Richtung *Dittmern* führt.

Vor der Ortschaft wenden wir uns nahe eines Campingplatzes an einem *Gittermast* nach links in südliche Richtung. Darauf schwenken wir nach rechts und gelangen eine Viertelstunde später nach *Oeningen*. Wir durchqueren das *Oeninger Moor* und kommen, indem wir uns hinter dem zweiten Bahnübergang links halten, am Lönsstein vorbei zum *Oeninger Weg*, an dem die *Jugendherberge Soltau* liegt. Bald darauf sind wir im Zentrum des Heidestädtchens.

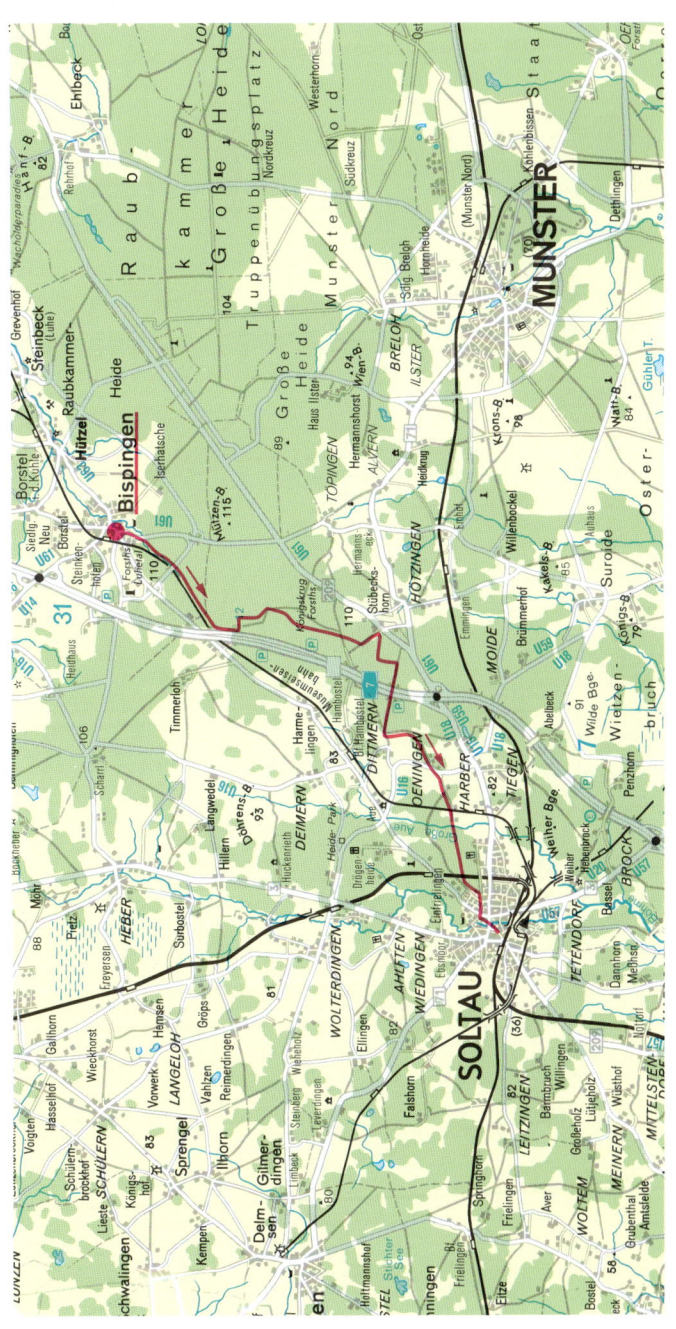

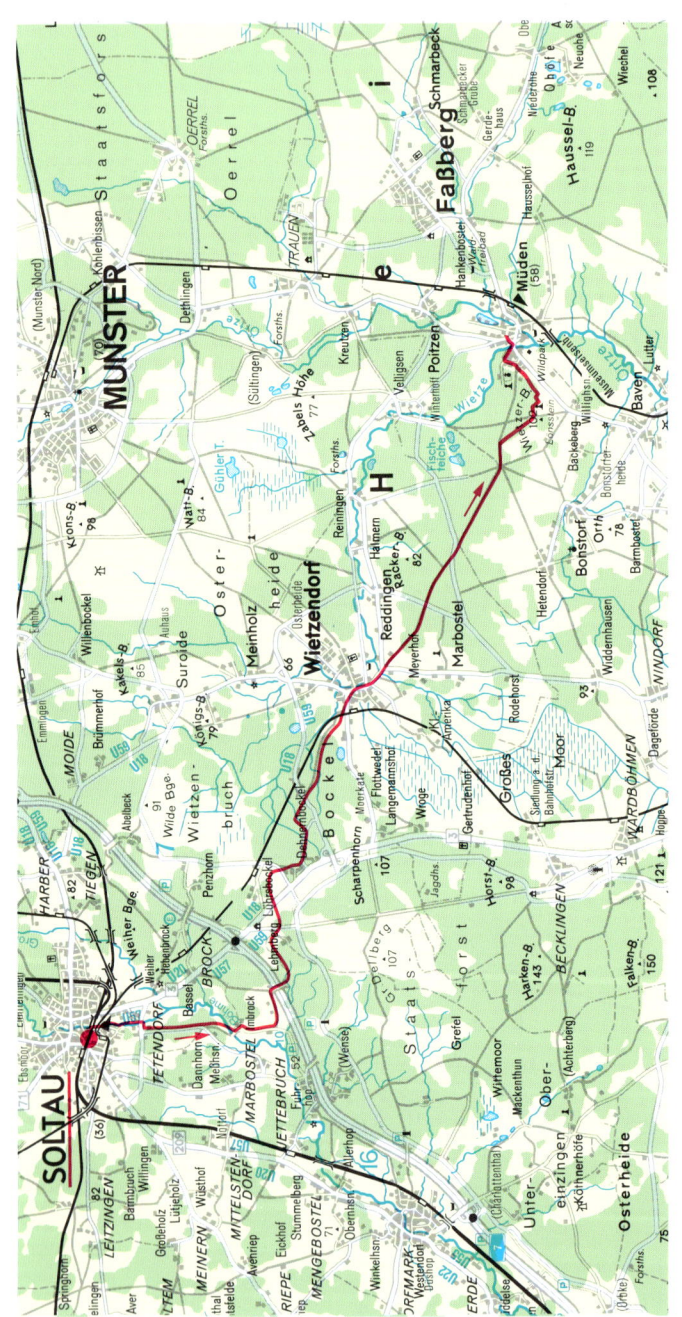

1.24 Soltau – Wietzendorf – Müden

Verkehrsmöglichkeiten Busverbindung über Celle.
Wegmarkierungen Weißes Andreaskreuz.
Tourenlänge 30 Kilometer.
Wanderzeit 7½ Stunden.
Höhenunterschiede Belanglos. Gesamte Steigung: etwa 70 m.
Wanderkarten 1:50 000 L 3124 Soltau, L 3126 Munster.
Gaststätten unterwegs Tetendorf, Heidehof.
Übernachtung Wietzendorf, Müden.
Wissenswertes Soltau: Bedeutender Wirtschaftsmittelpunkt in der Zentralheide und wichtiger Ausgangspunkt für Wanderer; wahrscheinlich aus einem karolingischen Königshof »curtis salta« um 913 entstanden, 1304 als »Curie Soltowe« vom Stift Quedlinburg an das Domkapitel von Verden verkauft, Stadtrecht seit 1388, seit 1479 im Besitz der Lüneburger Herzöge. Sehenswert: In der Johanniskirche große Kriegergedächtnisbilder von Professor R. Schäfer, außen alte Grabplatten; Heldenhain im Böhmewald; altes Stöhrkreuz am Heidehof; Schäferkreuz nahe der B 3; Röders Park und Aboretum.

Tourenbeschreibung Vom Parkplatz am Verkehrsverein aus gehen wir zunächst durch den *Böhmepark* zur *Mühlenstraße*, der wir links zur belebten Hauptstraße der Stadt folgen. Hier geht es geradeaus auf der *Marktstraße* weiter. Nach einem leichten Rechtsbogen biegen wir links in die *Charlottenstraße* ein, die wir hinter einer Bahnunterführung verlassen, um links auf einer schönen Lindenallee an der *Böhme* entlangzuwandern. 1 Kilometer weiter kommen wir in *Tetendorf* am früheren *Gasthaus Drewes* vorbei auf eine Autostraße, auf der es kurz nach rechts weitergeht.

Nach 150 Metern biegen wir links in eine schmale Asphaltstraße ein, um durch den Wald der *Südheide* etwa 2 Kilometer in Richtung *Marbostel* nach Süden zu wandern. Wenn die Straße halbrechts abknickt, gehen wir geradeaus entlang einer Stromleitung auf einem breiten Waldweg weiter und überschreiten vor den Häusern von *Imbrock* die *Böhme*.

Vor einem Campingplatz führt uns eine schmale Asphaltstraße nach rechts zum sehenswerten *Öhlshof*. Dahinter biegen wir links ab und überqueren nach 1 Kilometer die Autobahn (E 45 oder A 7). Vorher kommen wir noch an der *Pension Mühle* vorbei. Hinter der Autobahnbrücke kann man geradeaus zum Gast- und Pensionshaus *Heidehof* gelangen. Wir streben jedoch links dem nahen Kiefernwald zu und halten uns am Rand kurz links, um dann rechts den Wald zu durchwandern. Ein breiter Sandweg bringt uns dann nördlich von Lehmberg auf eine Fahrstraße, die wir in einer Links-Rechts-Wendung überschreiten.

Wenig später laufen wir geradeaus über die *B 3* hinweg nach *Lührsbockel*. Hinter den stattlichen Gehöften gehen wir auf einer halbrechts abzweigenden Straße, die von Birken flankiert wird und durch malerisches Heidegelände verläuft, anfangs leicht bergaufwärts weiter. Bald wählen wir einen *Sandweg*, der sich allmählich von der Straße nach rechts durch die Wacholderheide entfernt. Nun folgen wir einer *Asphaltstraße* nach rechts, um noch vor einer Rechtskurve halb links in eine weitere *Straße* einzuschwenken.

In *Dehnernbockel* wenden wir uns nach links. Gleich darauf verlassen wir die halbrechts abschwenkende Asphaltstraße, um geradeaus auf breitem, von Hecken gesäumtem Sandweg nach Osten zu wandern. Wenn wir den *Waldrand* erreicht haben, zweigt 30 Meter weiter ein breiter Waldweg links nach Nordosten ab. Einige hundert Meter vor einer Überlandleitung führt uns ein Sandweg nach rechts zu einer *Autostraße*. Streckenweise entlang einer *Bahnlinie*, stets geradeaus wandernd, gelangen wir etwa 3 Kilometer weiter nach *Wietzendorf*, wo einige auffallende Fachwerkhäuser stehen. Der Ort wird in seiner ganzen Länge durchquert. Hinter dem *Suhrbach* gabelt sich die Straße. Wir gehen jedoch geradeaus weiter. Am *Häteler Berg* wandern wir am Rand des Truppenübungsplatzes vorbei, überschreiten eine Hauptstraße und erreichen nach 700 Metern eine weitere Straße. Hier folgen wir dem Sandweg nach links. Bei der nächsten Kreuzung geht es nach rechts wieder südöstlich weiter. Nach 3 Kilometern erreichen wir den *Siebenarmigen Wegweiser*.

Hier nun halbrechts weiter bis kurz vor Hohenbackenberg. Jetzt links und nach etwa 70 Metern rechts zum *Wietzerberg*. Am *Lönsstein* vorbei wenden wir uns vor dem Parkplatz nach links, gehen am Waldrand entlang und erreichen nach 2 Kilometern Müden.

Südheide und Hannoversches Bergland

2 Müden – Celle – Steinhuder Meer – Hameln/Weser (x E 11) (163 km)

2.1 Müden – Celle (Klein-Hehlen)

Verkehrsmöglichkeiten Busverbindung zwischen Celle und Müden über Groß-Hehlen und von Klein-Hehlen nach Celle.
Wegmarkierungen Weißes Andreaskreuz.
Tourenlänge 30 Kilometer.
Wanderzeit 7½ Stunden.
Höhenunterschiede Unbedeutend.
Gesamte Steigung: etwa 60 m.
Wanderkarten 1:50 000 L 3126 Munster, L 3326 Celle oder RV-Karte: Naturpark Südheide (bis Groß-Hehlen) oder Topographische Karte: Naturpark Südheide.
Gaststätten unterwegs Hermannsburg, Dehningshof, Scheuen.
Übernachtung Celle.
Wissenswertes Müden: Bereits 1022 als Mutha = Mündung zweier Flüsse (Örtze und Wietze) erwähnt, von ausgedehnten Wald- und Heidegebieten umgeben. Sehenswert: Laurentiuskirche (1217) mit Deckenmalereien (15. Jahrhundert) und bronzenem Taufkessel (1473), alter Treppenspeicher des Ohlshofes von 1706; einige alte Bäume wie »Hillige Eeke«, etwa 600jährige Eiche, und »Tilly-Linde« (Gerichtslinde).

Tourenbeschreibung Hinter der *Örtzebrücke* zweigt rechts der *Europäische Fernwanderweg E 1* nach Süden ab. Wir überqueren die Bahnlinie und lassen Sportplatz und Jugendherberge rechts liegen. Stets nahe der *Örtze* verlaufend, bringt uns die Wegmarkierung nach etwa 5 Kilometern bis *Hermannsburg*, dem größten deutschen Missionszentrum.

Am Ortsanfang biegen wir etwa 150 Meter hinter dem *Weesener Bach* an einer Siedlung in spitzem Winkel links ab. Im Wald entscheiden wir uns an einer Kreuzung für den schräg rechts nach Südosten verlaufenden Weg. An Sport- und Reitplatz vorbei und über eine Autostraße hinweg bringt uns die Wanderung auf dem *Niedersachsenweg* meist in südlicher Richtung zum *Dehningshof* mit der *Alten Fuhrmannsschänke*.

Wenig später wählen wir an einer Gabelung den halblinks entlang einer Telefonleitung verlaufenden Weg. Wir wandern über

den *Citronenberg* (84 m) und an Fischteichen vorbei zur ehemaligen *Försterei Kohlenbach*. Noch etwa 1 Kilometer laufen wir nach Süden. Dann gehen wir nach rechts und bald darauf nach links zu einem Militärgelände. Hier am Begrenzungszaun entlang und mit dem zweiten nach rechts abzweigenden Weg in den Wald. Nun halten wir uns links und passieren zunächst eine Brücke über einen Einschnitt. Anschließend kreuzen wir eine Straße neben einer Kaserneneinfahrt und dann vor *Scheuen* eine Bahnlinie. – Dann zieht sich der Weg an *Scheuen* vorbei und über ein Segelfluggelände nach Süden. Wir berühren den *Heinhof* und unterqueren die *B 3*. Am Gehöft *Weghaus* vorbei gelangen wir endlich auch nach *Klein-Hehlen*.

2.2 Celle (Klein-Hehlen) – Wennebostel

Verkehrsmöglichkeiten Bahnverbindung von Mellendorf (2 km nördlich von Wennebostel) über Langenhagen nach Celle.
Wegmarkierungen Weißes Andreaskreuz.
Tourenlänge 29 Kilometer. **Wanderzeit** 7 bis 7½ Stunden.
Höhenunterschiede Unerheblich. Gesamte Steigung: 20 m.
Wanderkarten 1:50 000 L 3326 Celle, L 3324 Wietze, L 3524 Hannover-Nord oder Fuhrberger Wälder – Allertal.
Gaststätten unterwegs Hambühren, Allerhop, Fuhrberg.
Übernachtung Wennebostel, Mellendorf (2 km nördlich).
Wissenswertes Celle: Alte Herzogsstadt an der Aller. Sehenswert: Zahlreiche kunstvoll verzierte Fachwerkhäuser aus dem 16. und 17. Jahrhundert, besonders das »Hoppener-Haus« (spätgotisch von 1532) und »Haus der Landschaft« (1682 und 1730), Schloß (von 1292 bis 1866 Residenz der Herzöge zu Braunschweig und Lüneburg) mit prunkvoller Innenausstattung und dem ältesten fürstlichen Theater Deutschlands (1674), Schloßkapelle, Stadtkirche (14. und 17. Jahrhundert mit prächtigen Herzogsgräbern); Altes (16. Jahrhundert) und Neues Rathaus (17.–20. Jahrhundert), Lateinschule (1604), Bomann-Museum am Schloßplatz, Stechinelli-Haus (18. Jahrhundert).

Tourenbeschreibung In *Celle* beginnen wir unsere Wanderung am Westrand der Stadt. Dort, wo die *B 214* von der Umgehungsstraße überquert wird, befindet sich ein Sportzentrum und das Betriebsgelände der Celler Verkehrsbetriebe (Parkmöglichkeiten). Zunächst folgen wir der Bundesstraße nach Westen.

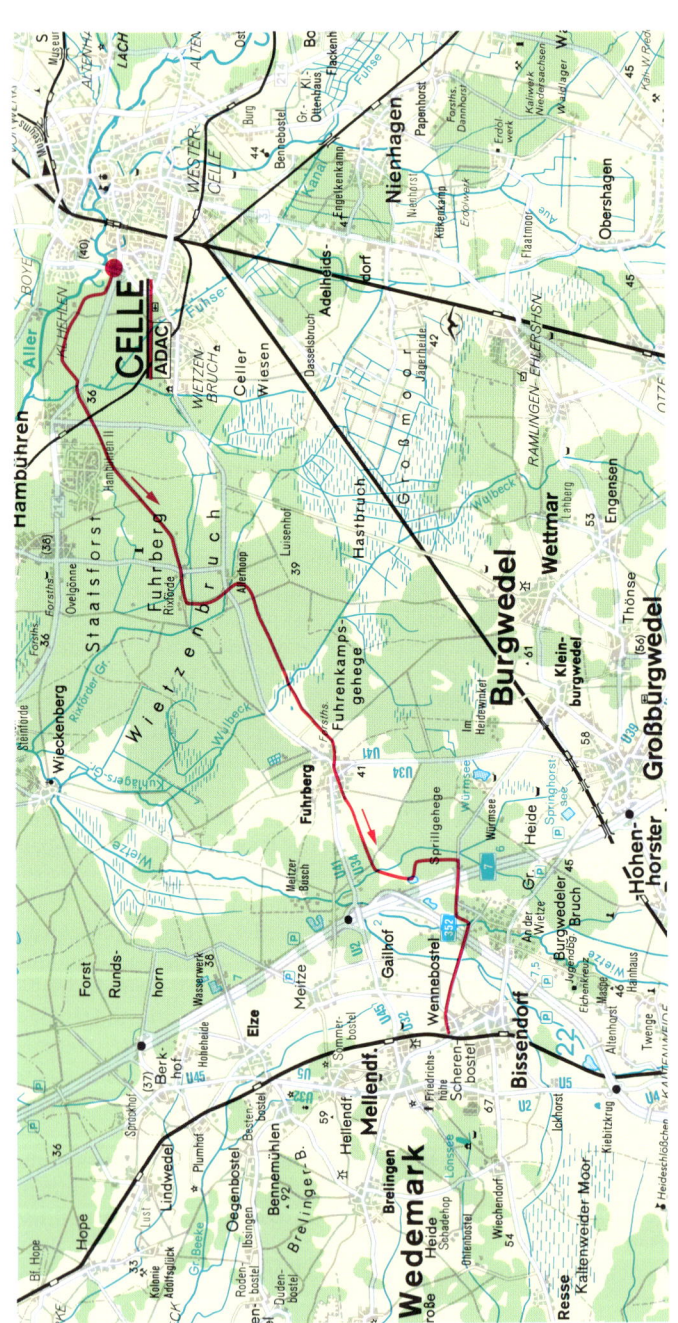

600 Meter hinter der Umgehungsbrücke zweigt rechts ein Weg ab, der uns in einem großen Linksbogen, stets nördlich der Autostraße durch den Wald verlaufend, am *Fuhse-Kanal* wieder zur *B 214* zurückführt.

Gleich hinter der Kanalbrücke läuft links ein breiter Sandweg immer in südwestlicher Richtung an *Hambühren* vorbei bis auf eine Landstraße. Diese wird geradeaus überquert und das Gut *Rixförde* erreicht. Hier leitet uns links ein anfangs von Birken gesäumter Weg, dessen Begehen für Wanderer erlaubt ist, südlich zur Straße, die Fuhrberg mit Celle verbindet.

Vor dem Wirtshaus von *Allerhop* wenden wir uns auf der Straße kurz rechts. Gleich darauf folgen wir hinter dem *Hundegraben* einem Fußpfad nach links und stoßen nach 600 Metern auf einen Waldweg. Hier halten wir uns rechts, um nach Erreichen des freien Feldes geradeaus auf dem *Grasbruchdamm* südwestlich nach *Fuhrberg* weiterzuwandern.

In der Ortsmitte vollführt die Hauptstraße eine scharfe Rechtskurve. Wir gehen jedoch an einem Wirtshaus vorbei geradeaus weiter, berühren linker Hand einen Sportplatz und treten bald in Waldgelände ein. Zunächst südwestlich, dann mehr südlich bringt uns ein Waldweg in die Nähe der Autobahn. Vor einer Hochspannungsleitung halten wir uns links am Waldrand entlang, um hinter einem kleinen See rechts weiterzugehen. Wir treffen auf einen festen Wirtschaftsweg, der uns rechts über eine Autobahnbrücke der *A 7/E 45* weist.

Stets geradeaus wandernd überqueren wir nach 1100 Metern auf einer kleinen Brücke die *Wietze*. Dahinter biegt der Weg vor der Autobahn nach links und mündet sogleich in eine schmale Straße, die uns rechts über die Autobahn hinweg nach *Wennebostel* bringt.

2.3 Wennebostel – Steinhude

Verkehrsmöglichkeiten Busverbindung mit Wunstorf, von hier Bahnverbindung über Hannover und Langenhagen nach Mellendorf.
Tourenlänge 33 Kilometer. **Wanderzeit** 8 bis 8$^{1/2}$ Stunden.
Höhenunterschiede Unbedeutend. Gesamte Steigung: 40 m.
Wanderkarten 1:50 000 L 3524 Hannover-Nord, L 3522 Garbsen oder Fuhrberger Wälder – Allertal und WL 11 Naturpark Steinhuder Meer.

Gaststätten unterwegs An der Kreuzung von Scharreler Weg und Landstraße zwischen Resse und Negenborn, Otternhagen, Bordenau, Poggenhagen.
Übernachtung Steinhude.

Tourenbeschreibung Am Schnittpunkt von Bahnlinie und Hauptstraße verläuft ein anfangs asphaltierter Wirtschaftsweg geradeaus nach West-Südwesten, der nördlich von *Scherenbostel* auf eine Landstraße trifft. Diese wird geradeaus überschritten, und zwischen Waldrand und Wiese wandern wir durch eine reizvolle Landschaft. Im Wald nimmt uns ein Fußpfad auf. Anschließend wenden wir uns auf einer schmalen Asphaltstraße nach links. Gleich darauf geht es nach rechts erneut durch den Wald am Campingplatz *Rittlingen* vorbei (linker Hand liegt der Lönssee mit Einkehrmöglichkeit im Naturfreundehaus). Dann über eine Straße hinweg und streckenweise auf einem Erdwall durch das Waldstück *Henjeskamp*. Hinter einer Linkskurve leitet uns an einer Kreuzung ein Weg links bis zu einer Landstraße weiter. Diese wird überquert. Dann zweigt rechts ein Weg nach Westen zum *Gut Schadehop* ab. – An der Kreuzung entscheiden wir uns für den Weg, der schräg links südwestlich verläuft. Südlich des Gehöftes Ohlenbostel stoßen wir auf einen Wirtschaftsweg, dem wir etwa 300 Meter nach links folgen. Nun rechts ab 800 Meter bis zum Scharreler Weg, der links 1,8 Kilometer weiter in Höhe einer Gaststätte eine Landstraße schneidet. Dann geht es etwa 1 Stunde lang am Nordrand des *Otternhagener Moores* entlang, bis wir uns südlich von *Scharrel* südlich orientieren. Nach etwa 1300 Metern schwenkt der Weg nach rechts, um 500 Meter weiter links erneut nach Süden zu verlaufen. Nach 800 Metern weist uns die Markierung rechts nach *Otternhagen*. – Wir passieren die langgestreckte Ortschaft an ihrem Südende. Hinter einer Gaststätte vollzieht die Hauptstraße eine scharfe Rechtskurve. Hier wenden wir uns links, um bald darauf rechts auf dem *Kaffeedamm* nach Südwesten zu wandern. Etwa 45 Minuten später erreichen wir den an der *B 6* gelegenen *Dammkrug (Hotel zum Damhirsch)*. Nun halten wir uns kurz nach rechts, gehen dann links auf einer Brücke über die Autostraße hinweg und auf der Straße nach Bordenau fast bis zum Waldende. Erst dann geht es rechts ab am Waldrand entlang bis etwa 100 Meter vor das Leineufer. Nun scharf links flußaufwärts nach *Bordenau*.

Am *Scharnhorstdenkmal* vorbei folgen wir kurz darauf rechts der Hauptstraße. Hinter der *Leinebrücke* geht es auf zeitweise verkehrsreicher Straße *(B 442)* rechts nach *Poggenhagen*. Hier weist uns das Wanderzeichen links den Weg am Bahnhof vorbei

und weiter am Nordrand des *Militärflugplatzgeländes* entlang. Sobald die Straße etwa 2,5 Kilometer hinter dem Bahnhof einen Linksbogen durch den Wald beschreibt, zweigt ein breiter Weg schräg rechts ab. Immer am Waldrand entlang erreichen wir nach einer Linkswendung *Steinhude* mit seinem *Meer*.

2.4 Steinhude – Bad Nenndorf

Verkehrsmöglichkeiten Bahnverbindung von Poggenhagen über Wunstorf und Haste nach Bad Nenndorf. Busverbindung über Wunstorf.
Wegmarkierungen Weißes Andreaskreuz.
Tourenlänge 20 Kilometer.
Wanderzeit 5 Stunden.
Höhenunterschiede Aufstieg von Hagenburg (38 m) zum Düdinghäuser Berg (100 m), Abstieg zum Mittellandkanal (50 m), Aufstieg über den Gatenberg (124 m) nach Bad Nenndorf (etwa 90 m). Gesamte Steigung: etwa 140 m.
Wanderkarten 1:50 000 WL 11 Naturpark Steinhuder Meer und WL 5 Naturpark Weserbergland.
Gaststätten unterwegs Hagenburg, Idensen, Haste.
Übernachtung Bad Nenndorf.
Wissenswertes Steinhuder Meer: Mit 30 qkm Wasserfläche größter Binnensee Niedersachsens, Durchschnittstiefe etwa 150 m, ursprünglicher Kiefernwald nur noch am Nordwestrand erhalten, im Osten unberührte Sumpf- und Erlenlandschaft (Vogelschutzgebiet), im Süden Naturschutzgebiet Hagenburger Moor, Lebensraum für zahlreiche Pflanzen- und Tierarten, beliebtes Wassersport- und Erholungszentrum. Idensen (1 km nördlich von Idensermoor): Romanische Kirche mit bedeutenden Wandmalereien (um 1130).

Tourenbeschreibung Als Ausgangsweg wählen wir zunächst die Strandpromenade, die uns vom kleinen Hafen stets am Seeufer entlang führt. Nach etwa 3 Kilometern wenden wir uns vor dem *Hagenburger Kanal* nach links. Etwa 800 Meter weiter geht es nach rechts. Dann links am Kanal entlang und nach 500 Metern über eine Brücke. Nun neben dem Wassergraben zum *Schloß Hagenburg*.

Hier wandern wir rechts durch eine Allee mit gewaltigen Rhododendronsträuchern zum Kanaldamm, der uns links nach *Hagenburg* bringt. Dort halten wir uns geradeaus über die *B 441*

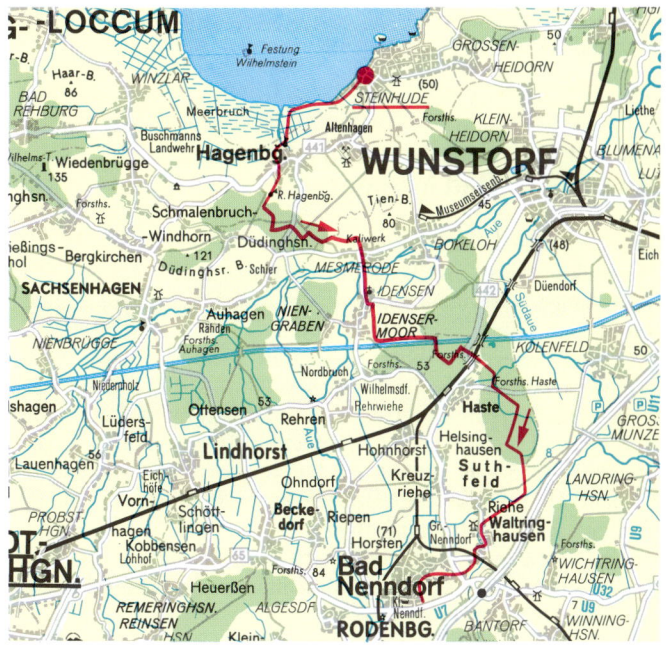

hinweg und kommen hinter einer Siedlung in den Wald. Nach etwa 500 Metern biegen wir links ab und wandern durch den *Schier-Wald* erst südwestlich, dann nach Osten bis zu einer Landstraße. Diese queren wir schräg rechts und gelangen nach mehreren Links-Rechtswendungen etwa 3 Kilometer weiter nach *Mesmerode*. Anschließend bringt uns eine Landstraße etwa 1½ Kilometer weiter südlich nach *Idensen* (romanische Kirche mit bedeutenden Wandmalereien). In der Ortsmitte weist die Markierung nach links. Nach etwa 300 Metern geht es nach rechts bis kurz vor das Nordufer des *Mittellandkanals*, an dem wir nun etwa 1½ Kilometer links entlang wandern. Dort bringt uns eine Brücke ans andere Ufer. Bald schwenkt der Weg an einer Kreuzung links nach Südosten. Nach etwa 800 Metern gehen wir links an einem Bahnkörper entlang, um bald in *Haste* Eisenbahnlinie und *B 442* nach rechts zu überschreiten.

In mehreren Rechts-Links-Wendungen geht es nun durch ein Waldstück nach Süden, wobei *Haster-* und *Krummer Bach* überquert werden. Auch auf freiem Feld wird anschließend die Südrichtung beibehalten. 800 Meter hinter dem *Büntegraben* bringt uns rechts ein Wirtschaftsweg nach *Waltringhausen*. Von dort aus erreichen wir in etwa einer halben Stunde über *Bückethaler Landwehr* und *Gatenberg* (124 m) den Kurort *Bad Nenndorf*.

2.5 Bad Nenndorf – Bad Münder

Verkehrsmöglichkeiten Busverbindung.
Wegmarkierungen Weißes Andreaskreuz.
Tourenlänge 28 Kilometer.
Wanderzeit 7 bis 7½ Stunden.
Höhenunterschiede Aufstieg von Bad Nenndorf (etwa 90 m) zum Deisterkamm (Nordmannsturm, 379 m), kurzer Abstieg zum Nienstedter Paß (276 m), Aufstieg zum Annaturm (405 m), steiler Abstieg zum Forsthaus Köllnischfeld (310 m), Aufstieg zum Ebersberg (355 m), Abstieg zur Deisterpforte (170 m) und ins Wolfstal (175 m), Aufstieg bis oberhalb von Bad Münder (240 m), Abstieg nach Bad Münder (110 m).
Gesamte Steigung: etwa 600 m.
Wanderkarten 1:50 000 L 3722 Barsinghausen oder WL 5 Naturpark Weserbergland.
Gaststätten unterwegs Mooshütte, Heisterburg, Nordmannsturm, Annaturm, Köllnischfeld, Am Schierholz.
Übernachtung Bad Münder.
Wissenswertes Bad Nenndorf: Staatsbad (seit 1866) am Nordrand des Deisters im Auetal gelegen, Quellfassung 1777, erste Badeanlage 1787 erbaut, Schwefelschlammbad unter Jérôme 1809 angelegt, heute modernste Bade- und Untersuchungseinrichtungen (u.a. Röntgen- und Labordiagnostik). Springe: Kleinstadt im Tal der Haller am Fuß des Ebersberges, früherer Name »Hallerspring«, ehemals Besitztum der Grafen von Hallermund, Burg auf dem Hallermundskopf 1435 zerstört. Sehenswert: Andreaskirche (15. Jahrhundert) mit Schnitzaltar und Barockorgel, kunstvoll verzierte Fachwerkhäuser, zum Beispiel Haus Peters von 1616 (ehemalige Posthalterei), Marienbrunnen, Geburtshaus von Heinrich Göbel (1854 Erfinder der ersten Kohlenfadenglühbirne noch vor Edison).

Tourenbeschreibung Von *Bad Nenndorf* führt der Weg zunächst etwas südlich über die *B 65/442* und anschließend unter der Autobahn *E 30 (A 2)* hindurch zum bewaldeten *Deisterrükken*. Über den *Strutzberg* (198 m) kommen wir zur *Mooshütte*. Hinter dem Wirtshaus bringt uns eine Treppe zu einem schmalen Pfad, der uns

steil südöstlich zur Höhe hinaufsteigen läßt. Wir berühren dabei nacheinander die *Waldschänke Heisterburg*, die gleichnamige Ruine, die *Kreuzbuche* mit Schutzhütte und den Sendemast am *Großen Hals* (361 m).

Ohne Schwierigkeiten leitet uns der Kammweg meist in südöstlicher Richtung weiter an der *Alten Taufe* (352 m, wenige Meter rechts abwärts gelegener Stein) und dem *Nordmannsturm* (379 m) vorbei. Dann wird der *Nienstedter Paß* (276 m) überschritten. Es folgen *Hohe Warte* (378 m), das *Försterdenkmal* und schließlich der *Annaturm* (405 m). 500 Meter weiter senkt sich der Weg abwärts zum *Forsthaus Köllnischfeld*. Über *Meinsberg* (344 m) und *Ebersberg* (355 m) erreichen wir oberhalb von *Springe* die *Deisterpforte* (170 m).

Der aussichtsreiche Weg verläuft nun etwa 4 Kilometer meist in der Nähe des Waldrandes bis zum *Wolfstal* (175 m). Dahinter weiter nach Nordwesten. Darauf wenden wir uns links steil hoch, um auf halber Höhe nach rechts zu schwenken. Schließlich treten wir an einer Ausflugsgaststätte nach links aus dem Wald *Am Schierholz* heraus. Etwa 150 Meter gehen wir hier auf der Straße nach rechts, um vor einem Schulheim links zwischen den Bäumen bis in Höhe eines Krankenhauses hinunterzusteigen. Nun links und anschließend rechts nach *Bad Münder* hinab.

2.6 Bad Münder – Hameln

Verkehrsmöglichkeiten   Bahn- und Busverbindung.
Wegmarkierungen   Weißes Andreaskreuz.
Tourenlänge   17 Kilometer.
Wanderzeit   4^1/$_2$ bis 5 Stunden.
Höhenunterschiede   Manchmal etwas steiler Aufstieg von Bad Münder (110 m) zum Süntelturm (440 m), Abstieg über Jahnhütte (350 m) nach Unsen (140 m), Aufstieg zum Westrand des Schweinebergs (etwa 260 m), Abstieg zum Gasthaus Heisenküche (126 m), kurzer Aufstieg am Basberg auf 195 m, Abstieg über Bismarckturm (etwa 140 m) nach Hameln (etwa 60 m).
Gesamte Steigung: 520 m.
Wanderkarten   1:50 000 WL 5 Naturpark Weserbergland.
Gaststätten unterwegs   An der Bergschmiede, Süntelturm, Jahnhütte, Unsen, Heisenküche, Bismarckturm.
Übernachtung   Hameln.
Wissenswertes   Bad Münder: Altes Städtchen und Heilbad zwischen Deister und Süntel, Erwähnung der Solequellen bereits 1033 unter Kaiser Konrad. Sehenwert: Stadtmauerreste, am Marktplatz »Haus der Väter« (16. Jahrhundert) mit Steingiebel, Pächtershof (17. Jahrhundert), Münchehof (16. Jahrhundert), Hotzenhof mit Herrenhaus (18. Jahrhundert).

Tourenbeschreibung   Südöstlich der Kirche geht es zunächst zum Sportplatz. Von dort bringt uns rechts eine Straße über die Eisenbahnlinie, zeitweise an Fabrikgelände vorbei, zum rechtwinklig vorspringenden *Münderschen Reihebürgerforst*.

Hier steigen wir steil auf einem Waldweg zur Gaststätte *An der Bergschmiede* (221 m) empor. Nur wenige Meter gehen wir links am Gasthof vorbei, um sogleich rechts auf einer schmalen Asphaltstraße an einer Sperrschranke vorbei weiter zur Höhe des *Süntel* hochzusteigen. Dabei gelangen wir nach etwa 3 Kilometern auf den *Hamelschen Pfad* unterhalb des *Süntelturms* (440 m) (Zusammentreffen mit E 11). Jetzt müssen wir rechts steil zum Turm hinauf. Nach einer kurzen Stärkungsrast steigen wir an der *Jahnhütte* (350 m) vorbei und weiter südlich nach *Unsen* (140 m) hinunter.

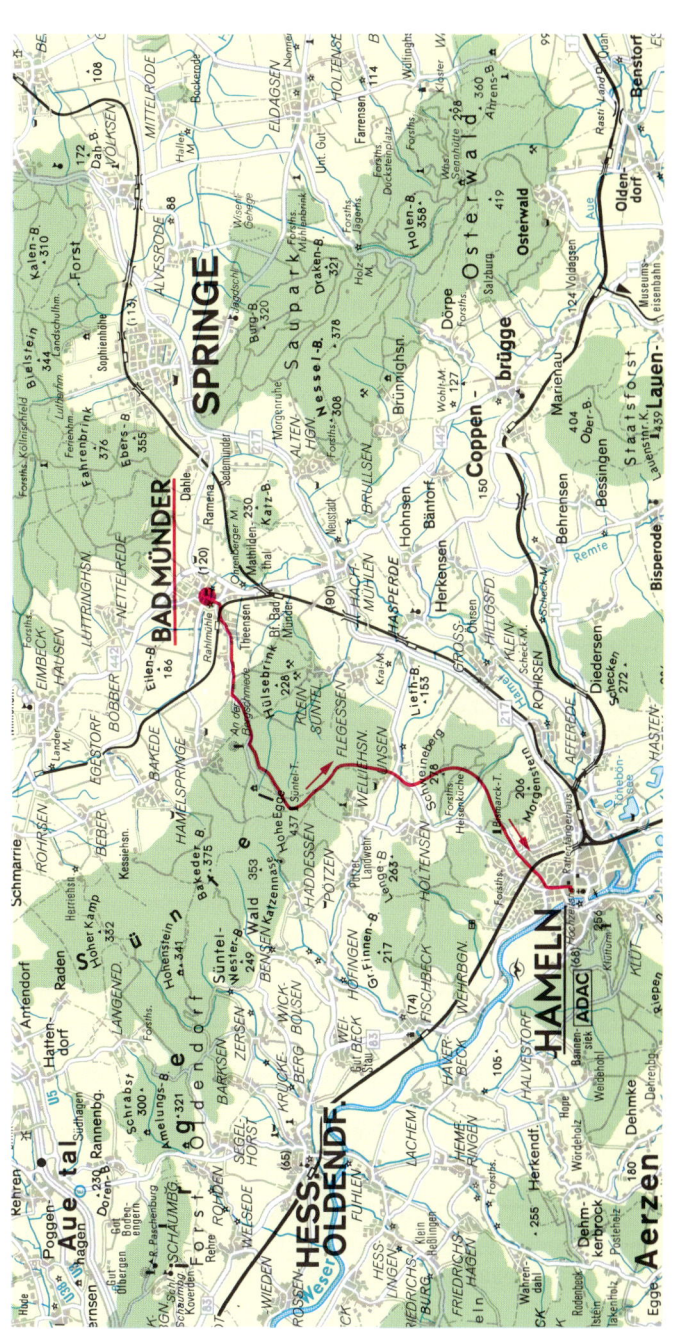

Auf der Hauptstraße halten wir uns kurz links. Dann zweigt rechts eine Straße ab, von der uns nach etwa 1 Kilometer links zuerst ein Feld-, dann ein Waldweg zum Naturschutzgebiet am *Schweineberg* (227 m) emporleitet.

Vom *Schweineberg* weist uns ein schmaler Weg schräg rechts zur Gaststätte *Heisenküche* (126 m) hinunter. Dahinter überqueren wir im Tal eine schmale Straße und gelangen südwestlich über die Höhe des *Basbergs* (195 m) zum *Bismarckturm* (140 m). Zum Schluß führt der Weg ziemlich steil zur malerischen Rattenfängerstadt *Hameln* (etwa 60 m) hinab.

Lippisches Bergland/Teutoburger Wald

3 *Hameln – Lemgo – Detmold – Externsteine – Altenbeken (82 km)*

3.1 Hameln – Linderhofe

Verkehrsmöglichkeiten Ungünstig. Bus nach Bad Pyrmont, von dort Bahn oder Busverbindung über Barntrup. Busverbindung zwischen Lemgo und Linderhofe. Rucksacktour empfehlenswert.
Wegmarkierungen Weißes Andreaskreuz X 9 (Hansaweg).
Tourenlänge 28 Kilometer. **Wanderzeit** 7 bis 8 Stunden.
Höhenunterschiede Anfangs steiler Aufstieg von Hameln (etwa 60 m) zum Klütturm (250 m), Abstieg nach Königsförde (90 m), Aufstieg über Lüningsberg (223 m) und Reine (246 m) zur Hohen Asch (370 m), Abstieg nach Eimke (220 m), Aufstieg über Dörenberg (393 m) nach Linderhofe (320 m). Gesamte Steigung: 720 m.
Wanderkarten 1:50 000 FK 06 Lipper Land, WL 5 Weserbergland.
Gaststätten unterwegs Finkenborn, Waldquelle, Hohe Asch.
Übernachtung Bösingfeld, Linderhofe.
Wissenswertes Hameln: aus einer altsächsischen Siedlung (Hamala oder Hamalo, 9. Jahrhundert) neben einer Klostergründung des Heiligen Bonifatius hervorgegangene Stadtgründung (12. Jahrhundert). Anfangs zu Fulda, dann zu Minden gehörig, seit 1277 an Braunschweig, 1540–1576 Reformation, schwere Verwüstungen im Dreißigjährigen Krieg, zeitweise Besetzung durch Franzosen (1757 und 1808). Sehenswert: bedeutende Bauten der Weserrenaissance, wie Rattenfängerhaus (reich geschmückt mit steinernen Ornamenten von 1602), Wallbaumsches Haus von

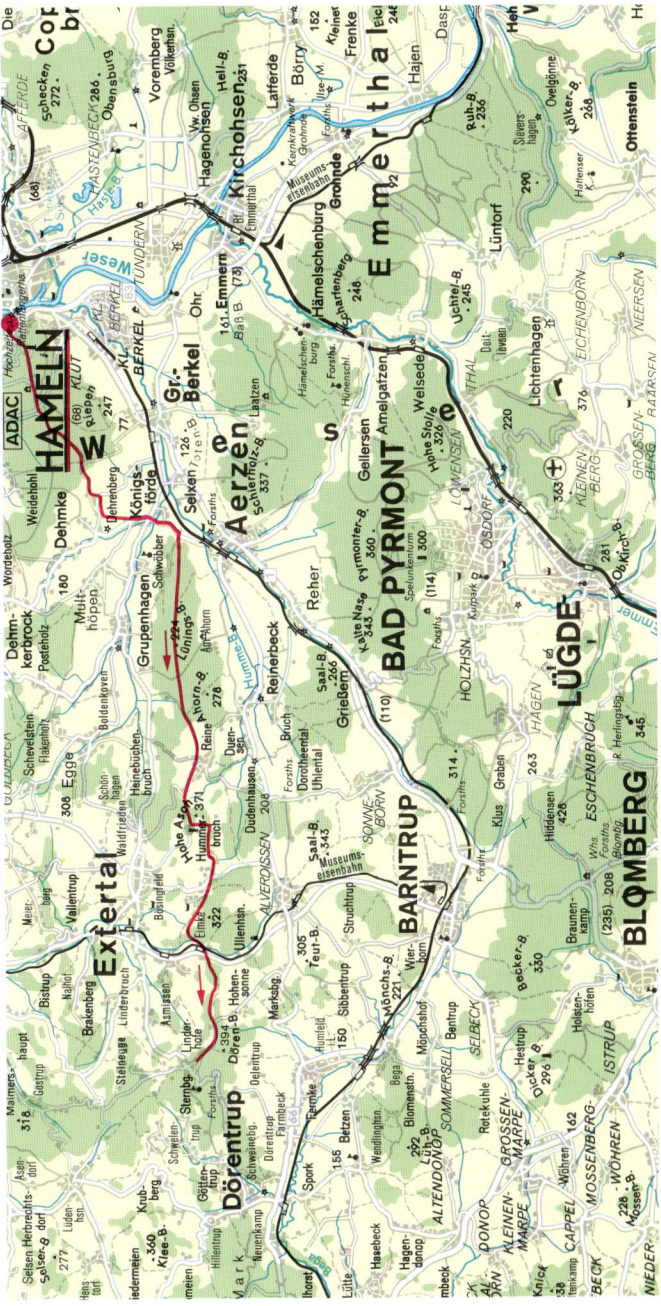

1589 (heute Museum), Stiftsherrenhaus (Fachwerkhaus von 1558), Hochzeitshaus (Rathaus, 1610–17 erbaut), Demptersches Haus (1607), Fachwerkhaus des Ratsherrn Timmermann (1548), Marktkirche (romanischer Ursprung, gotisch umgebaut im 14. Jahrhundert, 1959 wiederaufgebaut), Löwenapotheke (gotischer Giebel von 1300), Rattenkrug (Renaissancefassade von 1568), Münster St. Bonifatius (8.–17. Jahrhundert) Haspelmathturm (Rest der Stadtbefestigung aus dem 15. Jahrhundert); an der Weserbrücke große Wehre, wo früher Weserschiffe entladen und durch Winden herüberbefördert wurden (Stapelrecht), seit 1733 erste Schleuse, im 19. und 20. Jahrhundert weitere Schleusenbauten.

Tourenbeschreibung Nachdem wir durch die malerischen Gassen der Rattenfängerstadt geschlendert sind, benutzen wir hinter der *Münsterkirche* die *Weserbrücke*. Dahinter bringt uns eine Fußgängerunterführung auf die Straße unter der Umgehungsbrücke. Wir überqueren geradeaus die Ampelanlage. Die zweite links abbiegende Straße läßt uns einen Waldweg erreichen, der uns steil in einigen Windungen zum *Klütturm* (250 m) hinaufsteigen läßt.

Oben geht es rechts weiter am Wirts- und Forsthaus *Finkenborn* vorbei durch den *Hamelner Stadtforst*. Ein wenig weiter bergab überqueren wir einen breiten Querweg, halten uns jedoch links südwestlich, wo wir bald auf einen breiteren Weg stoßen, dem wir rechts bis zur Abzweigung eines Weges folgen, der uns an einem Schullandheim vorbei rechts aufs freie Feld führt. Ungefähr 300 Meter halten wir uns am Waldrand entlang. Dann wenden wir uns links hinunter zu den wenigen Häusern von *Dehrenberg* und folgen der Landstraße 500 Meter nach links hinauf. Nun zieht sich der Wanderweg rechts durch die Felder, biegt rechtwinklig nach links und trifft auf eine Straße. Wir halten uns links und kreuzen bei *Königsförde* eine weitere Landstraße.

Nach 800 Metern geht es rechts hoch zum Wirtshaus *Waldquelle*. Von hier aus verläuft der oftmals verwachsene, einsame Weg meist in westlicher Richtung über den *Lüningsberg* bis *Reine*. Wir bleiben rechts 1 Kilometer auf der Autostraße, bis diese eine Rechtskurve beschreibt. Nur eine kurze Strecke links am Waldrand entlang. Dann schräg rechts auf schmalem Pfad recht steil empor, an einem Bauernhaus vorbei, schließlich auf breiterem Weg zur *Hohen Asch* (370 m) mit Aussichtsturm und Gaststätte.

Hier bietet sich ein weiter Blick auf das abwechslungsreiche *Lippische Bergland*. Vom Gasthaus 250 Meter südwestlich. Hier besteht die Möglichkeit, rechts nach *Bösingfeld* hinabzugehen. Ansonsten links etwa 500 Meter weiter und rechts durch den Wald. Wir überschreiten den Hof eines kleinen schmucken Fachwerkhauses und gehen rechts auf einer schmaleren Straße weiter. An der nächsten Kreuzung geht es links ab. Bald darauf bringt uns der hier schwer erkennbare Weg rechts hoch zu einigen Häusern von *Hummerbruch*. Die Landstraße wird geradeaus überquert. Weiter geht es zunächst am Waldrand und dann durch Wald über den *Frevertsberg* (327 m). Schließlich biegen wir an einer Wegkreuzung links ab und steigen in spitzem Winkel links hinunter zum *Gut Eimke*.

Nur kurz bleiben wir links auf der *Extertalstraße*. Dann steil rechts hinauf durch den Wald zum *Hof Fassenberg 1*. Hier rechts abbiegen und bald nach links, bis am *Hof Winterberg* die Straße erreicht wird, auf der es 600 Meter rechts weitergeht. Nun links hoch und an der Westflanke des *Dörenbergs* (393 m) am Militärgelände entlang nordwestlich nach *Linderhofe*.

3.2 Linderhofe – Lemgo – Detmold

Verkehrsmöglichkeiten Busverbindung von Linderhofe über Lemgo nach Detmold, Bahnverbindung von Lemgo über Lage nach Detmold.
Wegmarkierungen Weißes Andreaskreuz bis Lemgo: X 9 (Hansaweg), dann bis Detmold: X 3 (Cheruskerweg).
Tourenlänge 26 Kilometer.
Wanderzeit 6½ bis 7 Stunden.
Höhenunterschiede Abstieg von Linderhofe (320 m) nach Schwelentrup (190 m), Aufstieg von Hillentrup (180 m) zur Amelunxburg (etwa 290 m), Abstieg zum Maiboltetal (182 m), zuletzt ziemlich steiler Aufstieg zum Windelstein (347 m), Abstieg nach Lemgo (98 m), Aufstieg zur Wassergewinnungsanlage (etwa 200 m), geringer Abstieg nach Wahmbeck (etwa 170 m), Aufstieg zum Grete Berg (253 m), kurzer Abstieg nach Loßbruch (196 m), leichter Anstieg zum Rotenberg (etwa 240 m), ohne besondere Steigungen nach Detmold (etwa 140 m).
Gesamte Steigung: 570 m.
Wanderkarten 1:50 000 L 3920 Rinteln, FK 06 Lipper Land, WL 5 Naturpark Weserbergland.
Gaststätten unterwegs Hillentrup, Lemgoer Mark, Lemgo, Loßbruch.

Übernachtung Lemgo, Detmold.
Wissenswertes Lemgo: 1195 Stadtrechte, als Mitglied der Hanse zu bedeutendem Wohlstand gelangt, im 30jährigen Krieg stark heimgesucht. Sehenswert: Nikolaikirche (13. bis 16. Jahrhundert), Sakramentshäuschen und Kruzifix (15. Jahrhundert), Taufbecken von 1597. Marienkirche: dreischiffige Hallenkirche (1280–1320), Doppelgrabplatte Ottos zur Lippe und seiner Gemahlin von 1360, Orgel (1590), sehenswerte Fenster. Rathaus: reichverzierter Profanbau mit gotischem Kern und Staffelgiebel, Apothekenerker und Renaissancelaube. Hexenbürgermeisterhaus (1751, Heimatmuseum) mit steinernem, buntem Figurenschmuck. Zahlreiche bunt bemalte Fachwerkhäuser; Stadtmauerreste, Wallanlagen mit Denkmal des Japanforschers Engelbert Kämpfer (1651–1717).

Tourenbeschreibung In *Linderhofe* zweigt oberhalb des Hotels *Zur Burg Sternberg* eine Straße nördlich nach *Lüdenhausen* ab. Hier beginnt unsere Tagesetappe, indem wir links einen Wirtschaftsweg hinabgehen. Bald ragt links über uns die *Burg Sternberg* empor.

Nach etwa 700 Metern führt rechts ein Fußpfad im Linksbogen durch den Wald auf einen breiten Weg, der uns rechts nach *Schwelentrup* wandern läßt.

Hier wählen wir die zweite Straße nach rechts, um nach 600 Metern, an einem kleinen Gehöft vorbei, links zum Wald zu laufen. Schräg links treten wir in diesen ein und umgehen jetzt den Nordabhang des *Mühlenberges* (245 m), um in *Hillentrup* neben der Kirche die Hauptstraße geradeaus zu überschreiten. Zunächst durch ein Bachtal geht es schließlich an der Nordseite der *Amelunxburg* (292 m) entlang aufs offene Feld hinauf. Nur kurze Zeit läuft der Weg am Waldrand entlang, um uns bald wieder den Forst betreten zu lassen. Der nächste rechts abzweigende Weg bringt uns im Linksbogen hinunter ins Tal der *Maibolte*. Hier nehmen wir einen breiten Weg 1 Kilometer nach rechts, um nun links ziemlich steil zum *Windelstein* (347 m), der höchsten Erhebung der *Lemgoer Mark*, hochzusteigen. Oben geht es geradeaus weiter, bis südwestlich eine Gaststätte mit einem Aussichtsturm erreicht wird. Hier wenden wir uns rechts, um zwischen *Berglust* und *Schöner Aussicht* aus dem Wald herauszutreten. Ständig bergab wandernd sind wir bald in der alten sehenswerten Hansestadt *Lemgo*.

Nachdem wir die Stadt gebührend bewundert haben, vor allem die kunstvollen Renaissancefassaden der *Ratsapotheke* und des *Hexenbürgermeisterhauses*, verlassen wir sie auf der *Breiten Straße* am Südende. Hier geht es über die *Begabrücke* und einen

Bahnübergang hinweg zur *B 238/66*, auf der wir uns links halten
(*Braker Weg*). Gleich darauf nimmt uns schräg rechts der
Hornsche Weg auf. Ein asphaltierter Weg führt uns halbrechts von
der *Geschwister-Scholl-Straße* abzweigend leicht bergaufwärts
zuerst zwischen Schrebergärten und Industriegelände und
anschließend an der *Fachhochschule Lippe* vorbei zu einer
breiteren Straße, der wir nach links folgen. Vor einem kleineren
Werksgebäude stoßen wir wieder auf den *Hornschen Weg*, auf
dem wir nach rechts durch eine Wohnsiedlung emporwandern.

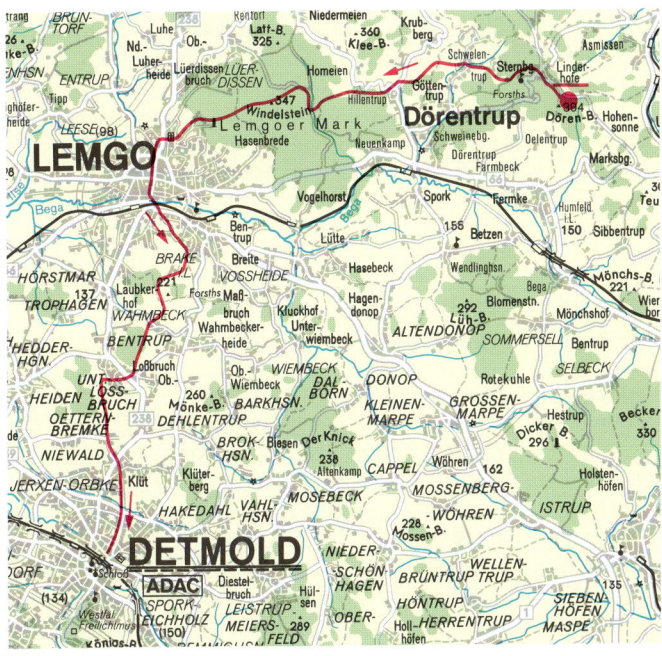

Wenn der *Hornsche Weg* halblinks abknickt, gehen wir geradeaus
auf der *Schiefen Breite* weiter, die sich bald ziemlich steil den Berg
hinaufzieht. Auf der Höhe wenden wir uns links und umgehen im
Rechtsbogen eine Wassergewinnungsanlage. Mehr oder weniger
am Waldrand entlangwandernd gelangen wir auf einem Pfad zu
einem asphaltiertem Wirtschaftsweg. Vor uns sehen wir die Kette
des *Teutoburger Waldes* liegen. Ein weiterer fester Weg bringt uns
rechts zu einem einzeln stehenden Haus, vor dem wir nach links
durch Felder wandern. Nach etwa 300 Metern führt uns die
Markierung rechts zu einem Waldstück, durch das wir nach
Wahmbeck hinabgelangen.

Über einen großen Hof geht es nach links und dann auf einer Asphaltstraße rechts über den *Laubkerbach*. Nun bergaufwärts und auf der Höhe links nur kurz auf dem *Heusiek* weiter. Jetzt bergabwärts auf einem Privatweg zu einem Bauernhaus. Dahinter rechts über einen Bach in ein Wäldchen und nach einem Linksbogen bergaufwärts am Waldrand entlang. In einer Feldecke treten wir halbrechts in dichten Nadelwald ein. Bald erreichen wir die buchenbestandene von etlichen Mulden durchsetzte Höhe des *Gretberges* (253 m). In gebührendem Abstand vom oberen Rande eines mächtigen Steinbruches senkt sich der Pfad jetzt bergabwärts. Schließlich führt uns eine Asphaltstraße rechts nach *Loßbruch*. Wir gehen geradeaus auf der Hauptstraße nach Süden. Dann wird die *B 238* nach rechts überquert. Der Weg läuft nun nach Westen bis nördlich des *Roten Berges* (246 m). Wir überwinden ihn links in südlicher Richtung und gelangen auf eine Straße, die uns links wieder zur *B 238* bringt. Nun rechts weiter zur reizvollen Residenzstadt *Detmold*.

3.3 Detmold – Externsteine – Altenbeken

Verkehrsmöglichkeiten Bahnverbindung.
Wegmarkierungen Bis Hermannsdenkmal: weißes Andreaskreuz X 3 (Cheruskerweg), bis Externsteine: weißes H (Hermannsweg), bis Schwarzes Kreuz: weißes X (Eggeweg), bis Altenbeken: zwei weiße, senkrechte Balken.
Tourenlänge 28 Kilometer. **Wanderzeit** 7 bis 8 Stunden.
Höhenunterschiede Zuletzt etwas steilerer Aufstieg von Detmold (etwa 140 m) zur Grotenburg (etwa 360 m), Abstieg nach Berlebeck (etwa 200 m), Aufstieg zum Hang des Sternbergs (etwa 350 m), kurzer Abstieg nach Holzhausen (270 m), Wanderung über Bärenstein (318 m) zu den Externsteinen (270 m), langgezogener Anstieg zur Kattenmühle (etwa 330 m), steiler Aufstieg zum Velmerstot (441 m), auf ziemlich gleicher Höhe zum Schwarzen Kreuz (410 m), kurzer Abstieg nach Altenbeken (258 m). Gesamte Steigung: etwa 700 m.
Wanderkarten 1:50 000 FK 06 Lipper Land, FK 11 Eggegebirge, Oberwälder Land.
Gaststätten unterwegs Hermannsdenkmal, Berlebeck, Holzhausen, Externsteine, Waldschlößchen (an der B 1), Silbermühle, Naturfreundehaus Schnat.
Übernachtung Altenbeken.

Wissenswertes Detmold: ehemals Residenzstadt der Fürsten zu Lippe-Detmold, prachtvolles Schloß (1549) mit fürstlich ausgestatteten Räumen (Brüsseler Gobelins von 1670), Ref. Marktkirche (16. Jahrhundert); alte Gassen und Häuser, Neues Palais (barock, in klassizistischer Manier): heute Musikakademie, Freilichtmuseum mit naturgetreu wiederaufgebauten Fachwerkhäusern des 16. Jahrhunderts. Geburtshäuser und Gräber von Ferdinand Freiligrath und Chr. Dietr. Grabbe. Grotenburg: vermutlich die »Teutoburg«, in deren Nähe 9 n. Chr. die Varusschlacht stattfand, auf der Höhe der »Große Hünenring« (germ. Volksburg). Innerhalb dieses Ringes erhebt sich das Hermannsdenkmal (1838–75 von Ernst und Bandel errichtet), am Fuße der Grotenburg der gut erhaltene »Kleine Hünenring«.

Tourenbeschreibung Wir verlassen die Stadt in Richtung *Heiligenkirchen*, indem wir südwestlich neben einem Bach durch Parkanlagen wandern. An den Gebäuden der Musikhochschule vorbei kommen wir zur *Oberen Mühle*. Hier rechts über eine Brücke und dann links weiter am Bach entlang. Anschließend ein kurzes Stück rechts über die Hauptstraße, bis links ein baumbestandener Weg zum Wald emporführt. Immer bergauf führt uns nun der Weg am *Hünenring* vorbei zum *Hermannsdenkmal*.

Wem der Aufstieg zu anstrengend erscheint, kann die *Grotenburg* (386 m) mit dem berühmten Denkmal auf dem ersten Querweg nach links umgehen. Vom Gipfel bringt uns die Autostraße erst südwestlich, dann südlich hinunter bis zu einer Erfrischungshalle. Hier nimmt uns rechts der mit einem weißen »H« gekennzeichnete *Hermannsweg* auf. Am ehemaligen Gasthaus *Hangstein* vorbei gelangen wir schräg rechts hoch in östlicher Richtung zum *Halmberg* und abwärts zur *Adlerwarte*. Am Eingang halten wir uns links und steigen auf schmalem Weg nach *Berlebeck* hinab.

Neben dem Bach läuft der Weg links bis zu einer kleinen Brücke. Nun rechts über die Hauptstraße hinweg und geradeaus hoch zu einer Nebenstraße. Hier kurz nach links. Dann rechts hoch durch den Wald über den Hang des *Stembergs* (402 m) vorbei nach *Holzhausen*. Weiter nach Südosten über den *Bärenstein* (318 m) mit seinen naturgeschützten Stechpalmen und einer Hochheide zum Natur- und Kulturdenkmal der *Externsteine* mit in die Felswand eingemeißeltem Relief der *Kreuzabnahme* von 1130.

Von hier aus begleitet uns vorläufig das weiße Andreaskreuz des *Eggeweges*. Vor dem engen Steindurchgang halten wir uns links am Kassenhäuschen vorbei und wandern südöstlich am

Hang entlang durch sehenswerten Baumbestand zur *B 1*. Sehr empfehlenswert ist es andererseits, bis hierher weiterhin den *Hermannsweg* zu benutzen. Dazu gehen wir rechts auf der alten *Poststraße* zwischen den Steinen hindurch, um dann sogleich links steil zu einer Aussichtskanzel emporzusteigen. Teilweise durch Heidegebiet kommen wir über einen Bergkamm südöstlich am *Lönsstein* vorbei ebenfalls hinunter zur *B 1*. Jetzt mit dem Zeichen des *Eggeweges* gehen wir links über die Straße zum Gasthaus *Waldschlößchen*.

Von hier zweigt eine Straße südwestlich nach *Veldrom* ab, die uns jedoch nur etwa 300 Meter aufnimmt. In Höhe des Waldsportplatzes *Zangenbachtal* bringt uns links an einer Wassergewinnungsanlage vorbei ein anfangs breiter Waldweg nahe dem *Knieberg* (365 m) zur Höhe empor. Bald darauf geht es auf schmalem Pfad bergab zur *Silbermühle*. Vor der Gaststätte bleiben wir rechts auf zunächst breitem Weg im *Silberbachtal*. Schließlich klettern wir über unzählige Baumwurzeln hinweg an einigen Felsbrocken vorbei und erreichen nach etwa 2 Kilometern die *Kattenmühle*.

Hinter dem Haus steigen wir zu einem breiten Fahrweg hoch, dem wir links bis kurz vor dem *Naturfreundehaus Schnat* folgen. Hier schwenken wir nach rechts und bleiben einige hundert Meter auf einem breiteren Waldweg. Dann ersteigen wir rechts, nun wieder dem alten Wanderweg folgend, auf romantischem Pfad den Gipfel des *Velmerstots* (441 m), des höchsten zugänglichen Berges des *Eggegebirges*. Hier befindet sich auf aussichtsreicher Plattform eine in alle Himmelsrichtungen weisende Städtetafel. Einige hundert Meter weiter südlich biegen wir scharf nach links, um anschließend im Rechtsbogen am *Silberort* zum *Klippenweg* zu gelangen, der uns unterhalb des *Preußischen Velmerstots* (468 m, Militärgelände) südlich des *Feldromer Berges* (448 m) wieder auf den *Eggekamm* hinaufführt. Am *Bedastein* vorbei kommen wir schließlich zum *Schwarzen Kreuz*. Hier bringt uns ein mit zwei senkrechten Balken markierter Waldweg halb rechts hinunter nach *Altenbeken*, während der *Europaweg* weiter dem *Eggeweg* folgt. Wer jedoch auf der Höhe bleiben möchte, dem bietet sich noch die Möglichkeit, bis zum *Eggekrug* weiterzuwandern. Von dort besteht Busverbindung zum Übernachten in Altenbeken oder Bad Driburg.

Eggegebirge

4 *Altenbeken – Willebadessen – Iburg – Blankerode – Marsberg (57 km)*

4.1 Altenbeken – Willebadessen

Verkehrsmöglichkeiten Busverbindung.
Wegmarkierungen Weißes Andreaskreuz (Eggeweg), von Altenbeken zum Trötenberg: weißes, liegendes T.
Tourenlänge 25 Kilometer. **Wanderzeit** 6^1/$_2$ bis 7 Stunden.
Höhenunterschiede Etwas steilerer Aufstieg von Altenbeken (258 m) zum Trötenberg (etwa 390 m), schwacher Anstieg über den Dübelsnacken (etwa 420 m), allmählicher Abstieg ins Bodental (320 m), langgezogener Anstieg über Paderborner Berg (380 m) zum Lichtenauer Kreuz (419 m), kurzer, anfangs etwas steilerer Abstieg nach Willebadessen (220 m).
Gesamte Steigung: etwa 420 m.
Wanderkarten 1:50 000 FK 11 Eggegebirge, Oberwälder Land, FK 16 Mittleres Diemeltal, Warburger Börde.
Gaststätten unterwegs Eggekrug (an der B 64), Herbram-Wald.
Übernachtung Willebadessen, Herbram-Wald.

Tourenbeschreibung Zunächst nehmen wir die Hauptstraße südöstlich in Richtung *Schwaney*, um dann mit der Markierung weißes, liegendes T links die Bahnlinie zu unterqueren. Bald darauf verlassen wir die Autostraße nach rechts und steigen durch Wald am Hang des *Trötenbergs* bergaufwärts. Am *Scholandstein* stoßen wir wieder auf den *Eggeweg*, der uns über *Knochenhütte* und die Schutzhütte *»Auf dem Hau am Armenfüllenholt«* zu einem Wanderparkplatz führt. Dahinter überschreiten wir die *B 64* und gelangen zum *Eggekrug*.

Hier kurz auf der Straße nach links. Dann rechts auf fester Straße zum Wald, wo uns links ein Wanderweg zu einer Schutzhütte oberhalb der ehemaligen *Iburg* leitet. Unter uns erblicken wir im Talkessel *Bad Driburg*. Wir wenden uns rechts und folgen dem Höhenweg am *Klusenberg* (396 m) vorbei. Dahinter rechts nördlich des *Ochsenberges* zum *Bodental* (320 m). Dann zunächst auf festem Weg etwa 500 Meter südöstlich. Nun rechts hoch und schließlich auf schmalem Pfad ständig nahe der Forststraße über eine Autostraße und *Rotes Wasser* hinweg bis zur Eisenbahnbrücke bei *Herbram-Wald*.

Hinter der Brücke geht es links in der Nähe des Waldrandes oberhalb der Bahnlinie zunächst östlich, dann meist südlich am Rande des Steilabfalls entlang. Wir steigen über den *Paderborner Berg* (380 m) und sehen nach etwa 8 Kilometern vor uns den Sendemast am *Lichtenauer Kreuz* (419 m) aufragen. Von dort aus steigen wir links teilweise auf der Autostraße nach *Willebadessen* hinab.

4.2 Willebadessen – Marsberg

Verkehrsmöglichkeiten Busverbindung mit Scherfede oder Warburg, dann Bahn nach Marsberg.
Wegmarkierungen Von Willebadessen zum Eggekamm: vom Waldrand weißes, liegendes T. Dann weißes Andreaskreuz (Eggeweg).
Tourenlänge 32 Kilometer. **Wanderzeit** 8½ Stunden.
Höhenunterschiede Stellenweise etwas steilerer Aufstieg von Willebadessen (220 m) zum Eggekamm (etwa 420 m), Abstieg

zum Gasthaus Grunewald (380 m), Aufstieg zur Nadel (413 m), anfangs steilerer Abstieg zum Papengrund (etwa 280 m), langgezogener Anstieg nach Alt-Blankenrode (407 m), ohne besondere Steigungen nach Niedermarsberg (250 m).
Gesamte Steigung: etwa 550 m.
Wanderkarten 1:50 000 FK 11 Eggegebirge, Oberwälder Land, FK 16 Mittleres Diemeltal, Warburger Börde.
Gaststätten unterwegs Blankenrode, Oesdorf, Essentho.
Übernachtung Niedermarsberg.
Wissenswertes Willebadessen: ehemalige Benediktinerinnenklosterkirche (13. Jahrhundert), durchgehend barock umgestaltet, Nonnenempore (1723), St. Vitusschrein, Tragaltar (etwa 1200), kunstvolle romanische Mittelsäulen in Sakristei und Stifterkapelle, Klostergebäude heute Schloß.

Tourenbeschreibung Vom Ortsmittelpunkt aus mit dem malerischen Schloß und der sehenswerten Klosterkirche wandern wir zunächst südwestlich unter der Umgehungsstraße hindurch und am Hallenbad vorbei zum Waldrand. Von dort aus leitet uns die Markierung weißes, liegendes T zwischen *Hexen-* und *Mühlenberg* (jeweils 330 m) an einem Bach entlang zu den Erdwällen der *Karlsschanze*. Indem wir diese im Linksbogen halb umrunden, stoßen wir bald am *Kleinen Herrgott* wieder auf unseren Fernwanderweg, der hier immer noch mit dem *Eggeweg* identisch ist.

Reizvoller ist es jedoch, vor der *Karlsschanze* zwei weißen senkrechten Balken nach links vorbei an den Felsen von *Gertruds Kammer* zu folgen und auf dem einzigartigen *Klippenweg* am Rande des Steilabfalls der *Teutoniaklippen* nach Süden zu wandern, bis er sich wieder mit dem Eggeweg vereint.

Dieser führt uns unweit vom Aussichtsturm *Bierbaums Nagel* nach Süden zu einer Forststraße, die uns rechts zur *B 68* hinunterbringt, welche am ehemaligen Gasthaus Grunewald (Bushaltestelle der Linie Warburg – Paderborn) überschritten wird.

700 Meter südwestlich treffen wir auf eine Waldstraße. Unmittelbar dahinter wenden wir uns links, um auf dem *Hardehauser Klippenweg* oberhalb eines Opfersteines entlang zu wandern. Nach 2½ Kilometern führt uns der Weg rechts wieder zur Forststraße. Jetzt nach links am *Max-Parpat-Hain* vorbei. Dann links durch einen Schneisenweg zur Felsspitze der *Nadel* (413 m). Nun steigen wir steil, zunächst auf einem Waldweg, dann auf schmalem Pfad ins Tal hinunter. Ein breiter Weg läßt uns links eine schmale Autostraße erreichen. Dann geht es an *Roters Eiche* links über eine Forststraße zum *Papengrund*, durch den wir uns nach rechts in langgezogener Steigung empormühen. Nach etwa

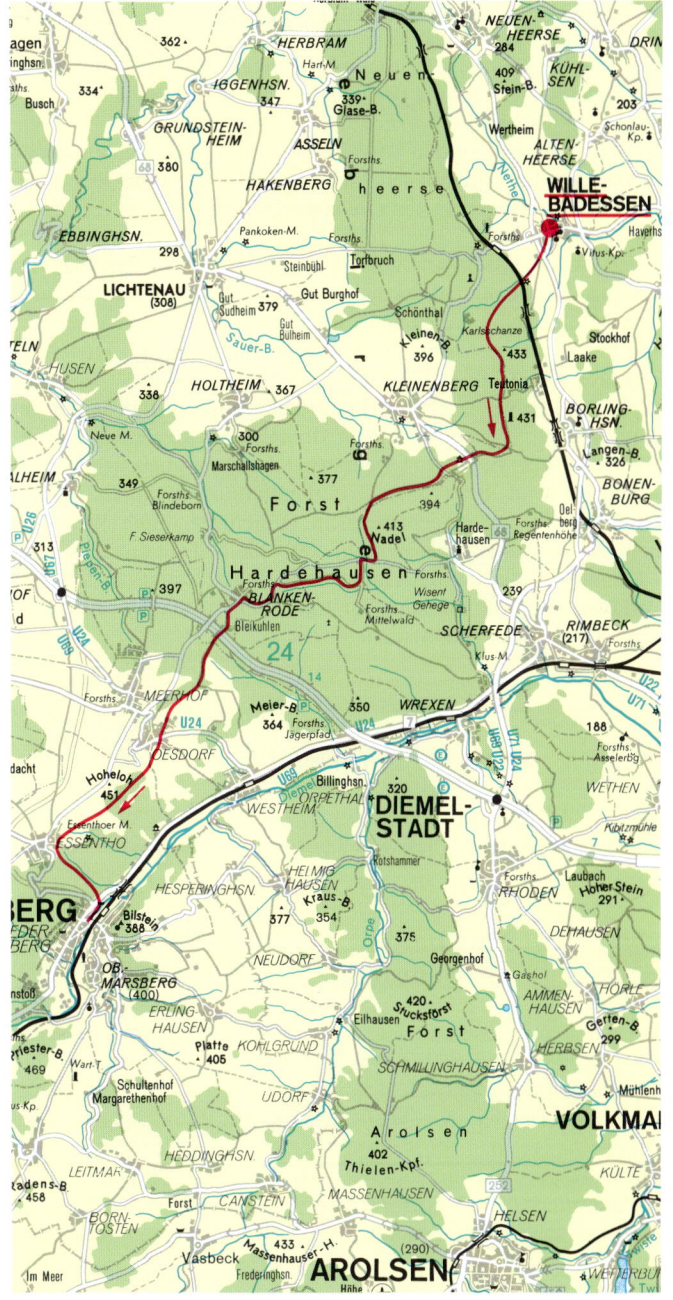

2 Kilometern weist uns links ein steiler Pfad den Aufstieg zur Stadtwüstung *Alt-Blankenrode*, hinter der man rechts abbiegend in westlicher Richtung *Blankenrode* erreicht.

Von hier aus verläuft der Weg zunächst südwestlich auf der Straße in Richtung *Meerhof*. Doch bald bringt uns links ein asphaltierter Weg zu den botanisch und geologisch bedeutsamen *Bleikuhlen*. Im Frühjahr leuchten hier die Blüten des sehr seltenen und streng geschützten *Galmeiveilchens*.

An den Kuhlen vorbei geht es rechts über eine Autobahnbrücke und südwestlich am Fuße des *Wäscheberges* (423 m) entlang, bis wir endgültig nach 2 Kilometern aus den Bäumen heraustreten. Nun rechts über das Feld und an der *Egge* entlang auf buschigem Feldweg bis zu einem Bauernhaus. Jetzt links hinunter nach *Oesdorf*.

Hier gehen wir über die Hauptstraße hinweg und halten uns dann südlich, um auf festem Wirtschaftsweg an einem Wasserbehälter vorbei bergauf zu wandern. Oben zweigt ein Weg schräg rechts ab, und unter einer Überlandleitung hindurch geht es anschließend auf aussichtsreichem Höhenweg durch Wald und Feld südwestlich nach *Essentho*. – Jetzt bleiben wir zunächst etwa 1 Kilometer links auf der Hauptstraße. Dann bringt uns links ein Waldweg über den Südhang der *Haart* (436 m) nach *Niedermarsberg*, der Stadt im schönen *Diemeltal*.

Sauerland

5 Marsberg – Niedersfeld – Kahler Asten – Bad Berleburg – Laasphe – Siegen – Freusburg an der Sieg – (Herdorf) (170 km)

5.1 Marsberg – Schweinsbühl

Verkehrsmöglichkeiten Ungünstige Busverbindung zwischen Schweinsbühl und Brilon-Wald, von dort Bahnverbindung mit Marsberg. Besser Rucksacktour.
Wegmarkierungen Weißes Andreaskreuz: SGV – Hauptwanderstrecke Nr. 16.
Tourenlänge 25 Kilometer. **Wanderzeit** 6$^{1}/_{2}$ Stunden.
Höhenunterschiede Kurzer Aufstieg von Niedermarsberg (250 m) nach Obermarsberg (376 m), Abstieg zum Diemeltal

(etwa 280 m), Aufstieg nach Giershagen (400 m) und zum Rodensberg (etwa 450 m), Abstieg ins Rhenetal (etwa 360 m), Aufstieg zum Rottenberg (etwa 450 m), Abstieg zum Aarbach (376 m), allmählicher Anstieg nach Schweinsbühl (510 m). Gesamte Steigung: etwa 600 m.

Wanderkarten   1:50 000 FK 16 Mittleres Diemeltal, Warburger Börde oder F 14 Edersee, Naturpark Diemelsee.

Gaststätten unterwegs   Giershagen, Adorf, Benkhausen.

Übernachtung   Schweinsbühl oder Deisfeld.

Wissenswertes   Obermarsberg: der Berg über der Diemel trug früher die Eresburg, die 772 von Karl dem Großen erobert wurde. 785 errichtete er an Stelle der Irminsul, dem Zentralheiligtum der

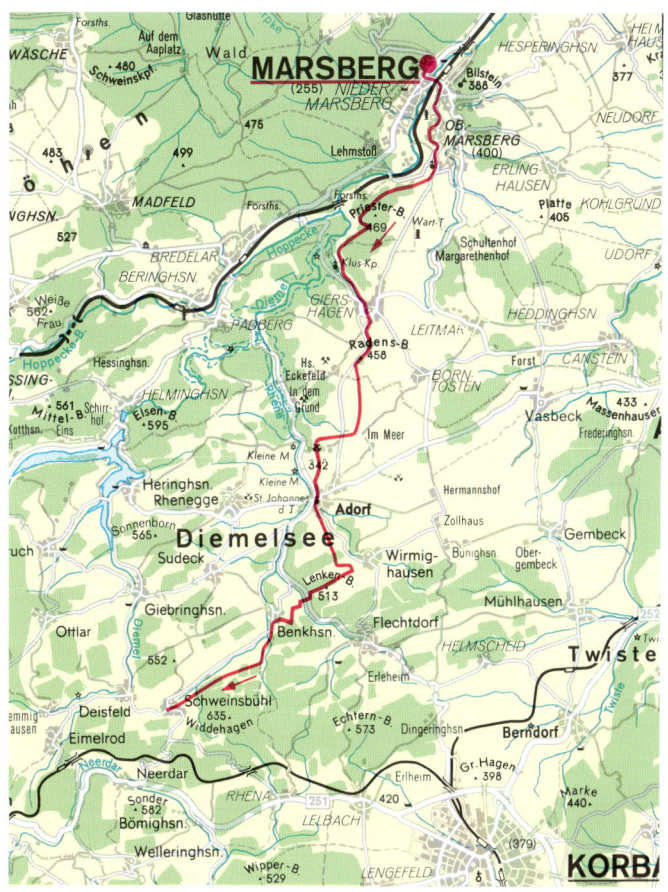

Sachsen, eine Peterskirche, 826 Schenkung durch Ludwig d. Frommen an das Kloster Corvey. Seit 900 Markt- und Münzrecht. Sehenswert: Stiftskirche St. Petrus und Paulus (13.–14. Jahrhundert) mit Krypta und Barockausstattung. Nicolai-Kapelle (1247) mit dreischiffiger Halle und spätromanischem Südportal.

Tourenbeschreibung Von *Marsberg* bis *Niedersfeld* ist jetzt das weiße Andreaskreuz der *Hauptwanderstecke X 16* des *Sauerländischen Gebirgsvereins* für uns wegbestimmend. Vom Bahnhof aus überschreiten wir südwestlich die Hauptstraße und steigen auf steiler Straße hoch – vorbei an der Drakenhöhle. An einer Linkskurve läuft der Wanderweg geradeaus weiter und beschreibt bald darauf eine Spitzkehre, die uns nach *Obermarsberg* (376 m) hinaufweist. Wir durchqueren das malerische Städtchen und folgen südlich etwa 1 Kilometer der Straße in Richtung Giershagen, bis rechts ein breiter Weg abbiegt, der uns um den *Priesterberg* (496 m) herum fast bis ins *Diemeltal* hinabführt. Immer am Waldrand entlang gelangen wir vorbei an der WEPA-Papierfabrik und der *Kluskapelle* südöstlich nach *Giershagen*.

Wir bleiben nun zunächst etwa 2 Kilometer auf der Straße in Richtung *Adorf* und wählen dann hinter dem *Radensberg* (458 m) einen schräg links abzweigenden Weg, der uns nach 2,5 Kilometern rechts über die Landstraße hinweg an dem geologisch interessanten ehemaligen Gelände der *Grube Christiane* vorbeiführt. Anfangs bleiben wir am Waldrand, um schließlich links ins Tal hinabzusteigen. Nach Überschreiten eines Baches läuft der Weg steil hoch. Fast auf der Höhe des *Winsenberges* (420 m) kommen wir an einer großen Scheune vorbei und steigen geradeaus auf schmaler Asphaltstraße nach *Adorf* hinab.

Im Dorf halten wir uns an der Kirche vorbei links südöstlich in Richtung *Wirmighausen*. Kurz vor dem Ortsende läuft rechts ein Weg durch die Felder auf den *Rottenberg* zu. Am Waldrand geht es zunächst 500 Meter links, dann rechts durch das Gebüsch zum anderen Ende. Hier wenden wir uns rechts am Waldrand entlang, überqueren nach 1,5 Kilometern eine Landstraße und gehen etwa 600 Meter auf der südwestlich abzweigenden Straße geradeaus hoch. Dann schwenken wir links in einen Feldweg ein, bis uns rechts ein Fuhrweg steil hinunter nach *Benkhausen* bringt.

Wir überschreiten die *Rhene*, um sogleich nach links am Bach entlangzugehen. Am Ortsrand von *Benkhausen* lädt uns eine Grillanlage zur Rast ein. Meist in Waldrandnähe gelangen wir nach 4,5 Kilometern südwestlich nach *Schweinsbühl*.

5.2 Schweinsbühl – Willingen – Niedersfeld

Verkehrsmöglichkeiten Ungünstig. Besser Rucksacktour.
Wegmarkierungen Weißes Andreaskreuz: SGV – Hauptwanderstrecke Nr. 16.
Tourenlänge 24$^1/_2$ Kilometer.
Wanderzeit 6 Stunden.
Höhenunterschiede Abstieg von Schweinsbühl (510 m) nach Deisfeld (425 m), Aufstieg zum Nordhang des Ellenberges (etwa 610 m), Abstieg nach Schwalefeld (etwa 520 m), kurzer Aufstieg (etwa 640 m) und Abstieg nach Willingen (560 m), langgezogener Anstieg zum Neuen Hagen (etwa 800 m), manchmal etwas steilerer Abstieg nach Niedersfeld (etwa 530 m). Gesamte Steigung: Etwa 520 m.
Wanderkarten 1:50 000 FK 16 Mittleres Diemeltal, Warburger Börde, oder F 14 Edersee, Naturpark Diemelsee, ferner FK 15 Naturpark Arnsberger Wald, Homert.
Gaststätten unterwegs Deisfeld, Rattlar, Schwalefeld und Willingen.
Übernachtung Niedersfeld.

Tourenbeschreibung An der Kirche trifft vom *Edersee* kommend die *Hauptwanderstrecke X 21* auf unseren *Europäischen Fernwanderweg*. Wir folgen der Straße noch 400 Meter, um dann links einen Weg einzuschlagen, der uns am Hang entlang führt und sich schließlich nach einem Rechtsbogen wieder mit der Straße vereint.

In *Deisfeld* halten wir uns hinter der *Diemelbrücke* links und steigen auf gewundenem Weg fast 200 Meter hoch. Wenn sich die beiden Hauptwanderstrecken trennen, gehen wir geradeaus mit der X 16 weiter. Nach 2 Kilometern weist uns das Zeichen an einer Kreuzung nach links, wo wir bald auf einen Weg stoßen, der uns rechts an der Nordseite des steilen Bergrückens des *Ellenbergs* (657 m) entlang nach *Rattlar* leitet.

Wir lassen den Ort auf der Hauptstraße in westlicher Richtung hinter uns. Auf der Bergkuppe zweigt hinter der Höhenangabe 600 m ü. M. halbrechts ein Feldweg ab, der uns anfangs recht steil nach *Schwalefeld* hinunter steigen läßt.

Unten folgen wir dem *Aarbach* im spitzen Winkel nach rechts. Gleich darauf geht es links über eine Brücke zur Hauptstraße, auf der wir nach rechts weiterwandern. Hinter dem *Gasthaus Göbel* steigen wir links etwa 50 Treppenstufen empor. Dann halten wir

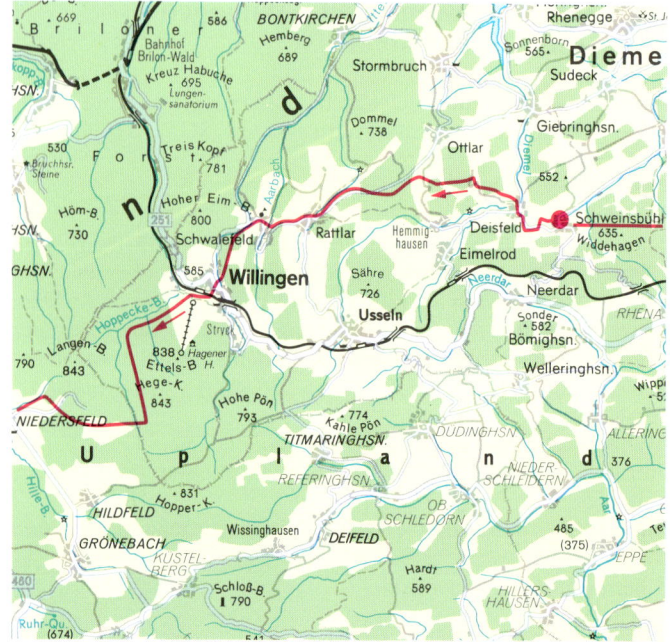

uns halbrechts am Friedhof vorbei. In Höhe eines neuzeitlichen Kirchenbaus nimmt uns links eine schmale, asphaltierte Straße auf, die auf ziemlich gleicher Höhe zum *Café Bellevue* führt. Dahinter geht der jetzt unbefestigte Wiesenweg bald in einen reizvollen, heckengesäumten Wanderpfad über, der schließlich beim Erreichen des Waldes in einen breiten Forstweg mündet, der sich links erst ziemlich steil, dann etwa auf gleicher Höhe um eine Bergflanke zieht. Oberhalb der ehemaligen Schiefergrube Willingen treffen wir an einer Rastbank auf eine schmale Asphaltstraße, die sich rechts in leichten Windungen nach *Willingen* hinabsenkt.

Neben vielen modernen Neubauten weist der vielbesuchte Kurort noch etliche weißgraue, verschieferte Häuser auf. Wir überschreiten die *Itter*, wenden uns auf einer Hauptverkehrsstraße nach links und wenig später vor der Gaststätte »Don Camillo« zur Trennstelle von *Korbacher* und *Briloner Straße*. Letzterer folgen wir ein kurzes Stück nach rechts, um dann links auf dem *Neuen Weg* am Friedhof und der modernen evangelischen Kirche vorbei zum Bahndamm hochzuwandern. Hier geht es durch eine Unterführung und sofort dahinter nach rechts an einer Reithalle und einem Sportplatz entlang. Links sehen wir die Talstation der *Ettelsberg-Sesselbahn*, welche die Urlauber auf 827 Meter Höhe befördert. Die Asphaltstraße führt uns abwärts zum *Hoppecketal*. Vor der Brücke wählen wir den links abzweigenden festen Weg, der das Tal hinaufführt. Nach 1 Kilometer nimmt uns rechts ein Waldweg auf. Schließlich wird die *Hoppecke* auf einem Steg überquert. Wir benutzen eine Forststraße etwa 500 Meter nach links. Dann bringt uns an einer Linksabzweigung ein schmaler Weg zu einem Holzabfuhrweg empor, der uns bis auf die Höhe Am Streit (783 m) steigen läßt. Nun 200 Meter rechts und dann wiederum rechts auf reizvollem Weg durch die naturgeschützte Hochheide *Neuer Hagen*. Darauf am Parkplatz vorbei weiter geradeaus nach Westen und schließlich auf tief eingesenktem Pfad zu einem Wirtschaftsweg hinab. Hier verläuft der Wanderweg hinter dem Parkplatz *Schieferkuhle* rechts über einen Bach und zu einer schmalen Straße, die uns links *Niedersfeld* erreichen läßt.

5.3 Niedersfeld – Oberkirchen

Verkehrsmöglichkeiten Busverbindung über Winterberg.
Wegmarkierungen Weißes Andreaskreuz: SGV – Hauptwanderstrecke Nr. 2.
Tourenlänge 25 Kilometer.
Wanderzeit 7 Stunden.
Höhenunterschiede Aufstieg von Niedersfeld (etwa 530 m) zur Höhe des Eschenberges (etwa 700 m), ziemlich steiler Abstieg nach Silbach (533 m), langgezogener Aufstieg zum Kahlen Asten (841 m), manchmal steilerer Abstieg nach Westfeld (480 m), kurzer Anstieg auf 570 m, Abstieg nach Oberkirchen (433 m). Gesamte Steigung: etwa 600 m.
Wanderkarten 1:50 000 15 Naturpark Arnsberger Wald, Homert, FK 21 Naturpark Rothaargebirge.
Gaststätten unterwegs Silbach, Kahler Asten, Hoher Knochen, Westfeld.
Übernachtung Oberkirchen.

Tourenbeschreibung Am Ortsausgang in Richtung *Winterberg* überquert die *B 480* nach einer Linkskurve die *Ruhr*. Das weiße Andreaskreuz der *SGV-Hauptwanderstrecke Nr. 2* weist uns jedoch den Weg auf einem Fahrweg rechts im Tal. In Höhe einer Brücke zur *B 480* geht es vor einem Skilift mit *Landhaus Eschenberg* in spitzem Winkel rechts am Nordhang des *Eschenberges*

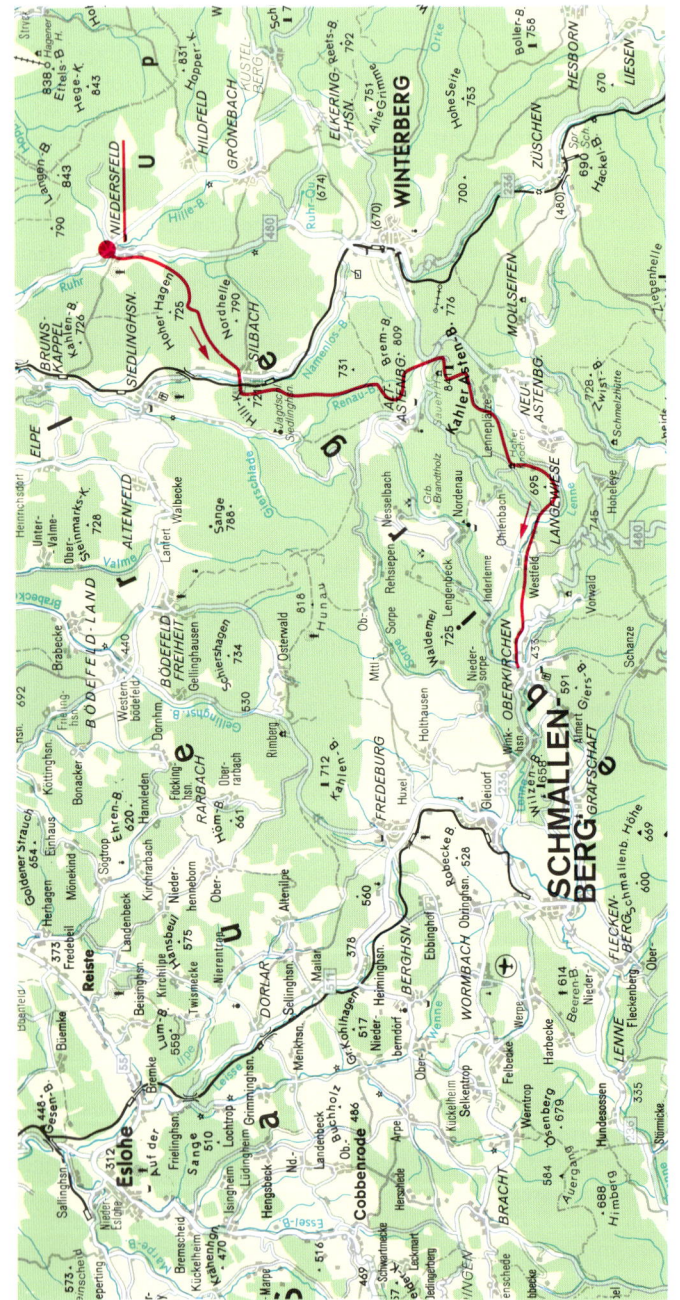

empor. Vor Erreichen des *St. Blasius-Bildstocks* schwenkt ein Weg in einer Linkskurve links nach Süden weiter zur Höhe hinauf. Vor der Wegspinne zieht sich der Weg nun am Nordrand der *Nordhelle* (775 m) entlang etwa nach Südwesten. Unterhalb des Schieferbruches am Silberberg kommen wir anschließend steil nach *Silbach* hinunter.

Die Hauptstraße wird kurz nach rechts begangen. Dann führt uns das Andreaszeichen zur Bahnlinie weiter. Wir unterschreiten die Bahnlinie und wenden uns ein kurzes Stück nach rechts, um alsbald links steil zum Wald hochzusteigen. Hier kreuzen wir einen breiteren Weg und halten uns an *Himmelskrone* (671 m), *Steinberg* (717 m) und *Remberg* (676 m) vorbei nach Süden. Hinter einem von links kommenden, breiteren Weg zweigt halblinks ein weiterer Weg ab, der dem *Renautal* nach Süden folgt. Dank zahlreicher, langgezogener Windungen erreichen wir in mühelosem Aufstieg am *Berghotel Haus Nordhang* eine Autostraße.

Auf der anderen Straßenseite nimmt uns wenige Meter hinter einem Lifthäuschen an der *Nordhang-Jause* ein Waldweg auf, der manchmal etwas steiler links am Hang hinaufführt. An vielen Stellen ist hier der lichte Wald von Heidekraut durchsetzt. Zur Linken sehen wir bald etwas tiefer *Winterberg* liegen, überragt von der kühn geschwungenen *St.-Georgs-Sprungschanze*. Noch ein Rechtsbogen und wir streben dem Gipfel des *Kahlen Asten* (841 m, wichtige metereologische Meßstation), mit seinem markanten Turm zu. Hier oben auf dem zweithöchsten Gipfel *Westfalens* nach dem *Langenberg* (843 m) kreuzen sich verschiedene Hauptwanderstrecken (genauer die Nummern 2, 6, 13, 14, 27).

Nachdem wir uns im Turmrestaurant ausgiebig gestärkt haben, bietet sich ein Rundgang auf dem *Heidelehrpfad* an. So lernt man am besten die *Hochheide* kennen, die sich an Stelle des von Menschenhand gerodeten Laubwaldes ausgebreitet hat. Der Weg berührt dabei auch die zeitweise versiegende *Lennequelle*.

Wir setzen anschließend unsere Wanderung fort, indem wir einem hölzernen Wegweiser folgen und in südlicher Richtung zu einer Landwehr (Grenzstein und Schutzhütte) bergabsteigen. Vor den *Lenneplätzen* stoßen wir auf eine asphaltierte Straße. Hier wenden wir uns im spitzen Winkel nach rechts, um gleich darauf links ziemlich steil durch einen Taleinschnitt abzusteigen. An einem großen Hinweisschild geht es auf breitem Waldweg rechts weiter und mit einem einzigem Schritt über ein Rinnsal hinweg. Bald gesellt sich hinter einigen Forellenteichen die von rechts hinabplätschernde *Lenne* zu unserem Bach und übernimmt dann rauschend die Führung. Nach 800 Metern heißt es, halbrechts steil aufzusteigen. Auf der Höhe halten wir uns vor einigen zerstreut liegenden, hübschen Holzhütten links und wandern auf breitem Forstweg am meist von lichtem Buchenwald bestandenen Hang des *Vorderen Hohen Knochens* (765 m) entlang zum *Berghotel Hoher Knochen.*

Hinter dem Parkplatz wenden wir uns links, um sogleich in einem Rechtsbogen, anfangs leicht bergabwärts, einem breiten Forstweg zu folgen. Nach 700 Metern steigen wir halbrechts einen Waldweg hoch, um nun auf ziemlich gleicher Höhe den steilen Hang des *Hömbergs* zu queren. Hierbei überschreiten wir zwei ehemalige Meilerstellen. Jetzt schließen wir uns kurz einem breiteren Weg nach links an und steigen gleich darauf auf aussichtsreichem Weg zur Talstation des Langlaufzentrums *Westfeld-Ohlenbach* hinunter. Hier bringt uns eine schmale Schotterstraße nach rechts auf eine Asphaltstraße, auf der wir wenig später *Westfeld* erreichen.

Schwarzweiße Fachwerkhäuser vermitteln uns ein malerisches Bild. Der Ort wird lenneabwärts in seiner ganzen Länge durchwandert. Die feste Straße geht dann in einen breiten Waldweg über, der als *Hirschbergweg* bezeichnet ist. Erst wenig, dann immer steiler bergansteigend, gewinnen wir die Höhe eines Sattels, auf dem wir neben einer Kapelle auch ein Wegkreuz und einen Bildstock sehen. Jetzt geradeaus weiter über blankgeschliffenen Felsuntergrund (mit Fahrspuren der mittelalterlichen »Heidenstraße« Köln – Leipzig) und über einen asphaltierten Wirtschaftsweg hinweg, an einer dreistämmigen Fichte vorbei und bald rechts am Hang des *Hirschbergs* entlang, bis wir schließlich links nach *Oberkirchen*, einem reizvollen Fachwerkort, hinabsteigen.

5.4 Oberkirchen – Bad Berleburg

Verkehrsmöglichkeiten Busverbindung.
Wegmarkierungen Weißes Andreaskreuz: SGV (Sauerländischer Gebirgsverein e.V.) – Hauptwanderstrecke Nr. 2.
Tourenlänge 16 Kilometer. **Wanderzeit** 4 bis 5 Stunden.
Höhenunterschiede Manchmal steilerer Aufstieg von Oberkirchen (430 m) nach Schanze (719 m), Auf- und Abstieg über Klobmannsrücken (720 m), Kühhude (700 m), Bärenköpfchen (629 m), langgezogener Abstieg über Lauberg (609 m) und Windbrachekopf (586 m), schwacher Anstieg am Burgfeldhang (etwa 50 m), Abstieg nach Bad Berleburg (440 m).
Gesamte Steigung: etwa 450 m.

Wanderkarten 1:50 000 FK 21 Naturpark Rothaargebirge.
Gaststätten unterwegs Schanze.
Übernachtung Jugendherberge und Hotels in Bad Berleburg.

Tourenbeschreibung Am *Gasthaus Schütte* biegen wir neben der Kirche in die *Schützenstraße* ein und wandern an der munter plätschernden *Lüttmecke* entlang. Auf dem asphaltierten *Hexenplatzweg* erreichen wir die Häusergruppe »*In der Lüttmecke*«. Hier wenden wir uns rechts und steigen durch das Lüttmecketal zuletzt über den Buchenwaldhang des *Giersberges* zur Höhe der *Almerter Plätze (Hexenplatz)* empor. Auf schmaler Asphaltstraße halten wir uns links. Doch wenige hundert Meter weiter heißt es links eine Schneise hinaufzusteigen, durch die sich eine Stromleitung zieht. Wir stoßen wenig später auf einen mit groben Steinstücken befestigten Querweg, der uns ohne Schwierigkeiten nach großartigen Fernblicken zum Weiler *Schanze* (719 m) hinaufführt.

Am *Gasthof Bräutigam* vorbei steigt der breite Weg noch etwas an. Er führt etwa 2 Kilometer geradeaus zum *Klobmannsrücken* (720 m). Wir treffen auf die *HW Nr. 6* des SGV und wandern mit ihr gemeinsam nach rechts zum Weiler *Kühhude* (700 m).

Oberhalb der Lichtung von *Kühhude* gehen wir links auf einer Asphaltstraße an einem Drahtzaun entlang. Gleich darauf wählen wir eine halbrechts bergaufführende, breite Forststraße, die an der Ostseite des *Saukopfs* (715 m) entlang in südlicher Richtung verläuft. Dahinter schwenken wir, meist auf gleicher Höhe wandernd, halbrechts etwa nach Südwesten. Hinter einer Linksabzweigung senkt sich nun der Weg allmählich bergabwärts. Wir erreichen eine schmale; vom *Osterzebach* durchflossene Wiese. Hier halten wir uns halblinks und gelangen zum *Bärenköpfchen* (628 m). Dahinter zweigt unser Weg rechts ab. Sobald der breite Weg eine Linkskurve beschreibt, steigen wir geradeaus auf schmalem, von Baumwurzeln durchzogenem Waldweg etwas bergauf. Von unten schimmert der Talgrund der *Osterze* herauf. Am *Lauberg* zweigt links ein mit weißem Kreis markierter Wanderweg zum *Forsthaus Homrighausen* ab. Wir halten uns jedoch weiter in der bisherigen Richtung, um am *Windbrachekopf* (588 m) vorbeiziehend freies Feld zu erreichen. Von hier aus bietet sich uns ein schöner Blick auf das Bergland um *Berleburg*.

An einem Hochspannungsmast geht es geradeaus weiter zu einem Holzabfuhrweg. Hier kurz nach rechts und sogleich wieder links, bis in Höhe eines alten Kirschbaumes schräg links ein reizvoller Waldweg abzweigt. Er bringt uns zuletzt durch hochragenden Eichen-Buchenmischwald zum Waldrand. Hier rechts an einem schwarzweißen Fachwerkhäuschen vorbei erneut in den Wald. Dann in spitzem Winkel schräg links bergabwärts. Der breite Weg verengt sich schließlich zu einer prächtigen Kastanienallee, die uns den Blick auf das stattliche *Schloß Berleburg* freigibt. Auf der *Fürst-Richard-Straße* kommen wir zur *Hochstraße* hinab. Rechts am Schloß vorbei erreichen wir die Innenstadt und den Bahnhof.

5.5 Bad Berleburg – Bad Laasphe

Verkehrsmöglichkeiten Busverbindung.
Wegmarkierungen Weißes Andreaskreuz: SGV – Hauptwanderstrecke Nr. 2.
Tourenlänge 19 Kilometer.
Wanderzeit 5 Stunden.
Höhenunterschiede Aufstieg von Bad Berleburg (430 m) über Eisenstein (560 m) zum Sassenkopf (607 m) und Hain (638 m), nur unwesentliche Höhenunterschiede von Stünzel (etwa 600 m) bis oberhalb von Saßmannshausen, manchmal etwas steilerer Abstieg

über Schloß Wittgenstein nach Bad Laasphe (340 m). Gesamte Steigung: etwa 300 m.
Wanderkarten   1:50 000 FK 21 Naturpark Rothaargebirge.
Gaststätten unterwegs   Raumland.
Übernachtung   Laasphe.
Wissenswertes   Berleburg: im 11. Jahrhundert Hof des Klosters Grafschaft, 1322 ganz im Besitz der Grafen von Wittgenstein; seit 1258 »Civitas Berneborgh«, 1330 Stadtrechte; 1506–1551 vorübergehend Residenzstadt. Sehenswert: prachtvolles Schloß, Mittelbau von 1733, Seitenflügel vom 16. Jahrhundert; Schloßmuseum mit wertvoller Bibliothek und Fayencen des 16. und 17. Jahrhunderts; Heimathaus, Ludwigsburg (1707) in der Unterstadt: schöner, bunter, geschnitzter Fachwerkbau.

Tourenbeschreibung   Vom Bahnhof gelangen wir durch eine kurze Geschäftsstraße zur *B 480*. Ihr folgen wir links über die *Odebornbrücke* hinweg, um wenig später hinter der *Gaststätte »Zum alten Brauhaus«* links eine Treppe hinabzusteigen. An malerischen Fachwerkhäusern vorbei stoßen wir sogleich auf die *Emil-Wolff-Straße*, auf der wir nach links bis hinter einer Bahnunterführung weitergehen. Nun rechts parallel zur Bahnlinie zunächst an Siedlungshäusern vorbei, dann durch schattigen

Hochwald, bis oberhalb eines Sportplatzes der schmale Weg in eine breitere Asphaltstraße einmündet. Dahinter bringt uns rechts eine Brücke über eine ehemalige Bahnlinie hinüber. Wenn wir stattdessen weiter geradeaus gehen würden, erreichen wir nach 300 Metern einen Aussichtspunkt auf den Schiefertagebau *Hörre*. Nun geht es über eine *Odebornbrücke* und über einen großen Lagerplatz zur *B 480*. Auf dieser links durch eine Unterführung und wenig später links über die *Eder* hinweg. Jetzt ederabwärts und über die *Bonifatiusstraße* bergauf zur *Raumländerstraße* nach *Raumland*.

Hinter dem *Gasthaus Althaus* auf einer Autostraße nach rechts. Nach der Linkskurve wählen wir einen schräg links ansteigenden, breiteren Weg und durchwandern eine Siedlung. Dabei schneidet unser Weg den *Ederhöhenweg*. Nun bergauf durch Wald zu einer ehemaligen Abraumhalde. Dahinter zuletzt recht steil über den Westhang des *Heßlar* (587 m) am *Mittelkopf* (601 m) vorbei durch dichten Fichtenwald zum *Hof Eisenstein*. Wir folgen jetzt einer schmalen, asphaltierten Straße nach Süden, um hinter dem *Sassenkopf* (607 m) kurz nach rechts abzubiegen. Gleich darauf halten wir uns links, und auf streckenweise sehr aussichtsreichem, schönem Wiesenweg wandern wir oberhalb von *Sassenhausen* zumeist am Waldrand entlang. Südwestwärts über den *Hain* (638 m) bringt uns der markierte Weg am *Hof Hirtenbuche* vorbei zu einer Landstraße, auf der wir uns nach rechts wenden, um am *Windhof* links auf die Häuser von *Stünzel* zuzulaufen.

Hier links durch den kleinen Ort (weithin bekannt durch seine alljährliche Tierschau) und anschließend auf schmaler Asphaltstraße etwas südlich durch den Wald. Nach wenigen Minuten verläßt uns die *Hauptwanderstrecke X 18* nach rechts. Wir gehen jedoch geradeaus weiter durch Fichtenwald am *Erbachskopf* (609 m) vorbei. An einer schwachen Linkskurve halten wir uns halbrechts an einem Drahtzaun entlang. Bald darauf queren wir ein Asphaltsträßchen. Auf ziemlich gleicher Höhe wandern wir nun etwa 1^{1}/$_{2}$ Kilometer nach Südosten. Dann überschreiten wir eine Asphaltstraße. Dahinter folgen wir rechts bergabwärts einem hölzernen Hinweisschild in Richtung *Sassmannshausen*. Wenig später zieht sich ein breiter Waldweg nach links über einen steilen Hang. An einigen Stellen können wir nach unten ins *Lahntal* blicken. Von einer Wegspinne senkt sich ein aussichtsreicher Weg nach rechts hinunter zu einem Wendeplatz. Hier verläuft links ein breiter Fahrweg durch schönen Hochwald an der Westseite des *Reiserbergs* (529 m) entlang. Dann nimmt uns halbrechts ein Waldweg auf, der uns unterhalb der *Alten Burg* (553 m) zu einigen Internatsgebäuden von *Schloß Wittgenstein* bringt.

Wir stoßen auf eine Zufahrtsstraße, auf der wir uns nach links wenden. Nach wenigen 100 Metern stehen wir vor der stattlichen Schloßanlage. Hier weist uns das Wanderzeichen bergabwärts. An einem kleinen Friedhof vorbei steigen wir zur *Schloßbergklinik* hinab. Hinter einer Lindenallee geht es geradeaus über eine Kreuzung hinweg und auf einer Asphaltstraße hinunter zur *B 62*, die uns links den Weg nach *Bad Laasphe* weist.

5.6 Bad Laasphe – Lahnhof

Verkehrsmöglichkeiten   Keine. Rucksacktour.
Wegmarkierungen   Weißes Andreaskreuz: SGV – Hauptwanderstrecke Nr. 2.
Tourenlänge   18 Kilometer.
Wanderzeit   5 Stunden.
Höhenunterschiede   Streckenweise etwas steiler Aufstieg von Bad Laasphe (340 m) zum Petersberg (etwa 540 m), sehr steiler, kurzer Abstieg ins Ilsetal (etwa 410 m), langgezogener Anstieg zum Lahnhof (610 m). Gesamte Steigung: etwa 500 m.
Wanderkarten   1:50 000 FK 25 Siegerland.
Gaststätten unterwegs   Keine.
Übernachtung   Lahnhof.
Wissenswertes   Bad Laasphe: evangelische Kirche (13. Jahrhundert), Turm im 18. Jahrhundert erneuert, Stuckreliefs (1704) an den Gewölben des südlichen Schiffes, Grabplatten von Sayn-Wittgenstein (15.–17. Jahrhundert). Schloß Wittgenstein: aus einer seit dem 12. Jahrhundert nachweisbaren Stammburg der Grafen von Wittgenstein entstanden, heute Barockschloß (dreiflügeliger, dreigeschossiger Bau mit Dachreiter), als Internat genutzt. In der Stadt einige bemalte Fachwerkhäuser.

Tourenbeschreibung   Wir folgen zuerst der *B 62* in Richtung Siegen. Hinter dem *Hotel »Fasanerie«* geht es links über einen Bahnübergang und sogleich rechts auf dem *Kunster Weg* Richtung *Städtischer Bauhof*. Nach einer knappen Viertelstunde steigen wir schräg links auf steinigem, breitem Waldweg bis zu einer Lichtung empor. Hier entscheiden wir uns für eine Rechtsabzweigung. Von rechts grüßt *Schloß Wittgenstein* herüber. An einer großen Buche vorbei wandern wir weiter geradeaus leicht bergaufwärts über den Südhang des *Großen Buchholzberges* (549 m).

Der Weg mündet in einen anderen Forstweg, dem wir nach links folgen müssen. 50 Meter hinter einem alten Silo halten wir

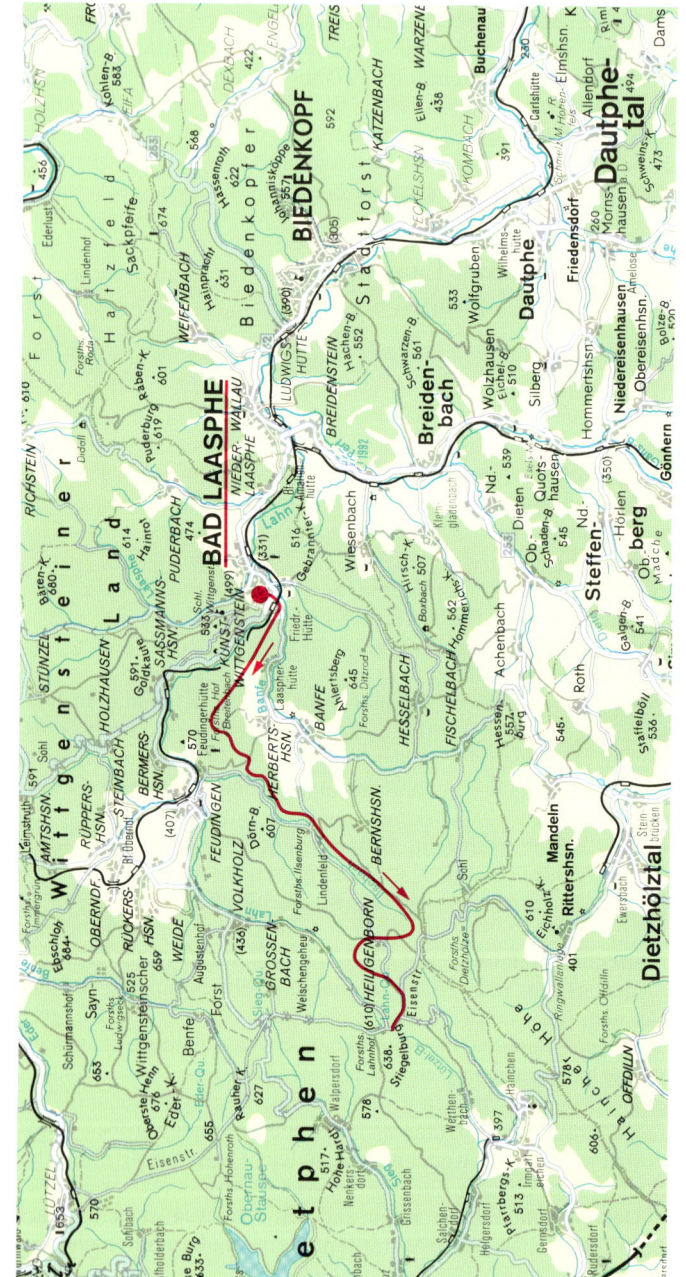

uns links. Zur Linken sehen wir eine Jagdhütte. An einer Wegspinne stoßen wir auf einen Gedenkstein, der an die Zusammenlegung mehrerer Gemeinden zur Stadt *Laasphe* erinnert. Hier befinden sich auch einige teilweise überdachte Rastbänke. Jetzt schräg rechts über felsigen Untergrund kurz bergaufwärts. Dann bergab zu einem Forstweg, dem wir nach rechts folgen. (Hier: Zubringerwege von Banfe und Feudingen, Markierung: weißer Winkel.) Gleich darauf halten wir uns halblinks, um sehr steil zum *Ilsetal* abzusteigen.

Auf schmalem Wirtschaftsweg wandern wir jetzt flußaufwärts an der rauschenden *Ilse* entlang durch ein malerisches, stilles Tal. Zur Linken ragen stellenweise schartige Felsblöcke empor. Nach etwa einer halben Stunde überqueren wir das Flüßchen auf einer Fußgängerbrücke, um nun einer Asphaltstraße nach links zu folgen. Fast 300 Meter weiter zweigt links eine Straße in Richtung *Banfe* ab. Unmittelbar hinter der *Ilsebrücke* steigen wir rechts auf schmalem Waldweg leicht bergaufwärts. Am Gegenhang grüßen uns die wenigen schwarzweißen Fachwerkhäuser von *Lindenfeld*.

Vor einer Furt halten wir uns rechts an einem Weidezaun entlang, um gleich darauf die *Ilse* auf einem Holzsteg zu überschreiten. Dahinter stoßen wir auf einen breiten, mit kleinen Steinen befestigten Forstweg, auf dem wir links weitergehen. Hinter einer Wegschleife wird der Anstieg steiler. Neben uns plätschert die *Ilse* als Bach über kleine Felsstücke zu Tale. Dann führt uns das weiße Andreaskreuz ohne besondere Steigung zu einem Forellenteich. Gut 100 Meter weiter finden wir am linken Wegrand die von eckigen Sandsteinen eingefaßte *Ilsequelle* (618 m ü. M.), deren kühles, klares Wasser uns erfrischt.

Zurück zum Teich und dann auf geschottertem Weg etwas steiler ansteigend. Auf der Höhe schließen wir uns einer Asphaltstraße an, die uns rechts nach *Heiligenborn* hinunterführt. Auf der Hauptstraße wenden wir uns rechts und steigen steil zu einem Wanderparkplatz hinauf. Dahinter verlassen wir die Straße an einer scharfen Rechtskurve.

Ein breiter Forstweg verläuft etwa nördlich zu einer größeren Waldwiese. Hier nach links und sofort nochmals links durch lichten Buchenwald. Hinter einem Hochsitz geht es nach rechts. Wenig später wenden wir uns auf einem breiteren Fahrweg, der sich in mehreren Windungen am Hang entlangzieht, nach links. Nach 2 Kilometern mündet er in eine Autostraße ein. Hier halten wir uns rechts, um auf von Baumwurzeln durchzogenem Fußpfad parallel zur Straße durch Fichtenhochwald zum *Gasthof Lahnhof* zu wandern. Hier finden wir in unmittelbarer Nähe den Quellteich der *Lahn*.

5.7 Lahnhof – Deuz – Siegen

Verkehrsmöglichkeiten Keine. Rucksacktour.
Wegmarkierungen Weißes Andreaskreuz: SGV – Hauptwanderstrecke Nr. 2.
Tourenlänge 19 Kilometer. **Wanderzeit** 5 bis 5½ Stunden.
Höhenunterschiede Kurzer Anstieg vom Lahnhof (610 m) zur Stiegelburg (638 m), langgezogenex Abstieg nach Deuz (324 m), Aufstieg zum Rabenhain (456 m), Abstieg nach Siegen (etwa 250 m). Gesamte Steigung: etwa 220 m.
Wanderkarten 1:50 000 FK 25 Siegerland.
Gaststätten unterwegs Deuz.
Übernachtung Siegen.

Tourenbeschreibung Unmittelbar neben dem Restaurant *Lahnhof* steigen wir zunächst durch offenes Gelände an einer Wassergewinnungsanlage vorbei zur *Stiegelburg* (638 m) auf. Dahinter durch dichten Fichtenwald nach Westen. Dann begleitet uns lichtes Eichen- und Buchengebüsch. Wir passieren eine Kreuzung. (Hier rechts Abzweigung nach *Walpersdorf*.) Jetzt wandern

wir über den Südhang der *Nordhelle* (577 m) auf den *Hellerkopf* (569 m) zu. Vor der Höhe halten wir uns rechts und gelangen bald auf einen Forstweg, der uns rechts zu einer siebenarmigen Wegspinne führt.

Hier halten wir uns halblinks, um auf breitem Weg über den Südhang des *Hainenbergs* (530 m) weiterzulaufen. Danach zweigt die Markierung nach links ab, um sogleich an einer Eiche nach rechts zu weisen. Jetzt nimmt uns ein reizvoller, schmaler Waldweg auf. Immer wieder wird unsere Wanderung durch herrliche Weitblicke belohnt. Wir durchqueren nun für das *Siegerland* typischen *Eichen-*, *Birken-*, *Lohwald*. Geradeaus über ein Feldstück hinweg kommen wir anschließend durch lichten Birkenwald zu einem Umsetzermast. Anschließend steigen wir steil abwärts nach *Deuz* hinunter.

Zunächst geht es über die *Siegbrücke* und an einem alten, ausgedienten Dampfmaschinenrad vorbei. Dann über die Bahnlinie und rechts ab zum Bahnhofsgelände. Nun durch eine Siedlung links hoch. Weiter auf stetig ansteigendem Weg nach etwa 4 Kilometern zum *Hasenbahnhof* auf dem *Rabenhain* (456 m, Gedenkstein). Jetzt steigen wir abwärts bis in die Nähe der *Zinsequelle*, deren köstliches Wasser uns erfrischt. Dort wählen wir den zweiten nach links verlaufenden Waldweg und überqueren anschließend etwa 2 Kilometer weiter an einem Wanderparkplatz eine Straße. Dann halten wir uns links durch eine Wohnsiedlung von *Dautenbach*. An einem Wasserbehälter links und später den Fußweg *Am Kornberg* abwärts. Nun über eine Straße hinweg und über den *Giersberg* (358 m) an einem Schulzentrum vorbei nach *Siegen* zum *Oberen Schloß*. Dann gelangen wir über den *Kornmarkt* durch die Fußgängerzone der *Oberstadt* zum *Unteren Schloß* und zuletzt über die *Sieg* zum Bahnhof.

5.8 Siegen – Freusburg – Herdorf

Verkehrsmöglichkeiten Bahnverbindung über Betzdorf. Busverbindung.
Wegmarkierungen Weißes Andreaskreuz. Bis Freusburg: SGV – Hauptwanderstrecke Nr. 11.
Tourenlänge 26 Kilometer. **Wanderzeit** 7 Stunden.
Höhenunterschiede Manchmal etwas steiler Aufstieg von Siegen (etwa 250 m) zum Starken Buberg (etwa 420 m), Abstieg von Rote Kirche (etwa 420 m) nach Oberschelden (342 m), Auf-

stieg zum Giebelberg (etwa 520 m), streckenweise steiler Abstieg nach Freusburg und ins Siegtal (etwa 190 m), Aufstieg zum Windhahn (etwa 470 m), Abstieg nach Herdorf (223 m). Gesamte Steigung: etwa 700 m.

Wanderkarten 1:50 000 TK 25 Siegerland oder Wandern im nördlichen Westerwald (Landkreis Altenkirchen).

Gaststätten unterwegs Oberschelden, Freusburg (nahe der B 62), Herkersdorf.

Übernachtung Herdorf.

Wissenswertes Siegen: seit 1303 Soester Stadtrecht. Zumeist Nassauischer Besitz. Seit 1806 zum Fürstentum Berg unter Murat und anschließend an Preußen. Geburtsort des Malers Peter Paul Rubens. Sehenswert: evang. Martinikirche: eine der größten ottonischen Kirchen Westdeutschlands, Mosaikfußboden (um 1000). Evang. Nikolai-Kirche (spätromanisch, 13. Jahrhundert), sechseckiger Zentralbau, mehrmals überarbeitet, z. B. 1654–66 unter Johann Moritz. Ehemalige Jesuitenkirche Mariae Himmelfahrt: geweiht 1729, Ausstattung im Laufe des 18. Jahrhunderts hinzugefügt. Oberes Schloß: 1500–06, im 17. und 18. Jahrhundert umgebaut, seit 1905 Museum des Siegerlandes. Unteres Schloß:

an der Stelle eines von Wilhelm Moritz 1689–91 errichteten und 1695 abgebrannten Schlosses 1698–1714 erbaut, jetzt Land- und Amtsgericht, Kapelle über der Fürstengruft (1715). Einfaches Rathaus von 1781–83, 1913–15 erweitert, nach dem Zweiten Weltkrieg wiederhergestellt.

Tourenbeschreibung Am Bahnhof geht es zuerst durch einen Fußgängertunnel. Dann am *Alchebach* talaufwärts bis zum Schwimmbad. Nun links hoch auf einem Forstweg durch ein Bachtal. Nach einem Rechtsbogen wandern wir weiter, bis links ein 150 Meter langer, steiler Aufstieg durch eine Schonung folgt. Nun rechts auf breitem Weg zum *Buberg* (Umsetzer) und von dort links über den *Starken Buberg* (420 m) zur Autobahn (A 45). Hinter der Unterführung steigen wir wieder hoch und gehen um die *Rote Kirche* herum schließlich nach *Oberschelden*. Nun durch einen kurzen Hohlweg am Waldrand hoch zum *Giebelwald*, über stille, abwechslungsreiche Waldwege über den *Giebelberg* (527 m) und anschließend steil hinunter nach *Freusburg*. Wem der Abstieg zu beschwerlich ist, kann etwa 1,5 Kilometer südwestlich des *Giebelberges* einen mit »JH« gekennzeichneten Weg wählen, der schräg rechts abzweigt und letztendlich in weitgezogener Linkskurve zur Freusburg führt.

Wer die *Freusburg* wegen des steilen Aufstiegs nicht besichtigen möchte, wendet sich unten an der Straße zur *B 62*. Dieser folgen wir etwa 1 Kilometer nach rechts bis zur *Freusburger Mühle*. Hier über die *Siegbrücke* und aufwärts über einen bewaldeten Bergrücken nach *Kirchen*. Wir durchwandern nun hinter einem Sportplatz Siedlungsgelände und kommen anschließend durch *Herkersdorf*. Hinter der Kirche steigen wir auf einem breiten Zickzackweg steil aufwärts an buntbemalten Kreuzwegstationen vorbei zum *Druidenstein* (431 m), einem einmaligen Naturdenkmal. Zahlreiche gefaltete Basaltschichten ragen hier schräg gen Himmel. Auf halber Höhe ist eine Mariengrotte eingelassen. An manchen belebten Wochenenden werden hier oben Erfrischungen angeboten.

Wir wandern nun auf breitem Waldweg nach Osten, um 500 Meter hinter einem Sportplatz eine Autostraße zu überqueren. Dahinter führt ein breiter Weg zuerst südöstlich, dann nordöstlich über den Hang des *Windhahns* (517 m). An einer Wegspinne halten wir uns rechts bergabwärts, überschreiten erneut die Autostraße und steigen in leichten Windungen durch den *Staatsforst Kirchen* weiter talwärts.

Schließlich bringt uns ein Fußpfad schräg links über einen kleinen Bergrücken zu einem Forstweg. Hier kurz links etwas aufwärts und schräg rechts an einem Kreuz mit einer Rastbank vorbei (schöner Blick auf *Herdorf* mit vielen verschieferten Fachwerkhäusern). Unterhalb der ehemaligen *Friedrichshütte* gelangen wir zur *Burgstraße* hinab. Wir folgen ihr rechts abwärts und treffen auf die Hauptstraße. Auf dieser überschreiten wir links die *Heller* an unserem Etappenziel.

Westerwald

6 Herdorf – Bad Marienberg – Montabaur – Nassau an der Lahn (105 km)

6.1 Herdorf – Fuchskaute

Verkehrsmöglichkeiten Busverbindung von Willingen nach Burbach (Kreis Siegen), von dort Bahnverbindung mit Herdorf.
Wegmarkierungen Weißes Andreaskreuz bis Lippe: weiße Raute (Siegerland-Höhenring).
Tourenlänge 22 Kilometer. **Wanderzeit** 5½ bis 6 Stunden.
Höhenunterschiede Anfangs steiler Aufstieg von Herdorf (223 m) zum Hohenseelbachskopf (504 m), langgezogener Anstieg zur Lipper Höhe (613 m), leichter Anstieg zur Fuchskaute (656 m). Gesamte Steigung: etwa 450 m.
Wanderkarten 1:50 000 Siegerland (bis Weißenberg), L 5314 Dillenburg (ab Hohenseelbachskopf).
Gaststätten unterwegs Hohenseelbachskopf, Lippe, Liebenscheid.
Übernachtung Fuchskaute.

Tourenbeschreibung In *Herdorf* geht es in Höhe der Kirche nach rechts an der Post vorbei. Dahinter halblinks durch einen Fußgängertunnel unter einer Bahnlinie hindurch und steil aufwärts auf einer Straße und an Siedlungshäusern vorbei. Zum Schluß auf einer breiten Schneise steil hoch bis unterhalb eines Denkmals. Hier schließen wir uns einem Querweg nach links an. Geradeaus über eine Kreuzung hinweg und bald rechts aufwärts durch Heidegebiet. Wir überqueren eine schmale Straße und kommen gleich darauf auf eine weitere Straße, über die es ebenfalls hinweggeht. Ein mit kleinen Felsstücken befestigter Weg bringt uns aufwärts zu einem schmalen Forstweg, auf dem wir rechts am Hang des *Mahlscheid* (etwa 510 m) vorbei zur *Hirtenwiese* gelangen. (Einkehr- und Übernachtungsmöglichkeit.)

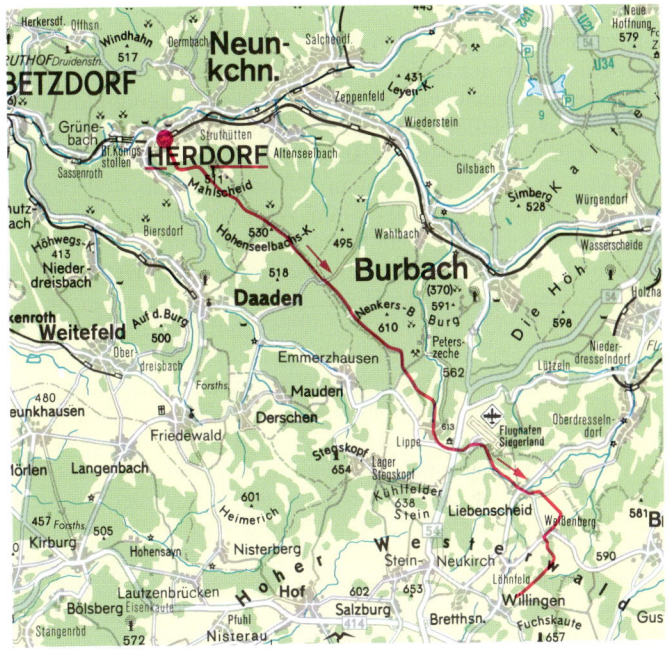

1 Kilometer weiter erreichen wir den von Gruben durchzogenen Gipfel des *Hohenseelbachskopfes* (504 m, Reste einer keltischen Fliehburg aus der Mittleren Eisenzeit: 500–0 v. Chr.), der glücklicherweise seit 1935 unter Naturschutz gestellt wurde. Hinter der Gaststätte geht es nach rechts im Linksbogen um den *Hohenseelbachskopf* herum. Dann schräg links durch den Wald und südöstlich über den *Siegerland-Höhenring* bis *Lippe*. Unterwegs berührt man rechts am Weg das Trümmerfeld der *Trödelsteine* (613 m). Von *Lippe* benutzen wir den Weg Nr. 6 zur *B 54* hinauf, die am Wirtshaus Zollhaus überquert wird. Im Linksbogen über die Asphaltstraße bis kurz vor den *Flughafen Siegerland*. Jetzt rechts durch den Wald nach *Liebenscheid*. Hier die Kirche südlich umgehen. Am Wartehäuschen rechts über den Bach die Hauptstraße entlang auf Weg *Nr. 7*. Dann wenden wir uns an der Rechtskurve nach links bis zu einem schmalen Wäldchen. Hier gehen wir nach rechts hinein. Nach 500 Metern rechts nach *Weißenberg* abbiegen. Auf der Hauptstraße müssen wir uns zunächst rechts halten. Einige Schritte hinter der Abzweigung nach *Liebenscheid* steigen wir in Höhe einer mächtigen Esche links zum Waldrand hoch.

Hier oben liegen die *Ketzersteine* (610 m), eine quaderförmig aufgetürmte, etwa 30 Millionen Jahre alte Basaltblockgruppe, die aus dem Miozän der Tertiärzeit zurückgeblieben ist. In ihrer Nähe zeigt die Magnetnadel eines Kompasses schwankende Polarität. Nur ein kurzes Stück führt der Weg am Waldrand bergabwärts. Darauf müssen wir rechts an einer Schonung entlanglaufen. Nach 200 Metern links, auf breitem Wiesenweg, der stellenweise morastig sein kann, weiterhin am Waldrand entlang. Dann an einer Waldecke rechts leicht bergabwärts. Wir überqueren einen Bach und steigen auf manchmal etwas zerrittenem Weg aufwärts durch Fichtenwald. Auf der Höhe halten wir uns rechts, um hinter einer Geröllhalde links über eine Wiese zum Wald emporzuwandern. Vor diesem wenden wir uns nach rechts und durchschreiten eine mit Steinen durchsetzte Hecke. Anschließend laufen wir etwa 800 Meter über einen großen, aussichtsreichen Wiesenhang nach Südwesten. Zuletzt auf einer Asphaltstraße kommen wir zu einem Waldstreifen hinauf, der uns rechts zu einer Landstraße weist. Um zur *Fuchskaute* (656 m) zu gelangen, gehen wir nicht auf dem Europäischen Fernwanderweg nach rechts, sondern vertrauen uns der nach links führenden Markierung *senkrechter weißer Strich* an, die uns in einer knappen halben Stunde an einem Wildgehege vorbei durch Hochmoor und Hochheide zu unserem Ziel bringt.

6.2 Fuchskaute – Bad Marienberg

Verkehrsmöglichkeiten Busverbindung zwischen Willingen und Bad Marienberg.
Wegmarkierungen Weißes Andreaskreuz und weißer, senkrechter Strich.
Tourenlänge 14 Kilometer.
Wanderzeit 3^1/$_2$ Stunden.
Höhenunterschiede Abstieg von der Fuchskaute (656 m) bis Bretthausen (570 m), Aufstieg zum Salzburger Kopf (654 m), Abstieg über Hölzerstein (564 m) nach Bad Marienberg (etwa 470 m). Gesamte Steigung: 120 m.
Wanderkarten 1:50 000 L 5314 Dillenburg (bis Hof), Wandern im nördlichen Westerwald (Landkreis Altenkirchen) (ab Salzburg).
Gaststätten unterwegs Salzburg, Hof, Nisterau.
Übernachtung Bad Marienberg.

Tourenbeschreibung Zunächst folgen wir wieder dem senkrechten weißen Strich etwa in nördlicher Richtung, um den Anschluß an die *Europäische Fernwanderstrecke E 1* zu finden. Sie verläuft nun oberhalb von *Willingen* geradeaus nach Nordwesten bis zur Landstraße *Willingen – Löhnfeld*. Nur etwa 100 Meter geht es hier nach rechts. Dann wird die alte Richtung wieder eingenommen, wobei wir etwa 200 Meter am Waldrand entlanggehen müssen. Dann im rechten Winkel links hinunter über das Feld zu einer Asphaltstraße, die uns rechts nach *Bretthausen* leitet.

Wir folgen der Hauptstraße bis über eine Kreuzung hinaus. Jetzt links hoch über eine Feldstraße zur *B 54*. Über diese hinweg und aufwärts zum *Salzburger Kopf* (654 m). Auf der Höhe halten wir uns links, um anschließend nach links bergabzusteigen. Eine schmale Straße bringt uns schließlich rechts nach *Salzburg*.

In gleicher Richtung marschieren wir über eine baumbestandene Allee, die schließlich in eine Landstraße einmündet, der wir nur kurz folgen. Dann gehen wir links hoch zu einem Wasserbehälter. Nun wieder westlich auf einem Wiesenweg. Zuletzt wieder über die Straße, bis wir nach *Hof* gelangen.

Nachdem wir die *Schwarze Nister* überquert haben, erreichen wir nach Rechts-Links-Wendungen nach 1 Kilometer die *B 414*. Diese verlassen wir erst an einem Wäldchen, an dessen Ende wir links hinein- und nach *Nisterau* hinuntergehen. Jetzt immer am rechten *Nisterufer* entlang über einen schönen Waldweg und durch ehemaliges Basaltwerkgelände. Zum Schluß nach *Bad Marienberg*, dessen alter Kirchturm uns schon von weitem grüßt.

6.3 Bad Marienberg – Selters

Verkehrsmöglichkeiten Ungünstig. Besser Rucksacktour.
Wegmarkierungen Weißes Andreaskreuz und ab nördlich vom Dreifelder Weiher: Hauptwanderstrecke Nr. 4 des Westerwaldvereins.
Tourenlänge 29 Kilometer.
Wanderzeit 7^1/$_2$ bis 8 Stunden.
Höhenunterschiede Steiler Aufstieg von Bad Marienberg (etwa 470 m) zur Marienberger Höhe (etwa 568 m), Abstieg ins Nistertal (303 m), Aufstieg zum Staatsforst Hachenburg (466 m), Abstieg nach Selters (248 m). Gesamte Steigung: etwa 300 m.
Wanderkarten 1:50 000 Wandern im nördlichen Westerwald (Landkreis Altenkirchen) (bis Freilingen), Südlicher Westerwald (Kompass Nr. 830) (ab Freilingen), L 5512 Montabaur (ab Dreifelder Weiher).
Gaststätten unterwegs Alpenrod, Seeburg, Maxsain.
Übernachtung Selters.

Tourenbeschreibung In *Bad Marienberg* gehen wir zuerst um die Kirche herum und 10 Minuten in nordwestlicher Richtung über die Straße nach Kirburg bis zum Sportplatz in der Nähe der DJH. Hier schräg links hoch und hinter einer Fabrik steil aufwärts zur *Marienberger Höhe* (568 m). Auf fels- und wurzelbestandenem Pfad gelangen wir zum *Großen Wolfstein*. Dann hinunter und auf breitem Forstweg bis zu einer Waldwiese. Hier gehen wir 250 Meter nach links, dann 500 Meter nach rechts und schließlich wieder nach links. Bald am Waldrand entlang bis zum höchsten Punkt (prächtige Aussicht). Jetzt rechts hinunter nach *Unnau*.

Im Ort steigen wir auf der Hauptstraße etwa 400 Meter in südlicher Richtung links hoch. Dann zweigen wir schräg rechts ab auf einem Feldweg bis oberhalb des *Struthofes*, an dem uns der Weg hinunter auf die Straße führt. Nur kurz folgen wir dieser nach

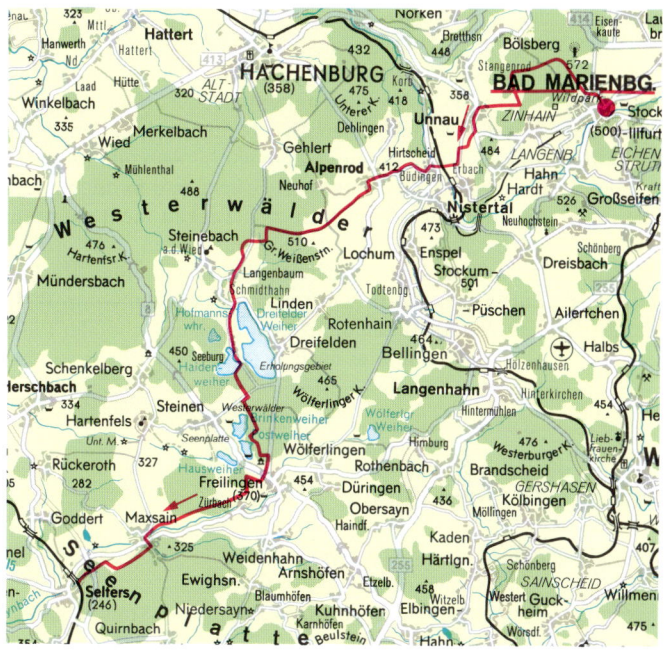

links, um nun rechts am *Talhof* vorbei Bahnlinie und Hauptstraße zu unterqueren. Dann geht es über die *Nister* hinweg. Bald mühen wir uns auf der Landstraße über *Hirtscheid* nach *Alpenrod* hinauf.

Hinter einer Gastwirtschaft halten wir uns rechts, dann links zum Ortsende und 300 Meter weiter nochmals links. 200 Meter weiter treffen wir rechts auf einen Wirtschaftsweg, der uns am *Großen Weißenstein* (510 m) vorbei zum Waldrand bringt. Wir verfolgen denselben Weg weiter durch den *Staatsforst Hachenburg* bis zu einer Asphaltstraße. An einer Kreuzung geht es links wieder zur Straße zurück und auf dieser rechts über *Langenbaum* und *Seeburg* am *Dreifelder Weiher* vorbei. In *Dreifelden* steht die älteste Kirche des *Westerwälder Landes*. Jeden Herbst wird das Wasser des Weihers abgelassen, wobei oft 300 bis 400 Zentner Fische gefangen werden.

Hinter dem *Haidenweiher* halten wir uns rechts, um nach etwa 300 Metern links die südöstliche Richtung einzuschlagen. An einer großen Eiche treffen wir auf eine Straße, auf der wir rechts weiterwandern, um nach 200 Metern an einer Wandertafel links abzubiegen. Am Ende des rechter Hand sichtbaren *Brinkweihers* geht es nach rechts und nach 250 Metern links auf reizvollem Pfad am Ufer des *Postweihers* entlang. Vor einem Campingplatzgelände 250 Meter nach links und auf dem nächsten Weg rechts zur B 8. Hier geradeaus über die Straße und an der nächsten Einmündung nach rechts. Schließlich links ab nach *Zürbach* hinunter. An einer Links-Spitzkehre steigen wir rechts hoch in den Wald. Bald links zum *Saynbach* hinunter, dem wir bis *Maxsain* folgen.

Hier wenden wir uns links über eine Brücke und weiter geradeaus über die Hauptstraße hinweg. Zur Linken sieht man ein bemerkenswertes Fachwerkhaus, dessen Balken mit großen Nägeln gespickt sind. Hier beschreibt die Straße einen Rechtsbogen zu den Wiesen hinauf. Dort wandern wir links zum Wald empor. Stets in Waldrandnähe führt uns zuerst ein schmaler Pfad, dann eine Waldstraße hinunter nach *Selters*.

6.4 Selters – Montabaur

Verkehrsmöglichkeiten Busverbindung über Siershahn. Keine Verbindung am Wochenende.
Wegmarkierungen Weißes Andreaskreuz und Hauptwanderstrecke Nr. 4 des Westerwaldvereins.
Tourenlänge 15 Kilometer.
Wanderzeit 4$^1/_2$ Stunden.
Höhenunterschiede Aufstieg von Selters (248 m) bis etwa 320 m, Abstieg nach Vielbach (267 m), Anstieg zum Leuteroder Wald (etwa 350 m) und zum Steimel (334 m), kleinere Auf- und Abstiege bis Montabaur (264 m). Gesamte Steigung: etwa 270 m.
Wanderkarten 1:50 000 Südlicher Westerwald (Kompass Nr. 830) und Naturpark Nassau (ab Staudt) oder L 5512 Montabaur.
Gaststätten unterwegs Vielbach, Siershahn (abseits), Staudt.
Übernachtung Montabaur.
Wissenswertes Nach den Feuersteinfunden bei der »Wacht« müßte der Selterser Raum schon zur Steinzeit, also um 2000 v. Chr. bewohnt gewesen sein. Der Ort Selters wird 930 erstmalig urkundlich erwähnt, dürfte aber wesentlich älter sein. Ab 1589 gehörte er endgültig zur Grafschaft Wied.

Tourenbeschreibung Vom Bahnhof kommend überschreiten wir zunächst auf der Hauptstraße den *Saynbach*, um dann an der zweiten Kreuzung links zu einer Bahnunterführung zu gelangen. Dahinter weist uns die Wegmarkierung an einem Sportplatz nach

rechts empor um den Friedhof herum. Jetzt geht es an einem Haus vorbei. Anschließend links hoch über eine Straßenbrücke etwa 600 Meter in den Wald. Dann rechts ab und 500 Meter weiter auf wenig begangenem Weg über einen Bach. Nach 50 Metern rechts hinaus über das Feld an einem Hochsitz vorbei zu einer Straße. Dieser folgen wir 200 Meter nach rechts. Dann gehen wir sofort wieder links über die Felder gerade hinunter nach *Vielbach*.
Nach Überschreiten des *Kleinen Saynbaches* halten wir uns links, um kurz darauf rechts auf reizvollem Weg zwischen Gärten hindurch eine Straße zu erreichen. Von hier aus bietet sich uns 150 Meter nach rechts Einkehrmöglichkeit. Ansonsten steigen wir auf der Straße links zum Wald hinauf. Jetzt geht es immer geradeaus durch den *Forst Wied* und den *Leuteroder Wald*, bis wir oberhalb von *Siershahn* an einer Naherholungsanlage den Wald verlassen. Nun vor einer Tennisplatzanlage links ab und nach 500 Metern halbrechts hoch zum *Steimel* (334 m).

Auf der Höhe steht eine Wallfahrtskapelle, vor der halbkreisförmig auf buntbemalten Steinbildern die Leidensstationen Christi angeordnet sind. Unter uns sehen wir einige Tongruben des *Kannenbäcker Ländchens*. Der Weg senkt sich ziemlich steil

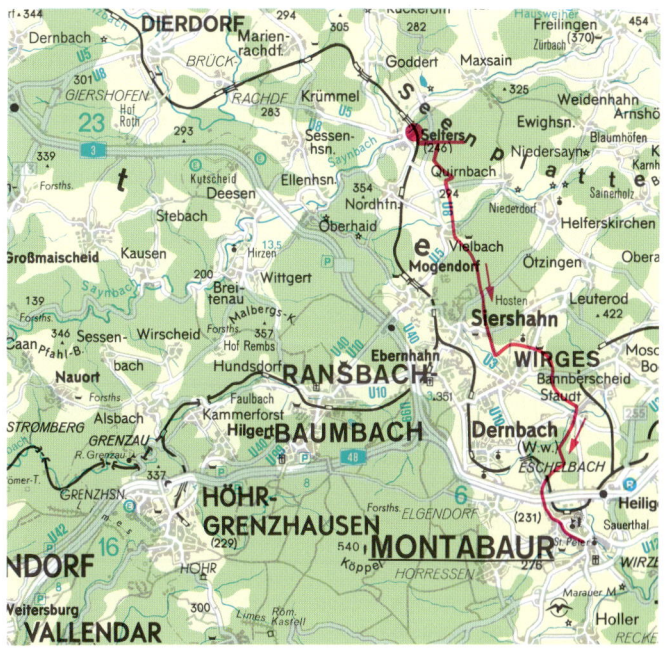

bergabwärts. Kurz vor *Wirges* erreichen wir eine Autostraße, auf der wir uns links halten. Nach wenigen 100 Metern wandern wir rechts zu einem teilweise verrohrtem Bach hinab, um dahinter über einen breiten Feldweg bergaufzusteigen. Nun geht es links zum Waldrand. Danach rechts am Hang des *Hülsberges* (322 m) entlang zu einer schmalen Waldstraße. Auf dieser links zu einer Kreuzung und anschließend rechts auf einer Asphaltstraße zur Straße *Wirges – Moschheim* hinunter. Etwa 100 Meter halten wir uns rechts, um links in einen schneisenartigen Waldweg einzuschwenken. Anschließend verläuft unser Wanderweg stets am Waldrand entlang zuletzt in östlicher Richtung über den Südhang des *Kramberges* (277 m). Jetzt rechts hinunter in ein Bachtal und dann links nach *Staudt*.

Wir durchqueren den Ort rechts zunächst auf der *Bahnhofstraße*. Hinter der Hauptstraße nimmt uns unterhalb der Kirche die *Waldstraße* auf. Über das *Elbertsheck* erreichen wir gleich darauf einen Waldrücken, an dessen Rand wir etwa 700 Meter entlang wandern. Im Frühjahr ist hier der Waldboden von unzähligen weißen und rötlichen Blütenständen des *Lerchensporns* übersät. Nun geht es links in den Wald hinein, dessen Wege oft leider ziemlich zerritten sind. Südwestlich hinter einem größeren Weiher kommen wir auf freies Feld. Vor uns sehen wir bereits das kuppelgekrönte, gelbleuchtende Schloß von *Montabaur*. Hier halten wir uns kurz rechts, um darauf links unweit des *Hillhofs* auf eine schmale Asphaltstraße zu stoßen. Diese führt uns rechts an einem Wildgehege vorbei und über eine Eisenbahnlinie hinweg zu einer Wandertafel. Von dort aus bringt uns links eine Landstraße in etwa einer Viertelstunde am Ostrand von *Eschelbach* entlang hinter einer Autobahnunterführung nach *Montabaur*.

6.5 Montabaur – Nassau

Verkehrsmöglichkeiten Busverbindung ungünstig. Bahnverbindung über Limburg.
Wegmarkierungen Weißes Andreaskreuz.
Tourenlänge 25 Kilometer. **Wanderzeit** $6^{1}/_{2}$ Stunden.
Höhenunterschiede Streckenweise steiler Aufstieg von Montabaur (264 m) zum Köppel (540 m), Abstieg zum Wolfskirchhof (355 m), Aufstieg über Dielkopf nach Welschneudorf (430 m), zuletzt steiler Abstieg nach Nassau (89 m).
Gesamte Steigung: etwa 460 m.

Wanderkarten 1:50 000 Naturpark Nassau.
Gaststätten unterwegs Köppel, Welschneudorf.
Übernachtung Nassau.
Wissenswertes Montabaur: ursprünglich im 10. Jahrhundert Humbach genannt, nach einem Kreuzzug von Erzbischof Dietrich II. v. Trier 1227 in »Mons Tabor« umbenannt. Stadtrechte seit 1291. Sehenswert: kath. Pfarrkirche St. Peter (gotisch, 14. Jahrhundert), Nachfolger von drei Kirchen von 931, 949 und 959; Stufenhalle mit Emporen, Querschiff und Chor, am Vierungsbogen großes Fresko des Jüngsten Gerichts (16. Jahrhundert), Schloß (16.–18. Jahrhundert): quadratischer Hof von vier zweigeschossigen Flügeln umbaut und mit vier runden Türmen. Im Stadtbild noch viele verschieferte Fachwerkhäuser zumeist vom Ende des 17. Jahrhunderts, Wolfsturm (Rest der Stadtbefestigung). Kreisheimatmuseum.

Tourenbeschreibung Unsere Wanderung beginnt in der Fußgängerzone vor dem Rathaus. Wir kommen an der Stadtpfarrkirche *St. Peter* vorbei und bleiben dann zunächst auf der *Koblenzer Straße*. Vor dem Kreiskrankenhaus weist uns halbrechts ein Fußweg zum Hallen- und Freibad. Rechts unter uns fließt der Stadtbach durch das Tal. Gegenüber erhebt sich die markante Silhouette des Schlosses und des *Wolfsturms*.

Hinter dem Freizeit- und Sportzentrum wandern wir nun am bewaldeten Ufer des *Biebrichsbaches* entlang, bis wir auf eine Landstraße treffen. Hier überschreiten wir den Bach nach rechts, um sogleich links in einen asphaltierten Forstweg einzubiegen. 100 Meter weiter nimmt uns rechts ein Waldweg auf, der uns in wenigen Minuten zu den Siedlungshäusern von *Horressen* führt.

Wir laufen erst links, dann rechts am Waldrand entlang und gelangen zu einem Waldspielplatz. Vor diesem gehen wir auf einer allmählich ansteigenden, schmalen Asphaltstraße nach links durch den Buchenwald. Etwa 2 Kilometer halten wir uns in derselben Richtung. Dann schwenkt der Weg an einem alten Steinbruch nach rechts. 300 Meter hinter einer Kreuzung mit einem Hinweisschild auf Militärgelände steigen wir rechts auf einem Waldweg ziemlich steil bergaufwärts. Fast auf der Höhe geht der Laubwald in Fichtenwald über. Schließlich geht es über eine Asphaltstraße hinweg und über eine unterschiedlich steile, breitere Schneise endgültig zur Höhe des *Köppel* empor (540 m, Aussichtsturm und zeitweilig bewirtschaftete Hütte).

Beim Abstieg halten wir uns an den Verlauf der asphaltierten Zufahrtsstraße. Am dritten Linksknick gehen wir nach rechts auf einer für den öffentlichen Verkehr gesperrten Forststraße weiter. Ohne Schwierigkeiten erreichen wir unterhalb des *Lipperberges* (535 m) eine Kreuzung, an der wir schnurgerade bergabwärts nach Süden wandern.

Nach 3^1/$_2$ Kilometern geht es über die *B 49* hinweg. Wenig später überqueren wir eine weitere Autostraße und stoßen an einem Parkplatz erneut auf eine Asphaltstraße. Hier halten wir uns etwas rechts, um in leichten Windungen über einen schönen Waldweg nach etwa 20 Minuten wieder auf die Straße zu kommen. An der Wegspinne des *Wolfskirchhofs* (355 m) entscheiden wir uns für die nach Südosten verlaufende, leicht ansteigende Forststraße, die uns nach etwa 3 Kilometern bequem nach *Welschneudorf* führt.

400 Meter geht es südwestlich am Waldrand entlang. Dann links auf breiterer Straße abwärts durch den Ort. Hinter einem Gasthof biegen wir nach rechts ab. Etwa 400 Meter weiter bringt uns halblinks ein Feldweg zum Waldrand. Wenig später überschreiten wir eine Autostraße, um nach etwa 300 Metern auf einen breiten Forstweg zu treffen, dem wir uns nach links anvertrauen. Über die Kreuzung der *Kreuzeiche* gelangen wir nach etwa 3 Kilometern zum Hang des *Lohbergs*. Hier auf einer Asphaltstraße nach rechts

und nach etwa 1½ Kilometern an einem Linksbogen schräg rechts auf einem sich häufig schlängelnden Waldweg bis zu einem Trockenrasengebiet. An einem Aussichtspavillon vorbei steigen wir schließlich auf einem Pfad zu einem breiten Weg hinab, der uns rechts hinunter nach *Nassau* bringt.

Taunus

7 *Nassau – Kloster Arnstein – Idstein – Gr. Feldberg (XE 3) – Hohemark – Frankfurt am Main (90 km)*

7.1 Nassau – Schaumburg (Balduinstein)

Verkehrsmöglichkeiten Bahnverbindung.
Wegmarkierungen Weißes Adreaskreuz und ab Obernhof schwarzes L (Lahnhöhenweg).
Tourenlänge 24 Kilometer.
Wanderzeit 6½ bis 7 Stunden.
Höhenunterschiede Wenig Steigung von Nassau (89 m) zum Kloster Arnstein (170 m), kurzer Abstieg nach Obernhof (etwa 90 m), Aufstieg bis zum Vierseenblick (etwa 290 m), anfangs steilerer Abstieg bis nahe Laurenburg (etwa 100 m), kurzer Anstieg auf etwa 180 m, Abstieg nach Rupbach (etwa 100 m) und anfangs steiler Anstieg nach Steinsberg (234 m), Abstieg nach Balduinstein (etwa 100 m). Gesamte Steigung: etwa 550 m.
Wanderkarten 1:50 000 Naturpark Nassau.
Gaststätten unterwegs Obernhof, Laurenburg (etwas abseits).
Übernachtung Schaumburg oder Balduinstein.
Wissenswertes Nassau: Villa Nassowa bereits 790 als Nosanga erwähnt, Stadtrecht seit 1348 durch Karl IV, zuerst nassauischer Besitz, nach 1866 preußisch. Sehenswert: Burgruine Nassau: 1101 von den Herren von Laurenburg erbaut, seit 1159 Kurtrierisches Lehen, im 16. Jh. verfallen. Steinscher Hof: Besitz der Grafen von Kanitz, seit dem 17. Jh. mehrmals umgebaut, 1757 Geburtsstätte des Reichsfreiherrn von und zum Stein. Burgruine Stein. Steindenkmal (1953). Rathaus: dreigeschossiger Fachwerkbau, ursprünglich Adelsheimer Hof (1607). Stadtbefestigung: grauer Turm und Mauerreste. Arnstein: Seit 1139 Prämonstratenserkloster, Kirchenweihe 1208, viertürmige, romanische Vorhalle, 1359 Quer- und Mittelschiff gotisch eingewölbt, im 18. Jh.

barockisiert. 1802 an Nassau – Weilburg, von der Gemeinde Seelbach als Pfarrkirche übernommen. Seit 1909 von der Genossenschaft vom Heiligsten Herzen Jesu und Mariae besiedelt. Sehenswert: überwiegend Rokokoausstattung, Grabplatten (14. Jh.), Kruzifix (1520). Roman. Refektorium. Klostergarten. Ruine der Margarethenkirche.

Tourenbeschreibung In *Nassau* geht es auf der *B 260* über die *Lahnbrücke*. Auf der Straße bis zum Gasthof *Mühlbachterrassen* (altes Fachwerkhaus) empor, dann links wieder abwärts an der *Lahn* entlang auf einem Fahrweg bis hinter Hof und Schleuse *Hollerich*. Nun leicht ansteigend auf einem Waldweg weiter, bis wir plötzlich hinter einer Wegbiegung vor dem berühmten *Kloster Arnstein* stehen.

Nach kurzer Besichtigung geht es weiter nach *Obernhof* (Weinprobe möglich). Auf der Straße nach Seelbach hoch von der zweiten bis zur vierten Kehre. Dann vorwiegend auf Forstwegen den Höhenweg entlang. Am Waldrand scharf links bergab. Anschließend einen Pfad steil aufwärts und auf einem Steg über einen Bach. Am Rastplatz *Vierseenlick* kann man zur Kloster-

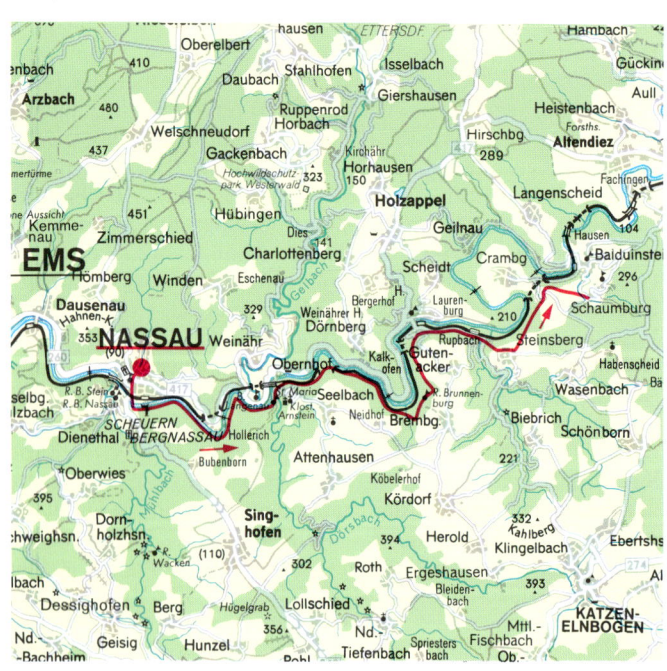

ruine *Brunnenburg* abschweifen. Dann geht es steil längs eines hurtig springenden Baches hinunter zum *Häuserhof* an der Bahnlinie. An dieser entlanggehend erreichen wir nach gut zwei Kilometern *Laurenburg*, wo es angebracht ist, den Weg zu verlassen, um zu rasten.

Nach der Pause wieder über die *Lahnbrücke* zurück zum *Lahnhöhenweg*, der uns nach Auf- und Abstieg über das Gelände einer ehemaligen Grube, das reich an fossilienartigen Versteinerungen ist, nach *Rupbach* führt. Nach Erreichen der Straße beginnt sofort ein kurzer, aber recht steiler Aufstieg nach *Steinsberg*.

Am Ortsende nach links wenden. Nach 100 Metern den mittleren von drei Wegen wählen, der uns an einem Wasserbehälter vorbei zu einem Bachtal führt. Hier geht es steil wieder aufwärts zu einem Waldweg, der uns nach einem Kilometer am *Gabelstein* (beeindruckender Aussichtspunkt) vorbei zu einer Straße führt, der wir 200 Meter nach rechts hoch folgen, um dann links in einen von Obstbäumen gesäumten Feldweg einzuschwenken. Nach zwanzig Minuten befinden wir uns unterhalb der imposanten Anlage der *Schaumburg*, die hoch über uns aufragt. Um nach *Balduinstein* zu gelangen, wandern wir links eine Straße hinab.

7.2 Schaumburg (Balduinstein) – Michelbacher Hütte (Michelbach)

Verkehrsmöglichkeiten Bahnverbindung zwischen Balduinstein und Diez. Busverbindung zwischen Diez und Michelbach, sonntags jedoch eingeschränkt.
Wegmarkierungen Schwarzer Keil (Hauptwanderstrecke 10 des Taunusclubs), weißes Andreaskreuz.
Tourenlänge 20 Kilometer. **Wanderzeit** 5$^{1}/_{2}$ Stunden.
Höhenunterschiede Streckenweise steiler Aufstieg von Balduinstein (etwa 100 m) bis oberhalb von Bärbach (320 m), und weiter zur Rintstraße (410 m), Abstieg zur Burg Hohlenfels (230 m), Aufstieg über Bonscheuer (336 m) zum Galgenkopf (369 m), Abstieg nach Michelbach (197 m). Gesamte Steigung: 670 m.
Wanderkarten 1:50 000 Naturpark Nassau.
Gaststätten unterwegs Schönborn.
Übernachtung Michelbach.
Wissenswertes Bärbach: ehemaliges Nonnenkloster, Stiftung der Grafen von Nassau und Katzenelnbogen aus dem 14. Jahr-

hundert, Ende des 16. Jahrhunderts zerstört. Burgruine Hohlenfels: erbaut durch die Grafen von Nassau und von Langenau, auf steilem Kalkfelsen nahezu uneinnehmbar, über Kronberg und Waldeck 1753 zurück an Nassau, teilweise abgebrochen, heute Jugendburg der Nerother Wandervögel.

Tourenbeschreibung Wer in *Balduinstein* übernachtet hat, geht zuerst über die leicht ansteigende Straße in Richtung *Schaumburg*, bis der *Talhof* erreicht wird. 100 Meter rechts hoch treffen wir auf den *Europäischen Fernwanderweg E 1*, der nach links steil in den Wald hochführt. Gleichzeitig ist nun die *Hauptwanderstrecke 10* des *Taunusclubs* (schwarzer Keil) bis zum Hochtaunus für uns wegweisend. Der Wanderweg überquert nacheinander zwei breite Waldwege und eine Autostraße. Dann sehen wir die alte Kirche von *Habenscheid* vor uns.

Hier stoßen wir auf ein Sträßchen, dem wir nach links folgen, bis wir eine alte Sandgrube erreichen. Hinter dieser biegen wir nach links, um nun nach *Bärbach* hinunterzuwandern. Hier erblicken wir einen Hofkomplex, der teilweise mit den Resten eines alten Klosters verbaut wurde. Bald treffen wir auf eine Landstraße, der wir geradeaus weiter nach Süden folgen.

Wir durchqueren *Schönborn* und biegen auf der Hauptstraße in Richtung *Katzenelnbogen* rechts ab, verlassen diese jedoch wieder

am Ortsausgang, um links hoch auf breiterem Weg den Wald zu betreten. An der nächsten Kreuzung halten wir uns für einige hundert Meter rechts. Dann geht es wieder links hoch in der alten Richtung weiter, bis die *Rintstraße*, ein uralter Grenz- und Höhenweg überquert wird. Nun senkt sich der Weg abwärts. Oberhalb des mächtigen Kalksteinbruches *Hibernia* halten wir uns halblinks. An der nächsten Wegkreuzung weist uns das Wegzeichen scharf rechts hinab, wo wir uns plötzlich unterhalb der eindrucksvollen Ruine *Hohlenfels* befinden. Nun müssen wir im spitzen Winkel rechts hochsteigen. Dann sofort wieder links auf steilem Pfad zur oberen Einfahrt der Burgruine. Von dort auf breitem Weg zu einer Waldstraße, der wir nach links folgen. Nach 300 Metern geht es rechts ab in ein ehemaliges Steinbruchgelände. Jetzt auf einem Forstweg kurz nach links und anschließend links abzweigend in den Wald empor. Wir bleiben nur etwa 400 Meter auf diesem Weg. Dann senkt sich der Wanderweg links bergabwärts und trifft auf die Straße von Katzenelnbogen nach Zollhaus.

Nur wenige Meter laufen wir nach links, um darauf rechts einen Weg einzuschlagen, der ins Tal hinabführt. An einem Gerätehaus wenden wir uns links, um in einigen Windungen und schließlich entlang einer Schneise zum Waldrand aufzusteigen. Nur einige Meter geradeaus, dann rechts 50 Meter in den Wald hinein. Nun links hinunter zur Straße, die uns nach *Bonscheuer* hinaufbringt. Im Ort wenden wir uns am Beginn einer Rechtskurve nach links, um schon wenige Meter weiter nach rechts zum Wald zu gehen. Der Weg führt zunächst etwas bergab, bis er schließlich am Hang entlang verläuft. Dabei passieren wir eine Quelle mit köstlichem Mineralwasser, die nur wenige Meter unterhalb des Waldweges entspringt. Bevor wir den Waldrand erreichen, müssen wir im rechten Winkel links abbiegen. Der anfangs verwachsene Weg wird bald breiter und läuft in eine Asphaltstraße aus. Ihr folgen wir bis zu einer Linkskehre, halten uns aber geradeaus und müssen ziemlich steil zum Waldrand emporsteigen. An ihm gehen wir nach links entlang und nochmals steil hinauf über einen Acker zur Straße. Auf dieser wandern wir nur 100 Meter nach links und biegen rechts in einen breiten Waldweg ein. Jetzt halten wir uns immer geradeaus. An einer Wegspinne biegen wir danach halb links ab und stehen bald vor einer mächtigen Buche. Hier wenden wir uns links, um nach etwa 200 Metern rechts hinabzugehen. Doch bald steigen wir in leichtem Linksbogen etwas bergauf, bis wir oben auf einen Wirtschaftsweg stoßen, der uns zur *Michelbacher Hütte* hinunterbringt. Zuletzt führt uns rechts die *B 54* in etwa 20 Minuten nach *Michelbach*.

7.3 Michelbacher Hütte (Michelbach) – Idstein

Verkehrsmöglichkeiten Ungünstig. Rucksacktour empfehlenswert.
Wegmarkierungen Schwarzer Keil (Hauptwanderstrecke 10 des Taunusclubs), weißes Andreaskreuz.
Tourenlänge 17½ Kilometer.   **Wanderzeit** 4½ bis 5 Stunden.
Höhenunterschiede Aufstieg von Michelbach (197 m) zur Eisenstraße (342 m), Abstieg nach Hennethal (250 m), langgezogener Anstieg bis oberhalb von Kesselbach (442 m), steiler Abstieg nach Oberauroff (297 m) und leichter Abstieg bis Idstein (266 m). Gesamte Steigung: 410 m.
Wanderkarten 1:50 000 Naturpark Hochtaunus Süd.
Gaststätten unterwegs Hennethal, Oberauroff.
Übernachtung Idstein.

Tourenbeschreibung Von *Michelbach* bringt uns die *Hauptwanderstrecke 12* (roter Querbalken) nordöstlich zur Höhe hinauf. Hier schließen wir uns wieder unserer Fernwanderstrecke

nach rechts an. Auf aussichtsreichem Weg streifen wir in weitem Linksbogen ein Segelflugplatzgelände, ehe wir in den Wald eintreten. Wir befinden uns auf der alten *Eisenstraße*, die wir jedoch auf freiem Feld an einer Kreuzung verlassen, um nach links *Hennethal* zu erreichen.

Sobald wir im Ort den *Aubach* überquert haben, biegt eine Straße nach rechts ab. Wir steigen nun an einem Grillplatz vorbei bald durch den Wald hoch und halten mehr oder weniger die östliche Richtung bei, bis wir nach etwa einer Stunde auf eine Forststraße gelangen. Ihr folgen wir 500 Meter nach rechts. An einer Wegspinne nun leicht links halten und nach einer Linksbiegung nordöstlich zum Waldrand. Hier rechts entlang, bis wir oberhalb von *Kesselbach* die *B 417* überqueren (Blick zum *Feldberg*). – Geradeaus weiter auf einem Waldweg bis zu einer Wegspinne. Dort geht es halblinks auf einem Forstweg über das sogenannte *Breitheck* (Kreuzung). Anschließend auf breitem Hohlweg zuletzt steil abwärts nach *Oberauroff*. Von hier aus folgen wir der Autostraße nach rechts durch eine Autobahnunterführung der *A 3 (E 35)* zum malerischen Städtchen Idstein. Durch den Bau der ICE-Strecke Köln – Frankfurt ist eventuell mit Behinderung und Wegverlegung zu rechnen.

7.4 Idstein – Frankfurt (Hohemark)

Verkehrsmöglichkeiten Bahnverbindung zwischen Idstein und Frankfurt (Hbf), U-Bahnverbindung (U 3) von Hohemark über Oberursel zur Hauptwache, Willy-Brandt-Platz und weiter zum Hbf. Frankfurt.
Wegmarkierungen Weißes Andreaskreuz, zusätzlich: zunächst grüner Querstrich (bis Schloßborn), dann schwarzes T (Taunushöhenweg) (bis Großer Feldberg), darauf schwarzes Andreaskreuz (bis Altkönig), nun zuerst grüner und zuletzt gelber Querstrich (bis Hohemark).
Tourenlänge 28 Kilometer.
Wanderzeit 8 Stunden.
Höhenunterschiede Anfangs steiler Aufstieg von Idstein (266 m) zum Heidekopf (408 m), Abstieg zur Hasenmühle (etwa 310 m), Anstieg auf 402 m und etwas steiler hinab nach Schloßborn (383 m), zuletzt steiler Anstieg über Glashütte (510 m) und Rotes Kreuz (688 m) zum Großen Feldberg (878 m), streckenweise steilerer Abstieg zum Fuchstanz (662 m), steiler

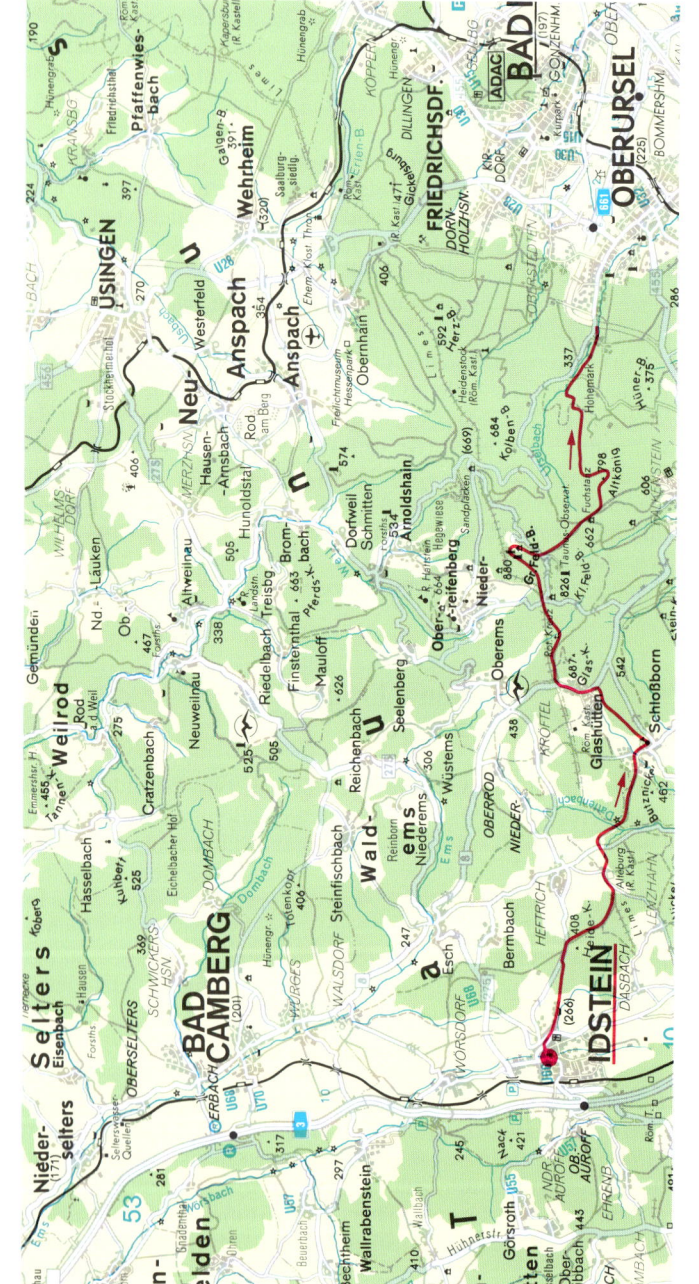

Anstieg zum Altkönig (798 m), starkes Gefälle zum Urselbach und nach Hohemark (etwa 300 m).
Gesamte Steigung: etwa 900 m.
Wanderkarten 1:50 000 Naturpark Hochtaunus Süd.
Gaststätten unterwegs Schloßborn, Glashütten, Fuchstanz.
Übernachtung Frankfurt und Vororte.
Wissenswertes Idstein: Stadtrechte seit 1287, bis 1866 von verschiedenen Nassauer Linien beherrscht, dann preußisch. Sehenswert: evang. Pfarrkirche (»Unionskirche«) 1677 aus gotischer Basilika hervorgegangen, im Innenraum auf der Decke und den Obergadenwänden Ölgemälde und Evangelienszenen (1673–75), Hochaltar (1673), Kanzel, Taufstein (1675), bemerkenswerte Grabdenkmäler. Burg und Schloß: Hexenturm als Rest der alten Burg, Torbau (1497), Kanzleigebäude (1565), dreiflügelige Schloßanlage (1616–34), im Innern vorzügliche Malereien und Stuckdekorationen. Etliche sehenswerte Fachwerkhäuser (Killingerhaus, Dechanei, Haus Toepfer). Limes: seit 83 n. Chr. nach dem Feldzug des Kaisers Domitian gegen die Chatten gezogene Grenze zu Germanien, anfangs nur einfach bewacht, später durch Palisaden, Graben und Wachttürme befestigt (»Pfahlgraben«), Länge von Hönningen am Rhein bis nahe Eining an der Donau etwa 550 Kilometer, über 100 Kastelle dienten als Unterkünfte, z. B. Saalburg, Alteburg, Feldbergkastell, von Miltenberg bis Lorch: »Obergermanischer Limes«, zum Schluß: Steinmauer oder auch »Raetischer Limes«.

Tourenbeschreibung Heute beginnt eine etwas anstrengende Wanderung über den Hochtaunus. Wir verlassen die romantische Altstadt von *Idstein* und gehen rechts entlang der alten *B 275*. Nach knapp 300 Metern schneiden wir, indem wir einen Parkplatz überqueren, die Linkskurve vorher ab.

Auf der *Escher Straße* halten wir uns rechts, wo wir bald am Schwimmbad vorbei zum Schützenhaus gelangen. Hier geht es steil links hoch, dann oben weiter zur Straße. Auf dieser 300 Meter rechts. Hier verlassen wir das schwarze Dreieck der *Hauptwanderstrecke 10*. Nun rechts in den Wald hinein über den *Heidekopf* (408 m), bald bergab zum Waldrand, wo wir auf den Limesweg stoßen. An einer *Jagdhütte* vorbei treffen wir an der Stelle, an der ein Römerkastell stand, auf die Landstraße. Von diesem *Kastell Alteburg* ist heute keine Spur mehr zu erkennen. Jetzt führt uns eine schmale Straße nordöstlich an einem Reiterhof vorbei. Wenig später überschreiten wir eine Landstraße und gehen weiter geradeaus, bis wir hinter einer Überlandleitung rechts abbiegen. Bald stoßen wir vor dem Naturschutzgebiet

Heftrichter Moor auf einen breiten Weg, der uns rechts zu der Stelle bringt, an der bis 1975 die Schinderhannes-Eiche stand. Hinter der Hasenmühle steigt der Weg zunächst steil nach Schloßborn hinauf. Von hier aus bis zum *Großen Feldberg* verläuft unsere Wanderroute gemeinsam mit dem *Europäischen Fernwanderweg E 3* (Atlantik – Ardennen – Erzgebirge – Karpaten – Schwarzes Meer).

Über die *Heftricher Straße* kommen wir durch eine Siedlung hinunter, gehen weiter geradeaus über die *Weiherstraße* und kurz vor einem Gasthaus links hoch auf der *Langstraße* an der kath. Kirche vorbei. Anschließend rechts auf der *Grabenstraße* bis zu einem Stromverteiler und dahinter scharf links auf einem Waldrandweg bis zu einer Forststraße. Auf dieser nach rechts bis zur *B 8* und nach *Glashütten*.

Am anderen Ortsende schwenken wir nach rechts, folgen dem römischen *Pfahlgraben* und erreichen den *Emsbach*.

Nun beginnt auf einem schmalen Pfad ein sehr steiler Aufstieg, von dem wir erst am *Roten Kreuz* verschnaufen können. Wir folgen dem Pfahlgraben nur noch etwa 200 Meter und nehmen dann rechts einen breiten Weg durch den Nadelwald. Kurz vor dem teilweise rekonstruierten *Kastell Feldberg* steigen wir rechts an der *Weilquelle* vorbei zum *Großen Feldberg* (880 m) empor.

Vom Hochplateau führt unser Weg am Andenkenkiosk und Parkplatz vorbei etwa südwestlich hinunter zum Parkplatz *Windeck*. Hier biegen wir links ab und steigen auf einem Forstweg zum *Fuchstanz* hinab, wo sich zwei Gaststätten befinden. Jetzt wandern wir zunächst auf ziemlich gleicher Höhe nach links, um kurz darauf halbrechts ziemlich steil zum *Altkönig* (798 m, seltene Flora, zwei keltische Ringwälle) hinaufzusteigen. Oben müssen wir uns links wenden, um gemeinsam zuerst mit der Markierung grüner, dann gelber Querstrich in mehreren Windungen streckenweise recht steil ins Tal des *Urselbaches* und schließlich nach *Hohemark* zu gelangen. Von dort aus können wir mit der U-Bahn (U 3) bequem zur *Frankfurter Innenstadt* fahren.

7.5 Hohemark – Frankfurt (Sachsenhausen)

Verkehrsmöglichkeiten U-Bahnverbindung (U 3) von Hohemark bis Frankfurt (Südbahnhof).
Wegmarkierungen Weißes Andreaskreuz, zusätzlich bis Frankfurt (Nordwestzentrum) auch schwarzer Rahmen.
Tourenlänge 26 km. **Wanderzeit** 7 Stunden.
Höhenunterschiede Unbedeutend.
Wanderkarte TF 50-4 Naturpark Hochtaunus-Süd.
Gaststätten unterwegs Frankfurt am Main und Umgebung.
Übernachtung Frankfurt am Main.

Tourenbeschreibung Von *Hohemark* gehen wir zunächst zur Kurklinik (Hohemark), dann auf dem *Kohlenweg* weiter zur *August-Ravenstein-Hütte*. Etwas später knickt der Weg nach links ab und führt uns zur *B 455*. Wenig nach rechts versetzt können wir die Straße überqueren. Nach Verlassen des Waldes kommen wir nahe an den Ortsrand von *Oberhöchstadt*. Nun wenige Meter nach links, dann weiter nach rechts. Von hier bietet sich ein weiter Blick über das Rhein-Main-Gebiet und mit etwas Glück bis hin zum Odenwald. Nun ein Stück am Waldrand entlang, dann in den Wald und bald rechts. Nahe der Waldsiedlung überqueren wir die Straße Oberhöchstadt-Oberursel. Geradewegs bis zum Waldende, dann nach mehreren Richtungswechseln führt der Europaweg auf einem Feldweg bis zum Ortsverbindungsweg Steinbach-Stierstadt, auf diesem einige Meter nach Norden und danach rechts bis an die Bahnlinie. Diese überqueren wir beim Bahnhof *Weißkirchen*. Anschließend verläuft der Weg südlich an den Gleisen entlang bis zu einem Bahnwärterhäuschen, weiter durch die Felder unter der A 5 (Frankfurt-Kassel) hindurch bis an den Rand der Bebauung der *Frankfurter Nordweststadt*. Auf Fußwegen durch die Wohnblöcke erreichen wir einen Park im *Nordwestzentrum*.

Wer sich die Weiterwanderung durch *Frankfurt* ersparen möchte, kann von hier aus mit der U-Bahn (U 1) bis zum *Südbahnhof* fahren.

Ansonsten beginnt nun eine überraschend abwechslungsreiche Stadtwanderung, die erstaunlich wenig durch die dichte Bebauung führt.

Wir verlassen das Einkaufszentrum in südlicher Richtung, gehen wiederum auf Fußwegen zwischen den Wohnblöcken hindurch, überqueren dann die Schnellstraße und gelangen in die *Römerstadt*. Der Wanderweg führt verwinkelt durch die Siedlung.

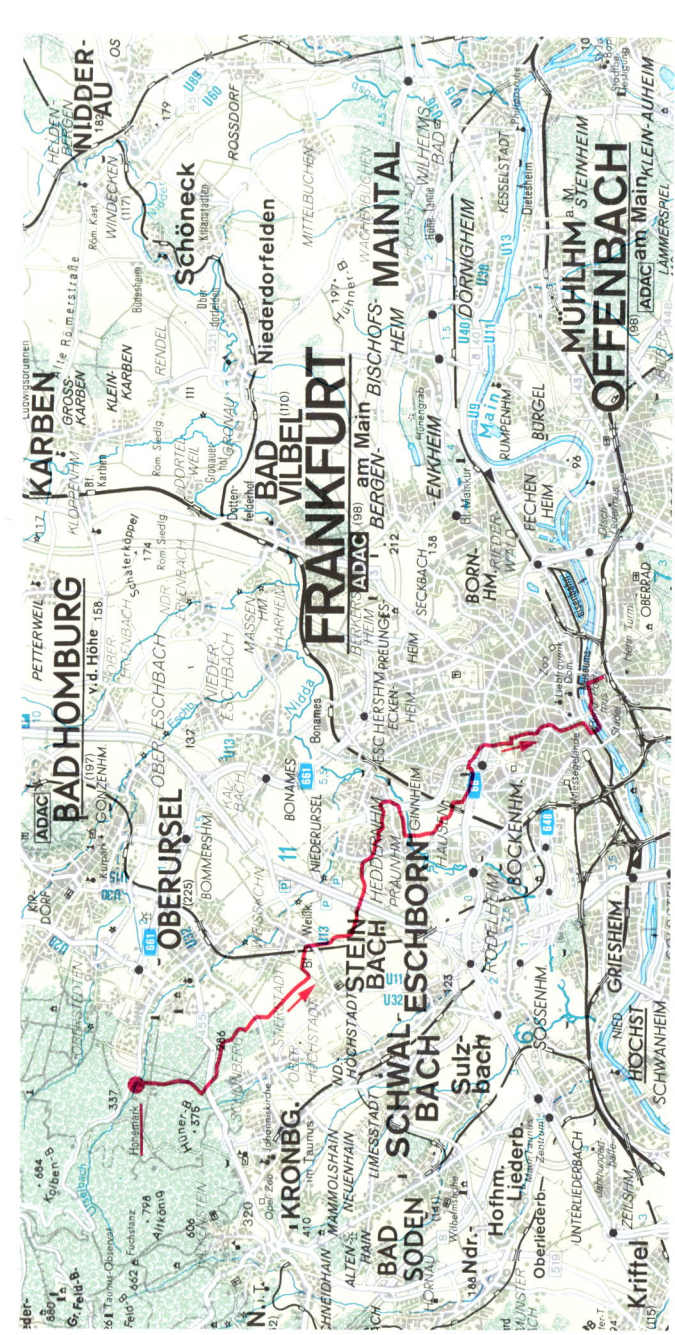

Bald gelangen wir an die *Nidda*, gehen unter der Schnellstraße hindurch und halten uns etwa 10 Minuten am Fluß entlang, bevor wir ihn überqueren und drüben durch den *Volkspark Niddatal*, ein ehemaliges Bundesgartenschaugelände, weiterwandern.

Vorbei an Sportplätzen, dann unter der Bahnlinie Frankfurt-Kassel hindurch, erreichen wir den Friedhof von *Bockenheim*. Nun rechts und bald links an der Autobahn A 66 entlang zur Kleingartenanlage *Feldbergblick*. Dahinter nach links zum Fernmeldeturm von Frankfurt. Wir überqueren eine weitere Schnellstraße und kommen in die *Miquelanlage*. Hinter dem Zaun befindet sich die *Deutsche Bundesbank*. Nun überqueren wir die *Miquelallee* und gelangen in den *Grüneburgpark*. Wir durchstreifen den Park und gehen am Ende durch die *August-Siebert-Straße*. Danach wenden wir uns links in die *Fürstenbergstraße* und schließlich in Höhe des *IG-Farben-Hauses* rechts in die Straße *Oberlindau*. Durch den *Rothschildpark* gelangen wir zum *Opernplatz* mit der *Alten Oper* und sind nun mitten im Stadtzentrum von *Frankfurt am Main* angekommen.

Der Wanderweg verläuft nun durch die *Taunusanlage*, – in früherer Zeit war hier die Stadtbefestigung –, über den *Willy-Brandt-Platz* mit dem *Schauspielhaus* bis hin zum *Main*. Am Ufer halten wir uns rechts, um über den *Holbeinsteg* auf die andere Flußseite nach *Sachsenhausen* zu gelangen. Hier liegt das bekannte *Museumsufer*. Besonders hervorgehoben seien *Kunsthistorisches*- und *Postmuseum*. Wir gehen unter der *Untermainbrücke* hindurch, überqueren den *Schaumainkai* und wandern zwischen dem *Museum* für *Völkerkunde* und dem *Museum* für *Kunsthandwerk* zur *Schifferstraße* und zum *Lokalbahnhof*, einer wichtigen Drehscheibe im Frankfurter Straßenbahnverkehr. Auf der *Darmstädter Landstraße* gelangen wir unter der Bahn hindurch zum *Wendelsplatz*.

Odenwald

8 *Frankfurt – Ober-Ramstadt – Felsberg – Reichenbach – Heidelberg/Ziegelhausen – Bretten – Pforzheim (198 km)*

8.1 Frankfurt (Sachsenhausen) – Dreieichenhain

Verkehrsmöglichkeiten Bahn- und S-Bahnverbindung.
Wegmarkierung Weißes Andreaskreuz.
Tourenlänge 17 km. **Wanderzeit** 4$^{1}/_{2}$ Stunden.
Höhenunterschiede Anstieg von Sachsenhausen (etwa 100 m) zur Straße bei Neuhof (etwa 170 m).
Gesamte Steigung: etwa 100 m.
Wanderkarten 1:50 000 Naturpark Hochtaunus-Süd, Nördlicher Odenwald (HLV und Odenwaldklub).
Gaststätten unterwegs Neu-Isenburg.
Übernachtung Dreieichenhain, Frankfurt.
Wissenswertes Frankfurt: Besiedlung des Domhügels seit mittlerer Bronzezeit, römische Bebauung, dann fränkisch, karolingisch: Karl der Große 794 in »Villa Franconovurd«, Ort von Reichstagen der späteren Kaiser und Könige, bereits im Mittelalter bedeutende Messestadt (Herbstmesse seit 1227), Reichsstadt bis 1806; Zentrum des Handels und der Großbanken, drittgrößter Flughafen Europas; Altstadt 1944 fast vollständig zerstört, einige Bauten wiederaufgerichtet: wie Rathausplatz auf dem Römerberg (»Römer«), Saalhof mit Kapelle, Goethehaus, Hauptwache (1729–30), Holzhausensche Oede (1727/28), Reste der Stadtbefestigung, Eschenheimer Torturm (15. Jh.), Rententurm (1456), Kuhhirtenturm (1490), Torhäuser des Affentors (1810/11), in der Umgebung zahlreiche Warten; bedeutende Zeugen moderner Architektur des 20. Jh., viele Denkmäler, etliche Gartenanlagen und Brunnen. Kirchliche Bauten: Dom: zwischen 840 und 847 von Ludwig dem Deutschen als Salvatorkirche gegründeter, karolingischer Bau bis 1269 umgebaut, ab 15. Jh. Dom genannt, noch mehrere Neubauten bis ins 19. Jh., reicher Portalschmuck, geschnitztes Chorgestühl (14. Jh.), Grablegung (15. Jh.), Schlaf-Altar (1434), Kreuzigungsgruppe von Backoffen (1509), Grabdenkmäler. Leonhardskirche (13.–16. Jh.): Tympanon im Westportal, Salvatortörlein mit »hängendem Gewölbe« (1508), Reste mittelalterlicher Glas- und Wandmalereien, Marienaltar aus Antwerpen (um 1500), Kreuzwegstationen (1927). Liebfrauenkirche (14.–16. Jh.):

Tympanonrelief, Rokokoausstattung. Paulskirche: 1789 begonnen, Ort der Nationalversammlung von 1848, Verleihungsstätte des Friedenspreises des Deutschen Buchhandels. Weitere sehenswerte Kirchen wie Nikolai-, Katharinen-, Deutschordens-, ehem. Dominikaner-, ehem. Karmeliterkirche.

Tourenbeschreibung Der Weg beginnt in *Sachsenhausen* am *Wendelsplatz*. Die Wegmarkierung befindet sich an der linken Mauerecke (Offenbacher Landstr./Hainerweg) sowie auf besonderer Tafel. Wir folgen dem *Hainerweg* in südlicher Richtung vorbei am Henningerturm (bekannt durch ein Radrennen), gehen an der Ostseite des *Südfriedhofs* vorbei und erreichen bald die *B 459*. Diese wird an einer Ampelanlage überquert. Dann treten wir in den ausgedehnten *Stadtwald* ein. Am *Kaisertannenweg* halten wir uns kurz rechts, um sofort wieder links weiterzugehen. An einem künstlichen See vorbei führt uns dann das Zeichen über eine Autobahnbrücke an den Stadtrand von *Neu-Isenburg*. Ein Fußweg läuft nun parallel der Autostraße nach links ins östlicher Richtung. Wir durchqueren eine breite Betonunterführung und biegen auf der Höhe der Autobahnmeisterei nach rechts in die *Dachsbornschneise* ein. Nach 1 km treffen wir auf die *Brandschneise*, der wir nach links über eine Autostraße hinweg bis zu ihrem Ende folgen. Jetzt halten wir uns etwa 200 Meter nach rechts, um dann links auf der *Gebückschneise* weiterzuwandern. Auf der *Holländerbornschneise* erreichen wir eine Waldstraße und gehen hier rechts weiter. Über die Autostraße südlich des *Neuhofes* hinweg kommen wir zu einer Senderanlage.

Kurz dahinter geht es links durch die Felder nach *Dreieichenhain*, einem Ort mit mittelalterlichem Gepräge. Wir treten durch das Stadttor ein und bleiben auf der Hauptstraße, bis wir einen mit drei Eichen bestandenen Platz erreichen.

8.2 Dreieichenhain – Ober-Ramstadt

Verkehrsmöglichkeiten Bahn-, S-Bahn- und Busverbindungen über Darmstadt. Wenn jemand die Gesamtetappe unterteilen möchte, bietet sich ihm die Möglichkeit, die S-Bahnstrecke zwischen Darmstadt und Dreieichenhain zu benutzen. Ein günstig gelegener Bahnhof befindet sich zum Beispiel in Wixhausen.
Wegmarkierung Weißes Andreaskreuz.
Tourenlänge 28 Kilometer. **Wanderzeit** 7$^1/_2$ bis 8 Stunden.
Höhenunterschiede Gering. Gesamte Steigung etwa 100 Meter.

Wanderkarten 1:50 000 Naturpark Hochtaunus-Süd, Nördlicher-Odenwald (HLV und Odenwaldklub).
Gaststätten unterwegs Merzen-Mühle, Kalkofen, Schloß Kranichstein, Oberwaldhaus, Darmstadt.
Übernachtung Ober-Ramstadt.

Tourenbeschreibung Unsere Wanderung beginnt heute im malerischen Ortszentrum von *Dreieichenhain* mit seinem sehenswertem Stadttor. Über *Fahrgasse* und *Waldstraße* verlassen wir die Ortschaft. Zunächst kommen wir auf einem Waldlehrpfad zur *Merzenmühle* (Gaststätte). Dahinter überqueren wir ohne Ampelanlage die zeitweise stark befahrene *B 468*. Dann gehen wir auf breitem Fahrweg geradeaus weiter. Vor der *A 661* schwenken wir links in die *Höllschneise* ein. Nach 800 Metern wenden wir uns rechts in die *Engelswoogschneise*, doch schon nach wenigen Metern nimmt uns halblinks ein Waldpfad auf, der vorbei am plätschernden *Ludwigsbrunnen* mit seinem köstlichen Trinkwasser zur *Speienhügelschneise* führt. Nun rechts auf der *Brandschneise* bis kurz vor die Autobahn und darauf links über offenes Feld bis zur Revierförsterei am ehemaligen Standort der *Krausbuche*. Jetzt verläuft der Weg weiter geradeaus über den *Hegbach* (Naturschutzgebiet) und den *Mörsbacher Grund*. Eine halbe Stunde später umrunden wir die *Dianaburg*. Vorher erblicken wir rechts am Wegrand die beiden mächtigen *Dragonereichen* in der Nähe der Einkehrstation *Kalkofen*.

Dann überschreiten wir die *Sülz*, um wenig später vorbei an ausgedehnten Gleisanlagen bis zu einem naturgeschützten Teich zu gelangen. Jetzt verläuft der Weg südlich zum eindrucksvollen Schloß *Kranichstein* (Gaststätte und Nobelherberge). Eine halbe Stunde später empfängt uns schließlich das stattliche *Oberwaldhaus* mit seinem Restaurant und den vielbesuchten Freizeiteinrichtungen (Busverbindung mit Darmstadt). Stets am Waldrand entlang führt uns die Wegmarkierung vorbei an drei sehenswerten Arbeiterhäusern von 1908 über eine Eisenbahnbrücke zum TH-Gelände mit *Botanischem Garten* und *Vivarium*.

Dann nimmt uns das reizvolle *Darmbachtal* auf und leitet uns zu einigen Teichen mit einer Fischzuchtanstalt. Bald darauf erblicken wir den Quellteich und die meist kräftig sprudelnde und von Bruchsteinen eingefasste *Darmbachquelle*. 500 Meter weiter biegen wir rechts in die *Eisernehandschneise* ein, die uns zum gleichnamigen idyllischen Forsthaus bringt. Nun wandern wir halbliks auf schmaler Waldstraße zum Wanderparkplatz »Kuhfalltor«. Stets geradeaus wandernd erreichen wir letztendlich unser Tagesziel *Ober-Ramstadt*.

8.3 Ober-Ramstadt – Reichenbach

Verkehrsmöglichkeiten Bahn- und Busverbindung Ober-Ramstadt – Darmstadt, Bahn Darmstadt-Bensberg, Bus Bensberg – Reichenbach.
Wegmarkierungen Weißes Andreaskreuz.
Tourenlänge 17 Kilometer. **Wanderzeit** 4½ Stunden.
Höhenunterschiede Anstieg von Ober-Ramstadt (217 m) über Frankenhausen (320 m) zum Felsberg (Ohlyturm, 514 m). Gesamte Steigung: 320 m.
Wanderkarten 1:50 000 Naturpark Bergstraße/Odenwald (Blatt Nordwest).
Gaststätten unterwegs Frankenhausen, Kuralpe, Felsberg.
Übernachtung Lautertal, Bensheim (Busverbindung mit Elmshausen).

Tourenbeschreibung Zunächst bringt uns die Hutzelstraße immer bergauf über den bewaldeten Gipfel des *Silberbergs* zum Waldrand.

Jetzt gehen wir im Freien rechts bis zum gegenüberliegenden Waldrand. Hier betreten wir erneut den Wald und halten uns links, bis wir auf einen Wirtschaftsweg treffen, der uns hinunter nach *Frankenhausen* leitet. Auf der Hauptstraße nur wenige Schritte nach links gehen. Dann gleich wieder die rechte Straße nehmen, bis wir nach links wieder in die *Hutzelstraße* einbiegen. Dieser folgen wir in südlicher Richtung am *Neutscher Hof* vorbei. Nun durch ein Waldstück und schließlich über eine Landstraße hinweg in einen Wald hochgehen. Am Gasthaus *Kuralpe* erreichen wir die Autostraße. Hier kurz nach links zum Naturparkplatz. Dann rechts auf ziemlich steilem Weg hoch zum *Felsberg* (501 m). Auf dem Gipfel steht der im Jahre 1901 von der Ortsgruppe Darmstadt erbaute 27 m hohe *Ohlyturm*, der jedoch zur Zeit nicht bestiegen werden kann. Am Gasthof vorbeigehen. Dann entweder zunächst nach rechts zum Ohlyturm oder gleich nach links (nicht geradeaus!) durch das *Felsenmeer*. Von dort wandern wir abwärts bis zur *Riesensäule*, einer schon von römischen Steinmetzen behauenen Steinsäule, die aber wegen ihres Gewichtes nicht abtransportiert werden konnte. Am Südhang des *Felsberges* zieht sich ein eindrucksvolles Naturdenkmal hinunter. Bei der Erstarrung des glutflüssigen Hornblendegranits entstanden

gewaltige Blöcke, von denen viele schon zur Römerzeit bearbeitet wurden.

Über Pfade und Steige beiderseits des wie ein steinerner Wasserfall anmutenden *Felsenmeeres* steigen wir bergab. Bei einem Kiosk verabschiedet sich der *Europäische Fernwanderweg E 8* nach rechts und führt nach Elmshausen, während wir abwärts zur *Siegfriedsquelle* am untern Ende des Felsenmeeres steigen. Am Gasthaus vorbei gelangen wir zu einem Naturparkplatz und rechts zum Sportplatz. Schließlich in den an der *Nibelungenstraße* gelegenen Ort *Reichenbach* der heute zur Gemeinde *Lautertal* gehört.

8.4 Reichenbach – Birkenau

Verkehrsmöglichkeiten Direkte Busverbindung ungünstig, besser Bus von Elmshausen nach Bensheim, dann Bahn nach Weinheim und zuletzt Bus oder Bahn nach Birkenau.
Wegmarkierungen Weißes Andreaskreuz.
Tourenlänge 23 Kilometer. **Wanderzeit** 6½ Stunden.
Höhenunterschiede Aufstieg von Elmshausen (179 m) zum Hohberg (etwa 310 m), Abstieg nach Gronau (184 m), Aufstieg zum Eselsberg (etwa 360 m), kurzer Anstieg zur Jägerrast (etwa 390 m), Abstieg zur Siegfriedstraße (etwa 280 m), leichter Anstieg zum Steigkopf (etwa 310 m) und Salzkopf (etwa 340 m), langgezogener Abstieg nach Birkenau (147 m).
Gesamte Steigung: etwa 500 m.
Wanderkarten 1:50 000 Naturpark Bergstraße/Odenwald (Blatt Nordwest und Blatt Südwest).
Gaststätten unterwegs Gronau, Ober-Hambach, Juhöhe, Nieder-Liebersbach.
Übernachtung Birkenau, Weinheim (Busverbindung).

Tourenbeschreibung Von der Ortsmitte gehen wir ein Stück auf der *Nibelungenstraße*, der *B 47*, in Richtung Bensheim, dann aber links und bergauf zum Wald. Oben kreuzen wir den Höhenweg von Bensheim nach Knoden und wenden uns dann hinab ins *Gronauer Tal*. Unten nicht rechts zum Bensheimer Stadtteil Gronau, sondern links zum *Naturparkplatz Märkerwald*.

Eine Weile schlängelt sich der Fahrweg im Wald bergauf. Dann halten wir uns rechts und steigen immer in der Nähe des Waldrandes aufwärts. Kurz vor der Höhe queren wir den Wan-

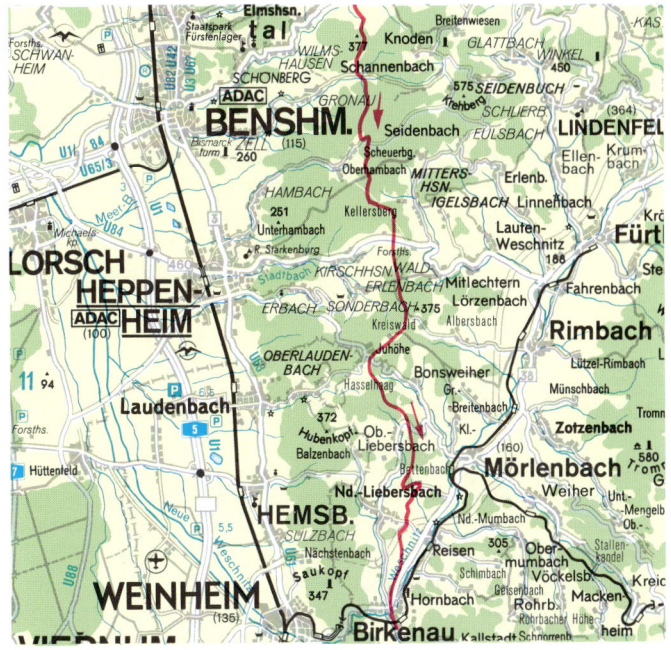

derweg von Bensheim nach Lindenfels und kommen dann zu einem Fahrweg, dem wir kurz nach links folgen. Doch schon wenige Meter weiter halten wir uns rechts und um den Talabschluß des Hambacher Tals herum zum *Naturparkplatz Goldbrunnen* oberhalb von Ober-Hambach. Ein Stück auf der Fahrstraße nach Schannenbach hinauf, dann aber gleich rechts gelangen wir auf einem Waldweg zur *Jägerrast*, einem Stern vieler Wanderwege.

Nach gut 300 Metern links auf einem schmaleren Weg weitergehen, der erst nach Osten, dann am Waldrand nach Süden (jetzt wieder breiter) um den *Silbergrubenkopf* herumläuft. Bald senkt sich die Waldstraße abwärts. Wir verlassen sie kurz hinter einer Rechtskurve, um links auf kaum sichtbarem Weg hinunter zur *B 460* zu wandern. Gegenüber gehen wir zur Parkstraße und nun rechts oberhalb des *Guldenklingerhofes* steil am Waldrand hoch am Steigkopf (etwa 310 m) vorbei bis zum Waldrand. Hier nach rechts über den Feldweg zum gegenüberliegenden Waldgebiet und mehr oder weniger südlich am *Salzkopf* (etwa 340 m) vorbei zu einem Wirtschaftsweg, der uns nach rechts zur *Juhöhe* leitet.

Wir überqueren die Hauptstraße in südlicher Richtung. Unter einer Hochspannungsleitung hindurch nähern wir uns den

»Großen Köpfen«. Am Waldrand zunächst etwas ansteigend. Dann rechts in den Wald hinein, wo sich die Straße bald senkt. Am Beginn der nächsten Rechtskurve wählen wir von zwei abzweigenden Wegen den, der am weitesten links verläuft. Er führt leicht bergab und stößt nach kurzer Zeit auf einen Weg, dem wir nach links folgen. 4 Kilometer ständig auf dem Bergrücken wandernd umgehen wir schließlich Nieder-Liebersbach.

Wir kreuzen die neuerbaute Umgehungsstraße der B 38 und wandern über den Höhenweg bis *Birkenau*, wo wir schließlich über einige Treppenstufen in die Ortschaft hinabsteigen.

8.5 Birkenau – Ziegelhausen

Verkehrsmöglichkeiten Busverbindung zwischen Birkenau und Weinheim, Straßenbahnverbindung zwischen Weinheim und Heidelberg (Oberrheinische Bahn), Busverbindung zwischen Heidelberg, Schlierbach und Ziegelhausen, Bahnverbindung zwischen Schlierbach und Heidelberg.
Wegmarkierungen Weißes Andreaskreuz.
Tourenlänge 22 Kilometer.
Wanderzeit 6 Stunden.
Höhenunterschiede Streckenweise steiler Aufstieg von Birkenau (147 m) bis oberhalb von Buchklingen (389 m), Abstieg nach Unterflockenbach (192 m), manchmal steiler Aufstieg über Steinklingen (310 m) zum Eichelberg (etwa 470 m), Abstieg über Wilhelmsfeld (386 m) nach Ziegelhausen (113 m).
Gesamte Steigung: etwa 550 m.
Wanderkarten 1:50 000 Naturpark Bergstraße/Odenwald (Blatt Südwest).
Gaststätten unterwegs Buchklingen, Unterflockenbach, Kohlhof (etwas abseits), Wilhelmsfeld.
Übernachtung Heidelberg (Busverbindung mit Ziegelhausen).
Wissenswertes Birkenau: ev. Kirche (1818): klassizist. Bau von Georg Moller. Fachwerkrathaus (1552), gehört zu den ältesten Südhessens. Schloß: 1765–68 von Leonh. Stahl im reinen Barockstil für die Freiherren Wamboldt v. Umstadt erbaut, Beispiel einer Residenz des Odenwald-Adels.

Tourenbeschreibung Gegenüber vom Schloß *Birkenau* biegen wir an einer kleinen Kirche in die *Brückenstraße* ein, überschreiten die *Weschnitz* und kommen am *Rathaus* von 1552 mit

Pranger vorbei. Wir überqueren eine Bahnlinie und wandern zunächst auf einer Straße leicht bergabwärts. Dann rechts über einen kleinen Bach hinüber und an einer kleinen Fabrik vorüber durch Wohngebiet. Anschließend steigen wir auf einem Hohlweg durch Obstgärten stetig bergan. Kurz darauf nimmt uns schattiger Laubwald auf. Bald geht es nicht mehr ganz so steil auf breitem Forstweg rechts über einen Bach. An einer Rastbank biegen wir links in einen Waldweg ein. Ein scharfer Rechtsknick läßt uns endgültig die Höhe gewinnen. Hier oben vereinigt sich unsere Route mit dem von Weinheim kommenden, durch ein weißes Rechteck erkennbaren Wanderweg. Der etwas eingesenkte, breite Weg führt uns nach links auf den Höhenrücken. Stets geradeaus steigen wir zuletzt recht steil zur Höhe (389 m) empor. Im Rechtsbogen wandern wir an einem Wegkreuz und einem kleinen Friedhof vorbei zum Ortsrand von *Buchklingen*.

Hier auf der Straße *Am Steinkopf* kurz nach rechts und an einer Telefonzelle sofort wieder scharf links. Der breite Weg senkt sich stetig zwischen Misch- und Nadelwald bergabwärts. An einer Eisenbarriere geht es rechts nach *Unterflockenbach* hinunter, wo wir der Hauptstraße nach rechts folgen.

Nun nach links auf der Straße in Richtung *Oberflockenbach*. Bevor wir den *Gängelbach* überqueren, steigen wir auf breitem Fahrweg schräg links bergauf. Wenige 100 Meter weiter zweigt halbrechts ein schmaler Weg bergabwärts. Über Wiesen laufen wir nun am Waldrand entlang. Anschließend hinter einem Bächlein steil bergaufwärts an einem Weidezaun entlang. Hinter einem Gehöft bringt uns auf der Höhe eine Asphaltstraße rechts nach *Steinklingen*. An einer Rechtskurve biegen wir links in die Ortsstraße ein. Am Waldrand entscheiden wir uns für den rechten Weg und gelangen bald zum *Georg-Sauer-Pavillon*. Nun links auf einer Forststraße hinauf. Ringsumher liegen dicke Felsbrocken verstreut. Nur noch leicht ansteigend folgen wir an einer Kreuzung dem Wegweiser in Richtung *Lampenhain*. Die Forststraße zieht sich durch die steile Nordostflanke des *Eichelberges* (525 m).

Schließlich senkt sich der Weg etwas abwärts und geht an einem Wegweiserstein in eine Asphaltstraße über, der wir geradeaus folgen. Vor einem Waldstück halten wir uns rechts am Waldrand empor. An einer Feldecke gehen wir links in den Wald hinein und gelangen auf der anderen Seite auf einem Pfädchen zum Naturfreundehaus *Kohlhof*. Indem wir uns links durch den Wald halten, erreichen wir bald *Wilhelmsfeld*. Dort laufen wir auf dem *Kohlhofweg* zur *Altenbacher Straße* und zum *Schriesheimer Hof*. Hier über eine Kreuzung und durch die alte *Heidelberger Straße* zum Waldrand. Nun links zu einem Parkplatz und dort rechtshaltend in den Wald. Auf dem *Schriesheimer Kopfweg* steigen wir bergab. Bald verlassen wir den guten Weg nach links und wandern auf einem Waldweg weiter. Ein kurzes Stück begleitet uns das »gelbe Andreaskreuz«. Dann führt uns ein Fußweg hinauf zur *Grillhütte Geigersheide*. Jetzt marschieren wir auf dem ebenen *Geigerheidesattelweg* weiter und kommen nach etwa 20 Minuten zur *Sitzbuche* mit ihrer Schutzhütte.

Hier wenden wir uns rechts und steigen nach dem *Peterstaler Sportplatz* rechts einen steilen Fußweg hinab. Beim zweiten Querweg halten wir uns links und gelangen bald darauf zu einer Fahrstraße, die wir aber bald wieder verlassen. Denn wir wandern an der Kehre geradeaus weiter an *Peterstal* vorbei. Wenn wir den Waldrand zum zweitenmal erreichen, steigen wir nach rechts durch Schrebergärten nach *Ziegelhausen* hinab. Von dort besteht Busverbindung mit *Heidelberg* (Linie 33).

8.6 Ziegelhausen – Rauenberg

Verkehrsmöglichkeiten Ungünstig. Rucksacktour.
Wegmarkierungen Weißes Andreaskreuz.
Tourenlänge 25 Kilometer.
Wanderzeit 6½ Stunden.
Höhenunterschiede Steiler Aufstieg von Schlierbach (110 m) zum Auerhahnenkopf (442 m), langgezogener Abstieg zum Leimbach (144 m), steilerer Aufstieg zum Wallenberg (252 m), Abstieg nach Mühlhausen (144 m). Gesamte Steigung: etwa 520 m.
Wanderkarten 1:50 000 Naturpark Bergstraße – Odenwald (Blatt Südwest).
Gaststätten unterwegs Gaiberg, Gauangelloch (etwas abseits).
Übernachtung Rauenberg.
Wissenswertes Heidelberg: Gegend bereits von Kelten besiedelt (Ringwälle auf dem Heiligenberg), Reste römischer Bauten im Stadtteil Neuenheim, 1196 erstes Mal erkundlich erwähnt, 1225 wird Herzog Ludwig von Bayern als Pfalzgraf Lehnsherr von Burg und Marktflecken, 1386 Universitätsgründung, 1693 Zerstörung von Schloß und Stadt durch Ludwig XIV. 1802 an Baden, 1806 Neugründung der Universität durch Großherzog Karl. Dichter und Maler schufen im 19. Jh. den Ruf der Romantik in Heidelberg. Sehenswert: Heiliggeistkirche (14.–15. Jh.) mit barocker Turmhaube, von 1705 bis 1936 trennt eine Mauer den kath. Chorraum vom protestant. Langhaus. Rathaus: Mittelbau (1701–03), Flügel (1886), mit Glockenspiel. Schloß: ältester Teil: Ruprechtsbau (gotisch mit Elementen der Frührenaissance), Restbauten aus der Renaissance nur teilweise erhalten: Gläserner Saalbau Friedrichs II. (1546), hinter Apothekerturm (Apothekenmuseum) liegt Ottheinrichsbau (1556–59): Fassade mit allegorischem Schmuck verziert, gegenüber Friedrichsbau (1601–07): Völlig wiederhergestellt, Englischer Bau von Friedrich V., Faßbau (1583–92) mit »Großem Faß« für den Weinzehnten. Alte Universität (1712–13) von Breuning entworfen, dekoratives Portal. Neue Universität (1931): Stiftung des Amerikaners Schurman, nach Plänen von K. Gruber errichtet, im Hof Hexenturm (13. Jh.).

Tourenbeschreibung Sobald wir in *Ziegelhausen* die *Neckarbrücke* passiert haben, befinden wir uns in *Schlierbach*. Wir folgen der blauen Scheibe und dem weißen Andreaskreuz, gehen neben dem Bahnhof über den Bahnübergang und dann ein kurzes Stück rechts hoch über die Straße *Am Schlierbachhang*. Gleich darauf

biegen wir links in den *Zechnerweg* ein, der vom Waldrand an als *Forstwartweg* emporläuft. Über einige Spitzkehren bringt uns ein schmaler Pfad an einer Hütte vorbei steil hoch zur Westseite des *Auerhahnenkopfs* (489 m). An einer Schutzhütte mit einem Brunnen wählen wir zunächst links den *Drachenhöhlenweg*, um nach etwa 200 Metern rechts den Erlenbrunnenweg einzuschlagen. Am gleichnamigen Brunnen vorbei führt der Weg über felsbrockenübersätes Gelände zur *Kraussteinhütte*. Von hier aus geht es halbrechts hinunter zur Autostraße. Ihr folgen wir nach links. Doch bereits nach der nächsten Linkskurve bringt uns rechts der *Lochwiesenweg* weiter. Wir berühren den Ostrand der Lichtung des *Kohlhofes* und steigen über einen Waldweg erst zum *Zwerrenberg* empor und dann zur *Stefanshütte* hinab. Schräg rechts und bald links führt uns der Weg am *Bärenbrunnen* vorbei nach *Gaiberg*.

Wir durchschreiten den Ort in seiner ganzen Länge. Dabei entscheiden wir uns vor der Kirche für die nach rechts abzweigende Straße. Nach 300 Metern in Höhe einer weiteren Kirche läuft ein Weg links durch die Obstgärten nach Süden. Kurz vor dem Waldrand 50 Meter nach links. Dann wandern wir rechts einige hundert Meter auf einem Waldweg weiter bis wir einen breiten Weg erreichen, der uns an *Gauangelloch* vorbei südöstlich auf eine Höhe (237 m) mit einem alten Votivstein steigen läßt. Zunächst bergab, dann über eine Straße hinweg geht es wieder bergauf über einen festen Wirtschaftsweg durch kahles Ackergelände. An einem Umspannmast wenden wir uns nach rechts zu einem Gehöft hinab. Hier halten wir uns links hoch zur Autostraße. Nur wenige Meter gehen wir nach links, um sogleich rechts einen Weg zu wählen, der etwa 900 Meter nach Süden am Rande des *Eichwalds* entlangläuft. Dann wandern wir schräg rechts über einen schmaleren Weg durch das Gehölz zum südlichen Waldsaum. Südwestlich geht es nun über das Feld auf einige Stromleitungen zu. Da der geradeaus weiterlaufende Weg wegen landwirtschaftlicher Nutzung nicht immer vorhanden ist, empfiehlt es sich manchmal, die asphaltierte Straße rechts zu einem Hof hinunterzugehen. Hier steigen wir links zu einem breiteren Wirtschaftsweg hoch. Zunächst am Waldrand, dann durch den Wald wandern wir weiter nach Süden. Zunächst am Waldrand, dann durch den Wald wandern wir weiter noch Süden. Später auf dem Feld geradeaus über einen Höhenrücken, dann links hinab zum südlichen Ortsrand von *Unterhof*. Nun halten wir uns rechts und überschreiten eine Autostraße und den *Leimbach*. Bald darauf streben wir rechts durch das Feld auf den Waldrand zu und steigen zu einem breiten Waldweg empor. Dieser bringt uns durch eine Autobahnunterführung nach einigen Windungen zum Höhenweg des *Wallenberges* (252 m) hinauf. Durch die Aussiedlung *Windhof* erreichen wir eine Straße, queren sie und kommen hinab nach *Rauenberg*.

8.7 Rauenberg – Odenheim

Verkehrsmöglichkeiten Ungünstig.
Wegmarkierung Weißes Andreaskreuz.
Tourenlänge 16 Kilometer.   **Wanderzeit** 4$^1/_2$ Stunden.
Höhenunterschiede Anstieg von Ostringen (163 m) zu Hohe Straße (243 m). Gesamte Steigung etwa 200 m.
Wanderkarte 1:50 000 SV-Karte Blatt 29 (Naturpark Stromberg-Heuchelberg).
Gaststätten unterwegs Östringen.
Übernachtung Östringen, Bad Schönborn.

Tourenbeschreibung In *Rauenberg* nehmen uns zunächst verwinkelte Fußwege auf. Dann heißt es links entlang des *Waldangelbaches* nach *Rotenberg* und *Mühlhausen* zu gelangen.

Hier wechseln wir auf den als Fußweg hergerichteten Bahndamm und kommen über *Hammelsgraben* und *Krummbach* in die Ortsmitte von *Östringen*. In der Folge führt uns der Weg über den *Hummelberg* (240 m) zur *Hohe Straße* (256 m). Hier wandern wir 500 Meter nach links weiter, bis wir nach rechts abbiegen, um hinunter zum *Siegfriedsbrunnen* und abschließend nach *Odenheim* zu gelangen.

8.8 Odenheim – Bretten

Verkehrsmöglichkeiten Bahnverbindung über Bruchsal, Bahnverbindung von Gochsheim und Münzesheim mit Karlsruhe.
Wegmarkierung Weißes Andreaskreuz.
Tourenlänge 25 Kilometer.   **Wanderzeit** 6$^1/_2$ Stunden.
Höhenunterschiede Unerheblich.
Gesamte Steigung etwa 300 m.
Wanderkarten 1:50 000 SV-Karte: Blatt 29 (Naturpark Stromberg-Heuchelberg).
Gaststätten unterwegs Münzesheim (abseits), Gochsheim.
Übernachtung Bretten.

Tourenbeschreibung Vom Bahnhof *Odenheim,* dem Endpunkt der *Katzbachtalbahn* von Bruchsal wandern wir zunächst in östlicher Richtung auf dem als Fußweg hergerichteten ehemaligen Bahndamm der Bahnlinie nach Hilsbach durch den Ort. Bei der dritten Querstraße verlassen wir ihn nach rechts und gehen auf der Straße in Richtung Neuenbürg ortsauswärts. Oben auf der Höhe wenden wir uns nach links und halten uns bei einem Modellflugplatz zunächst rechts, dann aber links zum Wald hinab. Im Talgrund erneut links steigt der Forstweg wiederum an und bringt uns an einer kleinen Hütte vorbei geradewegs hinaus in das *Neuenbürger Rebgelände.* Nun kurz an den Reben entlang, dann streben wir links über das Feld auf ein steinernes Kreuz zu und gelangen im Wald zum Grillplatz *Hühnerbüschle.*

Durch den *Dörnleswald,* einen Weinberg und ein weiteres kleines Waldstück erreichen wir nach einiger Zeit die *Münzesheimer OWK-Hütte,* die mit ihrer schönen Aussicht, ihrem großen Wiesengelände und dem gut erhaltenen Kreuzstein mit Sichel der Ortsgruppe des *Odenwaldklubs* gehört (sonntags bewirtschaftet).

Wir wandern jetzt links am Waldrand entlang. Bald kreuzen wir das Sträßchen von Neuenbürg nach Münzesheim und steigen

jenseits wieder an. Oberhalb des Ortes laufen wir am Hang entlang bis zum Gelände der Fachklinik, vor dem wir rechts abwärtsgehen. Unten links, dann beim Sportplatz rechts und zur Landstraße, auf der es wenige Schritte nach rechts weitergeht. Wir überqueren die Gleise der *Kraichtalbahn*, gehen dahinter links und am Haltepunkt *Münzesheim-Ost* vorbei. Unser Wanderweg führt nun entlang der Bahn bis nach *Gochsheim*. Über die *Münzesheimer Straße* kommen wir in das Industriegebiet von *Gochsheim*. Bei einem Telefonhäuschen biegt unser Weg nach links. Schon nach wenigen Metern lenkt uns ein Grasweg bei einer alten Mühle nach rechts und verläuft kurz am *Kraichbach* entlang. An der Raiffeisenbank vorbei wandern wir nun auf der nördlichen Außenseite des auf einem vom *Kraichbach* umflossenen Bergsporn gelegenen kleinen Landstädtchens *Gochsheim*. Es gab übrigens dem durch die Gemeindereform entstandenen *Kraichtal* seine Stadtrechte.

Beim *Zuckerbäckermusem* und dem daneben befindlichen *Bäckereimuseum* erreichen wir die Altstadt, gehen links zur Hauptstraße, auf der wir nach rechts weiter in den alten Stadtkern gelangen. Hier gehen wir an der Kirche und dem Rathaus vorbei, zwischen denen sich der Durchgang zum versteckt dahinter gelegenen Schloß befindet. Bald führt ein verborgenes Treppchen nach links hinab. Unten rechts zu einer Kreuzung und dort geradewegs aus dem Ort hinaus bis zu einem Sportplatz und dann links auf die Höhe. Bei einem Kleingarten wenden wir uns nun nach rechts und kommen in den Wald, wo wir an einer kleinen Schutzhütte nach rechts gehen. Bald darauf schickt uns die Markierung noch links. Am Waldrand wandern wir nach einer Wegschranke zunächst links unter einer Brücke hindurch, dann zweimal rechts und über eine Brücke, auf der wir die IC-Strecke Mannheim – Stuttgart überqueren können.

Drüben senkt sich der Weg nach rechts bergabwärts. Unten kurz rechts, dann führt unser Wanderweg an der tiefsten Stelle bei einem Naturschutzgebiet nach links über einen Betonweg wieder bergauf. Nach einer Weile nehmen wir den Schotterweg nach links und gelangen über die Höhe zu einem Bildstock und einer Bank. Hier bietet sich ein schöner Rundblick bis zum Stromberg und zur Ravensburg. Davor beherrscht die Brücke der Bundesbahn-Schnellfahrstrecke das Bild. Blicken wir nach rechts, können wir weit in den Kraichgau schauen.

Unser Wanderweg verläuft nun nach rechts und verliert ständig an Höhe. Durch einen Hohlweg schwenken wir dann nach links und erreichen den Ort *Büchig*, der bereits zur *Großen Kreisstadt Bretten* gehört. Wir wenden uns links in die *Hügellandstraße* und

gehen am Rathaus vorbei. Dann verläuft der Wanderweg rechts in die *Pfarrer-Kempf-Straße*. Vorbei an einer lustig gestalteten Brunnenanlage und der Kirche verlassen wir bald wieder den Ort. Auf einem Betonweg gelangen wir zu einem Kapellchen, gehen dort links und kommen hinter einer Senderanlage zum Waldrand.

Der *Büchigweg*, auf dem wir uns augenblicklich befinden, führt bald ganz in den Wald und geht in den *Neibsheimer Weg* über, der uns zur Wegspinne *Vier Sitzbänke* bringt. Wir wandern geradeaus aus dem Wald heraus. Bevor es aber bergab und unter der Bundesstraße hindurch in die Stadt geht, führt unser Wanderweg nach rechts und über den Höhenrücken auf das vor uns liegende *Diedelsheim* zu. Bei einem Tennisplatz halten wir uns links, überqueren die Umgehungsstraße und steigen nun eine Treppe hinab. Dann geht es wenige Meter nach links und schließlich rechts die *Brucknerstraße* hinunter. Danach kommen wir zum Bahnhof von *Bretten*. Von hier aus kann man in östlicher Richtung in etwa 10 Minuten das malerische Zentrum der *Melanchtonstadt* erreichen.

8.9 Bretten – Pforzheim

Verkehrsmöglichkeiten Bus- und Bahnverbindung.
Wegmarkierung Weißes Andreaskreuz.
Tourenlänge 23 Kilometer.
Wanderzeit 6 1/2 Stunden.
Höhenunterschiede Von Bretten (176 m) leichter Anstieg (etwa 260 m) bis zur Höhe oberhalb von Stein (etwa 300 m), abwärts nach Stein (200 m), bergauf zur Höhe oberhalb von Ersingen (etwa 325 m), leicht bergab nach Ispringen (275 m), wenig Steigung über die Höhe (310 m) bis Pforzheim (273 m).
Gesamte Steigung: etwa 400 m.
Wanderkarten 1:50 000 SV-Karte: Blatt 1 (Karlsruhe/Pforzheim), Blatt 29 (Naturpark Stromberg-Heuchelberg).
Gaststätten unterwegs Stein, Ispringen.
Übernachtung Pforzheim.

Tourenbeschreibung Vom Bahnhof wenden wir uns in die westliche Richtung zwischen ein Industriegebiet und der Bahnanlage. Bald geht es abwärts unter der Bahn hindurch. Anschließend führt unser Wanderweg über den *Saalbach* nach rechts in den Ort *Rinklingen*, den wir der Länge nach durchqueren. Links in die *Sprantaler Straße* und vorbei am Wasserbehälter verlassen wir den

Ort. Bis hierher hat uns das weiße Dreieck des *Turmbergwegs* begleitet. Jetzt verabschiedet es sich nach rechts. Bei der nächsten Weggabelung halten wir uns rechts und gehen an einem Umspannwerk vorbei in den Wald.

Am Waldrand befinden sich ein Parkplatz und eine Grillhütte. Jetzt streben wir geradewegs in den Wald und folgen dabei nun über eine Stunde lang bis zum Waldende der *blauen 3* des *Rinklinger Wanderpfades*. Beide Markierungen führen uns zunächst ansteigend durch den *Langen Wald*. Bei der nächsten Verzweigung müssen wir uns links halten. Nachdem wir nun eine Weile durch abwechslungsreiche Mischwaldgebiete gewandert sind, geht es nochmals kurz bergauf. Oben beschreibt unser Weg eine Linkskurve und senkt sich sogleich bergabwärts. Alsbald gewahren wir am Rand einen schönen Grenzstein, einen *Dreimärker*, an dem die Gemarkungen von Wössingen, Bretten und Rinklingen aufeinandertreffen.

Bei der nächsten Kreuzung halten wir uns nun geradeaus. Gleich darauf erblicken wir einen weiteren *Dreimärkerstein*. Nach wenigen Minuten kreuzen wir die Straße von Stein nach Bretten. Übrigens bewegen wir uns hier genau auf der Kreisgrenze zwischen Enzkreis und dem Landkreis Karlsruhe. Noch etwa eine Viertelstunde langsam bergauf. Dann müssen wir an einem weiteren bemerkenswerten *Dreimärkerstein* aus dem Jahr 1751, wo Stein, Nußbaum und Sprantal aneinandergrenzen, nach rechts und gelangen noch weiter ansteigend nach einer Weile an den Waldrand, wo sich die *blaue 3* endgültig von uns verabschiedet, während wir auf einem geteerten Weg geradeaus durch die Feldflur marschieren.

Von hier aus genießen wir die herrliche Aussicht auf das Panorama des Schwarzwaldrandes. In der Ferne erkennt man sogar die Hornisgrinde und im Westen können wir mit etwas Glück hinter den Kraichgauhügeln die Schornsteine des Karlsruher Rheinhafenkraftwerks und vielleicht sogar die blaue Silhouette der Pfälzer Berge ausmachen.

Nun gehen wir auf dem langsam an Höhe verlierenden Weg auf das im Tal vor uns liegende *Stein* zu. Beim Aussiedlerhof wenden wir uns nach links auf den Weg, welcher auf der Höhe bleibt. Wenn der geteerte Weg wieder beginnt, geht es zunächst geradeaus. Dann bergab und schließlich über eine Treppe hinab in den Ort. Hier empfängt uns der sehenswerte Marktplatz mit dem malerischen Fachwerkrathaus und dem Pranger.

Nun auf der anderen Seite der Durchgangsstraße geradeaus in die *Bachgasse*, bald zwischen Kleingärten hindurch und anschließend links zur *Bilfinger Straße*. 300 Meter weiter weist uns die Markierung links zum Wasserwerk am Beginn des *Gengenbachtals*. Ein Schotterweg führt uns am Waldrand entlang in ein idyllisches Wiesental. Jetzt hinter einem Wasserbehälter nach rechts in den Wald hinauf. Über einen Waldlehrpfad kreuzen wir eine halbe Stunde später den Weg zwischen Eisingen und Ersingen. Am Waldrand überschreiten wir den *Gengenbach* und halten uns rechts. Nun steigen wir durch einen kleinen Hohlweg am Rastplatz der ehemaligen *Gengenbachhütte* vorbei noch etwas bergauf. Schließlich erreichen wir ein weißes Holzkreuz oberhalb von *Ersingen*. Wer die Wanderung hier abbrechen möchte, kann ohne Markierung geradeaus weitergehen und erreicht in etwa 20 Minuten den Bahnhof des Ortes im *Kämpfelbachtal*.

Der Wanderweg bringt uns noch etwas aufwärts an einem Wasserbehälter vorbei über die Hochfläche zum Wald. Durch diesen hindurch gelangen wir nach *Ispringen*. Wir wandern durch das Neubaugebiet am *Sommerrain* zur *Eisinger Straße*, schließlich durch die *Kelterstraße* in den alten Ortskern. Die schmale Hauptstraße wurde in den letzten Jahren sehenswert umgestaltet. Vorbei an Kirche und Rathaus weisen uns die Zeichen zur Bahnlinie die wir fast am Bahnhof erreichen.

Der schönste Teil der Strecke ist hier zu Ende. Der Wanderweg jedoch verläuft weiter entlang der Bahn, dann unter der neuen *Kämpfelbachbrücke* der Autobahn *A 8/E 52* (Karlsruhe – Stuttgart) hindurch bergauf zum Hauptfriedhof von *Pforzheim*. Nun über die Ampel und erst der Hauptstraße folgen. Dann geht es rechts über die *Ispringer Staffel* hinab. Uns rechtshaltend befinden wir uns bald wieder neben der Bahnlinie und gelangen nach 10 Minuten durch eine Bahnunterführung zum Hauptbahnhof der badischen Goldstadt. Hier enden die Markierungen des Odenwaldklubs.

Schwarzwald

9 *Pforzheim – Badener Höhe – Hornisgrinde – Mummelsee – Wildsee – Schliffkopf – Alexanderschanze – Hausach – Brend – Titisee – Feldberg – Schluchsee – Hochfirst – Wutachschlucht – Hegauberge – Singen am Hohentwiel – Bodanrück – Konstanz am Bodensee (346 km)*

9.1 Pforzheim – Dobel

Verkehrsmöglichkeiten Busverbindung zwischen Dobel und Höfen. Bahnverbindung zwischen Höfen und Pforzheim. Bus Dobel – Pforzheim.
Wegmarkierungen Rote Raute auf weißem Grund (Westweg) (im Gebiet des Schwarzwaldvereins in der Natur nur Hinweistafeln auf den Europäischen Fernwanderweg E 1 an wichtigen Schnittpunkten).
Tourenlänge 25 Kilometer. **Wanderzeit** 6½ bis 7 Stunden.
Höhenunterschiede Anstieg von Pforzheim (Kupferhammer, 252 m) nach Sonnenberg (340 m), abwärts ins Enztal (280 m), Aufstieg über Birkenfeld (352 m) zum Bergwald (459 m), bergab auf 416 m, aufwärts zum Kopf (461 m), anfangs ständiger Anstieg von Schwann (424 m) zum Dreimarkstein (678 m) und Dobel (689 m). Gesamte Steigung: etwa 600 m.
Wanderkarten 1:50 000 LVA Baden-Württemberg Bl. 1 oder RV 11690 Pforzheim/Enzkreis oder SV-Karte: Blatt 1 (Karlsruhe/Pforzheim).
Gaststätten unterwegs Dill-Weißenstein, Birkenfeld, Wilhelmshöhe, Schwann.
Übernachtung Dobel.
Wissenswertes Pforzheim: Den Ursprung bildet die römische Siedlung »Portus« nahe des Zusammenflusses von Enz, Nagold und Würm. Reihengräberfunde der Alemannen (6. und 7. Jh.), im 11. Jh. als »Phorzheim« genannt, Kaiserpfalz unter Heinrich IV., 1257 Erwähnung »einer alten Stadt«, seit 13. Jh. badischer Markgrafensitz, im 17. Jh. arg zerstört, Altstadt im 19. Jh. mit Neustadt verbunden, 1945 wiederum zerstört, moderner Wiederaufbau. Sehenswert: Altstädter Pfarrkirche St. Martin: westl. Turmportal Rest einer Basilika aus dem 12. Jh., got. Chor mit Wandmalereien (um 1340). Ev. Matthäuskirche (1953 von Egon

Eiermann erbaut). Schloß- und Stiftskirche St. Michael mit roman. Westwerk mit Rundbogenportal und quadratischer Vorhalle aus dem 13. Jh., got. Stiftschor (15. Jh.) und zahlreichen Grabdenkmälern der Markgrafen, Reuchlingshaus 1957–1961 von M. Lehmbruck erbaut, mit Schmuckmuseum.

Tourenbeschreibung Obwohl der *Westweg*, dem unser Europaweg ab *Pforzheim* folgt, eigentlich erst am *Kupferhammer* am Südrand der Stadt beginnt, hat die Stadt Pforzheim einen Zubringer durch die Stadt markiert

Zunächst wandern wir vom Bahnhof durch eine Fußgängerunterführung in das nach den Zerstörungen des 2. Weltkriegs vorbildlich wiederaufgebaute Stadtzentrum mit dem Rathaus. Dort gelangen wir auf die *Gernikabrücke*, die uns gefahrlos eine stark befahrene Hauptstraße überqueren läßt. Hier müssen wir bei der Markierung aufpassen, um nicht unter der Brücke hindurchzugehen. Drüben erreichen wir über zwei Plätze beim Theater an der Stadtkirche vorbei das *Nagoldufer*, an dem wir ein Stück entlangwandern, um über die Kallhardtbrücke auf die B 463 zu stoßen. Dieser folgen wir nach rechts, überqueren die *Kupferhammerbrücke* und kommen schließlich zur gleichnamigen Gaststätte an der Mündung der *Würm* in die *Nagold*.

Hier haben die drei bekannten Höhenwege des Schwarzwaldvereins, *Ost-, Mittel-* und *Westweg,* ihren offiziellen Ausgangspunkt. Für uns gilt nun die rote Raute des Westwegs als Leitschnur.

Vor der Orientierungstafel überqueren wir die *B 463* und schlagen links den *Habermehlpfad* ein, der uns westlich am Nagoldufer entlangführt. Nach etwa 1 Kilometer schreiten wir rechts über eine Steinbrücke, um unter einigen großen Eichen links weiterzugehen. Bald steigt der Weg an und überquert die Eisenbahnlinie. Jetzt leitet uns rechter Hand ein Fußweg links bis in die Nähe der Kirche nach *Sonnenberg* empor. Nun etwa 200 Meter nach rechts *(Auf der Rotplatte)*. Dann links hoch *(Schultheiß-Trautz-Straße)* und schließlich links an der Haltestelle der Buslinie 9 vorbei. Gleich darauf durch einen Fußgängertunnel zum *Sonnenberg*-Parkplatz.

Von hier aus durch den Wald auf einem anfangs geteerten Weg in etwa 1,5 Kilometern hinunter ins *Enztal* bei *Birkenfeld*. Nachdem eine Fußgängerbrücke überschritten wurde, wenden wir uns nach links und gehen einige hundert Meter zwischen Bahn und Fluß weiter. Dann übersteigen wir die Bahn auf einem hohen Fußgängerübergang, überqueren die *B 294* und mühen uns auf steil ansteigendem Fahrweg nach *Birkenfeld* hoch.

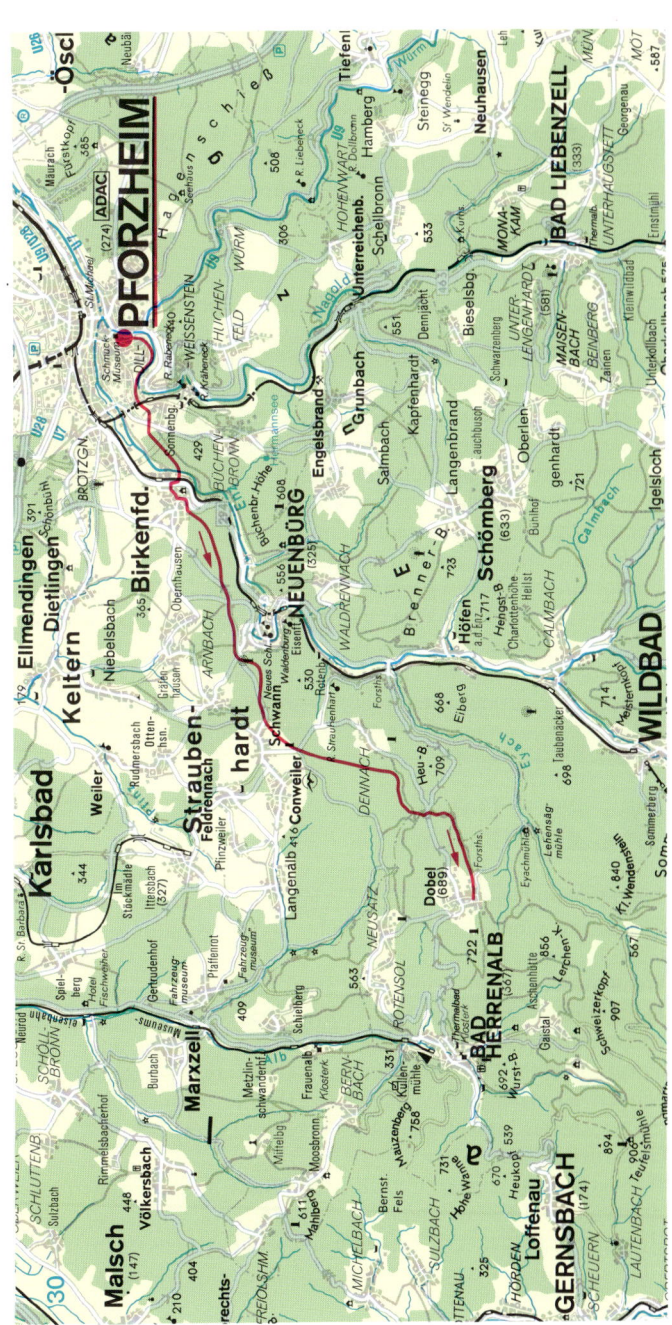

Oben auf der anderen Straßenseite betreten wir über eine Treppe den *Friedhofweg*, der uns zum Waldfriedhof emporbringt. Hier halten wir uns links, um nach weiterem kurzen Anstieg durch den *Bergwald* (459 m) auf einem breiten Waldweg nach etwa 3,5 Kilometern zu einer Kreuzung verschiedener Straßen hinab zu gelangen (416 m). Kurz dahinter links über die Straße und um den *Kopf* (461 m) herum zur *Wilhelmshöhe* (Schanzenanlage) oberhalb *Neuenbürg* (Schloß).

Etwa 100 Meter hinter der Gaststätte biegen wir links ein, um am Schulzentrum und an einem Spielplatz vorbei in den Wald zu wandern. Gleich am Waldrand halten wir uns rechts und berühren nach 1,5 Kilometern vor der Ortschaft *Schwann* eine Straße. Wir gehen jedoch schräg links zu den ersten Häusern, um ständig am Waldrand entlang links zur *Schwanner Warte* zu kommen. Wenige hundert Meter weiter treffen wir an der *Friedenslinde* (1871) mit Brunnen auf eine Straßengabelung. Wir laufen schräg links auf breitem Weg an den *Herzogswiesen* vorbei durch den Wald. In ständigem Anstieg gelangen wir schließlich nach etwa 3,5 Kilometern auf eine Forststraße, der wir rechts folgen. Etwa 2 Kilometer bleiben wir auf ziemlich gleicher Höhe. Dann weist uns links ein Pfad den Weg zum Waldrastplatz am *Dreimarkstein* (678 m). Dahinter über die Autostraße und schräg rechts zum *Hüttwaldweg*, der uns am *Volzemer Stein* vorbei zum *Horntannebeneweg* bringt. Dieser läßt uns rechts *Dobel* erreichen.

9.2 Dobel – Forbach

Verkehrsmöglichkeiten Busverbindung zwischen Dobel und Gernsbach über Bad Herrenalb. Bahnverbindung zwischen Gernsbach und Forbach.
Wegmarkierungen Rote Raute auf weißem Grund (Westweg).
Tourenlänge 22 Kilometer. **Wanderzeit** 6 Stunden.
Höhenunterschiede Aufstieg von Dobel (689 m) über Weithäuslesplatz (822 m) zum Langmartskopf (etwa 940 m), Aufstieg von der Kreuzlehütte (893 m) zum Hohloh (984 m), zuletzt sehr steiler Abstieg ins Murgtal nach Forbach (332 m).
Gesamte Steigung: 420 m.
Wanderkarten 1:50 000 SV-Karten: Blatt 1 (Karlsruhe/Pforzheim) und Blatt 3 (Wildbad/Freudenstadt).
Gaststätten unterwegs Kaltenbronn (etwas abseits).
Übernachtung Forbach.

Tourenbeschreibung Zu Beginn unserer Etappe wandern wir oberhalb von Skihang und Skilift auf der *Wildbader-* und *Höhenstraße* nach Westen. Kurz hinter dem *Dobeler Aussichtsturm* betreten wir den Wald. Schräg links senkt sich ein schmaler Weg leicht bergab und erreicht bald eine Holzhütte. Geradeaus geht es weiter über den *Hahnenfalzweg*. Nach 500 Metern biegen wir nach rechts, überqueren einen Forstweg und schwenken im Rechtsbogen auf eine Forststraße. 800 Meter weiter mündet unsere Wanderstrecke auf eine weitere Forststraße, die uns links abbiegen läßt. Doch gleich darauf steigen wir links einen schmaleren Weg hoch und kommen, den *Lerchenkopf* (856 m) streifend, nach 2 Kilometern zum *Weithäuslesplatz* (822 m) mit seiner Schutzhütte. Rechts neben der Hütte bringt uns ein Waldweg meist auf gleicher Höhe an *Roßkopf* (833 m) und *Schweizerkopf* (907 m) vorbei. Zuletzt gelangen wir bergab über einen steinigen Pfad zur *Hahnenfalzhütte* (876 m).

Wir verlassen sofort wieder den breiten Weg, um schräg links durch dichte Tannen südlich zu einem breiten Schotterweg hochzusteigen. Auf ihm geht es links weiter. An der nächsten Gabelung halten wir uns rechts. Nach etwa 800 Metern sehen wir rechts am Wegrand die *Langmartskopfhütte* liegen. 2 Kilometer weiter erwartet uns etwas bergab an einer Wegkreuzung eine große Steinhütte (*Kreuzlehütte*, 893 m). Nur 100 Meter weiter wandern wir nun nach rechts, um dann 1,5 Kilometer links zur Autostraße hochzusteigen. Letztere erreichen wir an der *Schwarzmißhütte* (933 m). Links geht es hinunter zum naheliegenden Kurhaus *Kaltenbronn* (Gasthaus).

Der *Europäische Fernwanderweg* läuft jedoch geradeaus weiter über den *Hohlohgipfel* (984 m) mit *Kaiser-Wilhelm-Turm* und militärischer Anlage (nahe bei Naturschutzgebiet mit *Hohlohsee*). Dahinter stoßen wir auf die *Alte Weinstraße*, der wir links bis zur *Prinzenhütte* folgen. Schräg rechts senkt sich nun ein Weg leicht bergab bis zu einem Holzabfuhrweg (2,5 km). Dahinter beginnt ein ziemlich steiler Abstieg, der uns in etlichen Spitzkehren zwischen den *Latschigfelsen* hinunterleitet. Auf einem festen Wirtschaftsweg treffen wir dann in *Gausbach* ein und gehen an der Kirche vorbei zur *Murg* hinab. Links am Ufer entlang erwartet uns nach einigen hundert Metern die bekannte überdachte Holzbrücke von 1778, die in jüngster Zeit nach altem Muster naturgetreu rekonstruiert worden ist. Sie bringt uns auf die andere Flußseite zu unserem Etappenziel *Forbach*.

9.3 Forbach – Mummelsee

Verkehrsmöglichkeiten Busverbindung über Hundseck.
Wegmarkierungen Rote Raute auf weißem Grund (Westweg).
Tourenlänge 22 Kilometer.
Wanderzeit 6 bis 6½ Stunden.
Höhenunterschiede Oftmals steiler Aufstieg von Forbach (332 m) zur Badener Höhe (1003 m), Abstieg zum Herrenwieser Sattel (878 m) und weiter zum Kurhaus Sand (824 m), Aufstieg über Hundseck (884 m) zum Hochkopf (1038 m), Abstieg nach Unterstmatt (928 m), manchmal steiler Aufstieg über Ochsenstall (1036 m) zur Hornisgrinde (1163 m), steiler Abstieg zum Mummelsee (1029 m). Gesamte Steigung: 1120 m.
Wanderkarten 1:50 000 SV-Karte: Blatt 2 (Baden-Baden/Hornisgrinde).
Gaststätten unterwegs Bergwaldhütte Sand, Hundseck, Unterstmatt, Ochsenstall.
Übernachtung Unterstmatt, Ochsenstall, Mummelsee.

Tourenbeschreibung Wir entfernen uns von der Holzbrücke und überqueren die B 462 *(Schwarzwaldtälerstraße)*. Nun betreten wir die *Klammstraße*, um kurz darauf links über die *Marienstraße* zu einer großen Kapelle emporzugehen. Unter uns liegt *Forbach* mit dem Ausgleichsbecken des Murgtalkraftwerks. Wir wenden uns schräg nach rechts, um zumeist südwestlich auf einem breiten Waldweg an einem Pavillon vorbei zu einer Forststraße hochzusteigen. Geradeaus gelangen wir bald erneut auf eine schmale Straße. Auf der anderen Seite geht es weiter bergauf, bis hinter einem Bach links ein noch steilerer Fußpfad abzweigt. Links neben unserem Zickzackweg leuchtet eine Bergwiese, auf der einige Holzscheuern stehen. Schließlich stoßen wir auf einen breiten Fahrweg, der uns rechts fast *Auf Wegscheiden* (749 m) mit seiner Holzhütte erreichen läßt. Doch kurz vorher halten wir uns links durch den Nadelwald, überschreiten gleich darauf einen breiten Forstweg und gehen links über einen breiten Waldweg in etwa 2 Kilometern zum *Seebach* hinab; dann an der gegenüberliegenden Seite 1 Kilometer aufwärts. Jetzt links etwas steiler auf schönem Waldpfad hoch zum idyllischen *Herrenwieser See*.

Nahe dem Nordufer geht es über eine Forststraße hinweg zu einem Fußpfad, der sich steil zum *Seekopf* (1001 m) hinaufschlängelt. Auf halber Höhe genießen wir den Blick auf *Herrenwieser See* und *Schwarzenbachtalsperre*. Auf dem Gipfel des *Seekopfs* befindet sich unter einem Rhododendronbusch ein Gedenkstein von 1926, dessen Tafel an *Philipp Bussemer*, den Schöpfer des Westweges, erinnert. Wir folgen weiter, jetzt bergab, seiner roten Raute. Erwähnenswert mag sein, daß unser Weg über eine weite Strecke außerdem noch von einer gelben 32 in einem roten Quadrat begleitet wird. Nach 1,5 Kilometern stehen wir auf der *Badener Höhe* (1003 m) vor einem Aussichtsturm (weiter Rundblick) und einer Schutzhütte.

Nur etwa 150 Meter laufen wir geradeaus weiter nach Westen. Dann vollziehen wir, nach rechts schwenkend, eine S-Kurve und steigen in etwa 1,5 Kilometern zu einer Kreuzung hinunter. Hier entscheiden wir uns für einen Waldweg, der schräg links nach Südwesten verläuft. Bald erhebt sich rechts über uns etwas versteckt das *Naturfreundehaus Badener Höhe*. 2 Kilometer weiter bringt uns eine Waldstraße hinter der *Karlsruher Hütte* am *Kurhaus Sand* (826 m) zur *B 500 (Schwarzwaldhochstraße)*. Hinter dem *Bismarckdenkmal* leitet uns links ein breiter Weg stets nahe der Autostraße nach etwa 2 Kilometern zum *Knappschaftsheim* am *Hundseck* (856 m).

Bei Nebel benutzen wir den breiten *Mannheimer Weg*, der uns wiederum stets oberhalb der Höhenstraße in etwa 3,5 Kilometern

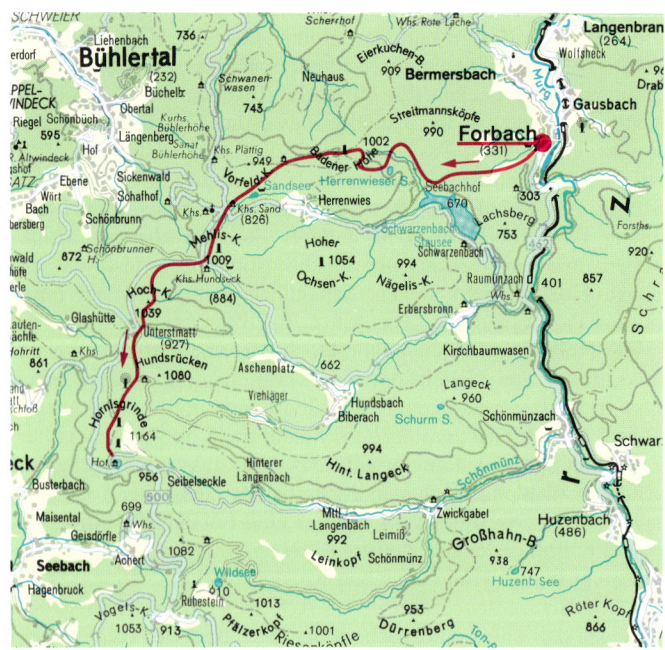

am *Schwabenbrunnen* vorbei zum Höhenhotel *Unterstmatt* (928 m) gelangen läßt. Bei guter Sicht führt uns ein breiter Weg fast auf gleicher Höhe unterhalb der *Nordschwarzwaldschanze* durch Skigelände. Danach steigen wir allmählich bergan. Hinter einer Rastbank geht der Weg in einen Fußweg über. Wenig später stoßen wir auf einen Waldweg, dem wir links folgen. Hinter zwei Rastbänken mit Steintisch nun auf breitem Forstweg bergaufwärts. An einer weiteren Rastbank steigen wir links auf dem *Albrecht-Kirschner-Schlupf* zu einer mit Krüppelkiefern bestandenen Hochheide empor. Hier schließen wir uns dem vom *Hundseck* kommenden Skiwanderweg nach rechts an. Bald erreichen wir den *Hochkopf* (1038 m).

Bei günstiger Witterung bietet sich uns hier oben eine gute Fernsicht. Auf einem mit Felsstücken befestigten Pfad geht es jetzt bergabwärts. Anschließend kommen wir auf breitem Waldweg nach *Unterstmatt* hinab.

Hinter dem Hotel verläuft an der Talstation des Skilifts ein Wanderweg schräg links einen bewaldeten Hang hinauf, der bald mit bemoosten Felstrümmern übersät ist. Unter knorrigen alten Tannen haben sich Waldbeeren und Farnkräuter ausgebreitet. Bald schließen wir uns dem *Hundsrückenhochrundweg* nach rechts an. Wir erreichen wenig später das öffentlich bewirtschaftete Ski- und Wanderheim *Ochsenstall* (1036 m).

Vor der Hütte halten wir uns rechts. An einer rot-weißen Eisenschranke geht es nun schräg rechts hoch zu einer breiten Forststraße. Auf dieser nach links zu einer breiten Abfahrtsschneise. Dort nimmt uns ein reizvoller Waldweg auf, der uns zur *Hornisgrinde* (1163 m) hinaufsteigen läßt.

Nacheinander passieren wir zuerst eine kleine Senderanlage und dann den gewaltigen, schon weithin sichtbaren Sendeturm des *Südwestfunks*. Bei Eisschlaggefahr (Aufleuchten des Warnlichts) müssen wir den weiß-roten Masten nach rechts folgen. Anschließend wird ein umzäuntes militärisches Gelände nach rechts umgangen, bis uns ein Weg steil zum *Mummelsee* (1029 m) hinabsteigen läßt. Wenn wir jedoch links am Zaun entlanglaufen, kommen wir stellenweise über Holzbohlen durch Hochmoor zum *Dreifürstenstein* (1154 m). An einer riesigen Steinplatte trafen hier im 18. Jahrhundert die Grenzen der *Markgrafschaft Baden*, des *Herzogtums Württemberg* und des *Fürstentums Straßburg* zusammen. Von dort aus können wir ebenfalls den *Mummelsee* erreichen.

9.4 Mummelsee – Kniebis

Verkehrsmöglichkeiten Busverbindung zwischen Mummelsee und Freudenstadt (Mai–Oktober täglich, ansonsten nur am Wochenende) über Zuflucht, Alexanderschanze, Kniebis. Besser Rucksacktour.
Wegmarkierungen Rote Raute auf weißem Grund (Westweg), zwischen Alexanderschanze und Kniebis: weißer Balken in blauer Raute auf weißem Grund (Verbindungsweg).
Tourenlänge 24 Kilometer.
Wanderzeit 6^1/$_2$ Stunden.
Höhenunterschiede Etwas abwärts vom Mummelsee (1029 m) zum Seibelseck'le (956 m), leichter Anstieg zum Seekopf (etwa 1040 m), Abstieg zum Ruhestein (913 m), Anstieg zum Schliffkopf (1055 m), Abstieg bis unterhalb des Plankopfs (etwa 820 m), bergauf zur Röschenschanze (963 m) und ohne größere Steigungen über Alexanderschanze (971 m) nach Kniebis (etwa 900 m). Gesamte Steigung: etwa 450 m.
Wanderkarten 1:50 000 SV-Karte: Blatt 2 (Baden-Baden/Hornisgrinde).
Gaststätten unterwegs Seibelseckle, Darmstädter Hütte, Ruhestein, Schliffkopf.
Übernachtung Kniebis. (Das ehemalige Hotel Zuflucht ist heute Jugendherberge: Übernachtung nur mit gültigem Ausweis.)

Tourenbeschreibung Vom Berghotel *Mummelsee* halten wir uns an der Kapelle vorbei meist östlich nahe der *Schwarzwaldhochstraße* und kommen zur Imbißhütte am *Seibelseckle* (956 m, Station der Bergwacht). Nun geht es südlich über einen Lifthang bis zu einer Rastbank *(Bernhardsruh)*. Dahinter führt schräg links ein schmaler Weg hoch, der bald in einen breiteren Weg übergeht. Dann laufen wir über einen Forstweg am Südhang des *Altsteigerkopfes* (1082 m) entlang an einem Lift südlich der *Darmstädter Hütte* vorbei.

Bald darauf biegen wir unmittelbar vor einer Holzhütte links ein und steigen über einen steinigen Pfad zwischen Latschenkiefern zum *Seekopfgebiet* empor. Am Rand des Steilabfalls oberhalb des *Wildsees* (910 m, Naturschutzgebiet) bringt uns ein schmaler Weg nach Süden. Rechter Hand sehen wir einen Gedenkstein (Julius Euting, 1839–1913). Dann betreten wir hinter einer Holzhütte einen festen Schotterweg und steigen von der Bergstation eines Sessellifts in mehreren Windungen zum Ruhestein (913 m, Gaststätte) ab. Naturschutzzentrum.

Nach Überqueren der Landstraße nach Baiersbronn müssen wir sogleich wieder bergauf steigen. Oberhalb einer Sprungschanze geht es erneut über die Autostraße hinweg und weiter hoch durch Naturschutzgebiet nahe der Straße meist südlich zur Hochheide des *Schliffkopfs* (1055 m, Aussichtspunkt, Heldendenkmal des Schwäbischen Schneeschuhbundes).

Etwa 1,5 Kilometer weiter südlich schwenken wir von der *B 500* auf einen Waldpfad schräg rechts ab. Bald befinden wir uns auf einem breiten Abfuhrweg, der uns an *Schurkopf* (975 m) und *Plankopf* (938 m) vorbei zum *Sandkopf* (954 m) bringt. Kurz darauf gelangen wir über die *Röschenschanze* auf den *Roßbühl* (963 m) und zur Jugendherberge *Zuflucht*.

Von hier aus halten wir uns zunächst in östlicher Richtung, um wiederum nahe der Hochstraße auf einem Waldweg weiterzuwandern, der uns schließlich südöstlich zur *Alexanderschanze* hinführt. Mehr oder weniger dem Verlauf der *B 28* folgend erreichen wir mit Hilfe einer blauen Raute mit weißem Balken schließlich nach etwa 2 Kilometern *Kniebis*.

9.5 Kniebis – Hausach

Verkehrsmöglichkeiten Busverbindung von Kniebis nach Freudenstadt, von dort Bahnverbindung nach Hausach.
Wegmarkierungen Rote Raute auf weißem Grund (Westweg), zwischen Kniebis und Wolfursprung: weißer Balken in blauer Raute auf weißem Grund (Verbindungsweg).
Tourenlänge 32 Kilometer. **Wanderzeit** 8^1/$_2$ bis 9 Stunden.
Höhenunterschiede Ohne größere Steigungen von Kniebis (etwa 900 m) zur Lettstädter Höhe (966 m), Abstieg zur Paßhöhe am Freiersberg (747 m), Aufstieg zur Littweger Höhe (846 m), Abstieg zum Harkhof (etwa 680 m), etwas aufwärts über Kreuzsattel (738 m) und Hirzwasen (735 m) zum Burzbühl (713 m), manchmal etwas steiler bergabwärts nach Hausach (238 m). Gesamte Steigung: etwa 500 m.
Wanderkarten 1:50 000 SV-Karten: Blatt 5 (Freudenstadt/Schramberg) oder Blatt 4 (Offenburg/Hornberg).
Gaststätten unterwegs Alexanderschanze (vom 1. Mai bis 31. Oktober geöffnet, Montag Ruhetag), Harkhof (Vesperstube, nach Umbau Übernachtungsmöglichkeit), Hohenlochenhütte (nicht immer geöffnet).
Übernachtung Hausach, Brandenkopf (Wanderheim, etwa 3 km südwestlich von Kreuzsattel, Markierung: blaue Raute auf weißem Grund).

Tourenbeschreibung Zunächst wandern wir auf demselben Pfad, auf dem wir am Vortag angekommen sind, in Richtung *Alexanderschanze*. Am *Wolfursprung* geht es in westlicher Richtung zu einem Forstweg. Gleich darauf, jetzt wieder auf dem *Westweg*, nach links und im Rechtsbogen zu einem Parkplatz an der *B 28*. Hier biegen wir schräg links in den alten Grenzweg ein. Nach etwa 2,5 Kilometern erreichen wir südlich den *Bauernkopf* (949 m) und 1 Kilometer weiter die *Hildahütte* auf der *Holzwälder Höhe* (914 m). Der Weg führt zur *Lettstädter Höhe* (966 m). Hier senkt sich links neben einer Holzhütte und einem großen Findling ein steiniger Pfad leicht bergab und bald wieder bergauf zur Seebene (960 m, Naturschutzgebiet) mit dem *Glaswaldsee* (839 m).

Dort oben treffen drei Verbindungs- und Zugangswege des Schwarzwaldvereins mit dem *Westweg* zusammen. Nun fällt der breite Weg ziemlich steil nach Südwesten ab. Nach 1 Kilometer sprudelt links am Weg der klare *Juliusbrunnen* hervor. Auf der Paßhöhe am *Freiersberg* (747 m) gehen wir an einer großen Holzhütte über eine Straße hinweg. Nördlich des *Großen Hunds-*

kopfs (946 m) gelangen wir zur Schutzhütte auf der *Littweger Höhe* (846 m). Dann bringt uns der Westweg am felsgetürmten Hang des *Hahnenkopfs* (928 m) und dem *Jägerbrünnele* vorbei nach 4 Kilometern zum offenen Feld, wo nur wenige 100 Meter rechts abwärts der gastliche *Harkbauernhof* liegt.

Wenig weiter südlich nimmt uns erneut der Wald auf. Erst benutzen wir für wenige Minuten einen Pfad. Dann folgen wir einem Abfuhrweg einige hundert Meter nach links und steigen schräg rechts zu einem breiten Waldweg hoch, der uns links nach etwa 1,5 Kilometern zur zeitweise bewirtschafteten Hütte auf den *Kreuzsattel* (738 m) führt. Kurz hinter der *Kreuzsattelhütte* zweigt eine Variante des Westwegs zum *Brandenkopf* (945 m) ab (Wanderheim des Schwarzwaldvereins mit Aussichtsturm, Einkehr- und Übernachtungsmöglichkeit). Von hier aus führt uns der *Hansjakob-Weg* (Markierung: Schwarzer Hut in weißer Raute) am *Hirzwasen* zum *Westweg* zurück.

Etwa 2 Kilometer weiter südlich überschreiten wir den Sattel des *Hirzwasens* (735 m). Dann wandern wir 500 Meter weiter an einem Kreuz vorbei und gelangen über den *Burzbühl* (713 m) zum *Ebenacker* (620 m). Hier erhebt sich eine mächtige Tanne. 2 Kilometer weiter südlich kommen wir zum *Hohenlochen* (686 m) und gleich darauf zu einer einladenden *Schwarzwaldvereinshütte* (648 m, manchmal bewirtschaftet). Nahebei befindet sich eine erquickende Quelle.

Über einen Zickzackweg bewegen wir uns bergab und erreichen das *Weiße Kreuz* (510 m). Nun steigen wir über den *Hofberg* zum *Spitzfelsen* (578 m) hinauf (schöne Aussicht). Schließlich läuft der Weg meist in Spitzkehren zur *B 294* hinab. Wir überschreiten rechts die *Kinzigbrücke*, gehen gleich dahinter rechts eine Treppe hinab und gelangen schließlich an einem Umspannwerk vorbei und über einen Hochwasserschutzdamm nach *Hausach*.

9.6 Hausach – Schonach

Verkehrsmöglichkeiten Bahnverbindung zwischen Hausach und Triberg, Busverbindung zwischen Triberg und Schonach.
Wegmarkierungen Rote Raute auf weißem Grund (Westweg), zwischen Wilhelmshöhe und Schonach: weißer Balken in blauer Raute auf weißem Grund (Verbindungsweg zwischen West- und Mittelweg).
Tourenlänge 20 Kilometer. **Wanderzeit** 6$^{1}/_{2}$ Stunden.

Höhenunterschiede Sehr steiler Aufstieg von Hausach (238 m) zum Farrenkopf (789 m), abwärts über Schorenkopf (etwa 720 m) zum Büchereck (651 m), Aufstieg zur Prechtaler Schanze (838 m), etwas abwärts zum Fährlefelsen (743 m), zuletzt etwas steiler Aufstieg zum Karlstein (969 m), ohne größere Steigungen zur Wilhelmshöhe (980 m), Abstieg nach Schonach (885 m). Gesamte Steigung: etwa 1050 m.
Wanderkarten 1:50 000 SV-Karten: Blatt 4 (Offenburg/Hornberg), Blatt 5 (Freudenstadt/Schramberg) und Blatt 7 (Triberg/Donaueschingen).
Gaststätten unterwegs Bäracker, Rensberg, Wilhelmshöhe.
Übernachtung Schonach.
Wissenswertes Hausach: Stadtrechte seit 1301, durch Erzabbau gewachsen. Sehenswert: alte kath. Pfarrkirche (heute Friedhofskirche), Spätgotik (1514), außen roman. Bogenfeldrelief der Vorgängerkirche, Hochaltar (um 1780), Kanzel und Rosenkranzaltar (um 1740). Zahlreiche alte Fachwerkhäuser und steinernes Kaplaneihaus mit Rokokoportal, auf dem Schloßberg Reste einer fürstenbergischen Burg (1643 zerstört) mir rundem Bergfried.

Tourenbeschreibung Wir durchschreiten *Hausach* in westlicher Richtung und steigen alsbald links einen Pfad zur Ruine *Alt-Hausach* hinauf (daneben Gefallenengedenkstätte). Gleich darauf wenden wir uns auf einer breiten Forststraße nach links und gehen über die *Schloßebene*, bis wir zu einem Kreuz kommen. Hier weist uns ein Zickzackpfad den Weg aufwärts. Nach etwa 2 Kilometern sind wir am *Haseneckle* (496 m, Unterstand). Wiederum 2 Kilometer weiter haben wir in mühevollem Aufstieg den Gipfel des *Farrenkopfes* (789 m, *Haseman-Hütte*) erklommen.

Nun geht es südwestlich abwärts über eine Forststraße hinweg und über den *Schorenkopf* (725 m). Etwa 1,5 Kilometer weiter stoßen wir am *Büchereck* (651 m) auf eine Landstraße. Erneut geht es aufwärts (etwa 130 m Steigung). In der Nähe des *Füllbrunnens* kreuzen wir einen Verbindungsweg. Nun bringt uns ein steiniger Waldweg an einer Jugendfreizeithütte vorbei zur *Prechtaler Schanze* (838 m). Wir steigen bergab bis zu einem Kreuz. Hier weist uns rechts ein breiter Weg unterhalb des *Huberfelsens* zum *Fährlefelsen* (743 m). Wiederum müssen wir ziemlich steigen, um zum *Karlstein* (969 m) zu gelangen. Nahebei befindet sich auf dem *Bäracker* das Berghotel »Schöne Aussicht«.

Der Weg verläuft etwa 3 Kilometer ziemlich eben nahe einer Asphaltstraße. In *Rensberg* (923 m) müssen wir vor einer Überlandleitung rechts hochsteigen und erreichen nach etwa 3 Kilometern, meist nach Süden wandernd, das Hotel *Wilhelmshöhe*.

Von dort aus wenden wir uns auf der Straße nach links, um gleich darauf halbrechts der blau-weißen Markierung folgend in etwa ½ Stunde nach *Schonach* hinabzuwandern.

9.7 Schonach – Thurner

Verkehrsmöglichkeiten Ungünstig. Rucksacktour.
Wegmarkierungen Rote Raute auf weißem Grund (Westweg), zwischen Schonach und Gitschbühl: weißer Balken in blauer Raute auf weißem Grund (Verbindungsweg zwischen West- und Mittelweg).
Tourenlänge 29 Kilometer. **Wanderzeit** 7½ bis 8 Stunden.
Höhenunterschiede Aufstieg von Schonach (885 m) über Weißenbacher Höhe (etwa 1020 m) zum Brend (1149 m), Abstieg nach Neueck (etwa 990 m), etwas aufwärts zur Heubacher Höhe (1060 m), ohne größere Steigungen zum Turner (1036 m). Gesamte Steigung: etwa 500 m.
Wanderkarten 1:50 000 SV-Karten: Blatt 6 (Kaiserstuhl/Freiburg/Feldberg) oder Blatt 7 (Triberg/Donaueschingen).
Gaststätten unterwegs Brend, Neueck, Kaltenherberg, Lachenhäusle, Schweizerhof, Kreuz.
Übernachtung Schweizerhof, Kreuz, Thurner.

Tourenbeschreibung An Friedhof und Liftanlagen vorbei leitet uns der blau-weiß markierte Zugangsweg südwestlich zum *Gitschbühl* hinauf. Dort nimmt uns in etwa 1000 Meter Höhe wieder der *Westweg* auf und führt uns zuerst zum *Wolfbauernhof*. Hier treffen wir auf einen Wirtschaftsweg, der uns rechts oberhalb des *Blinden Sees* (Naturschutzgebiet) weitergehen läßt.

Anschließend bringt uns der *Weißenbacher Höhenweg* über die *Weißenbacher Höhe* (1016 m). Vor dem *Furtwänglehof* schwenken wir im Rechtsbogen nach Westen und befinden uns bald auf dem *Briglirain* (*Wasserscheide* zwischen *Nordsee* und dem *Schwarzen Meer* mit *Elz-* und *Bregquelle*). Wir gehen am Wirtshaus nahe der *Martinskapelle* (1094 m) vorbei, um hinter der Straßengabelung rechts nach etwa 1 Kilometer zum *Günterfelsen* (1132 m) zu gelangen. Dahinter erreichen wir bald das Gasthaus auf dem *Brend* (1149 m, Aussichtsturm).

Vom *Brend* folgen wir der festen Straße zunächst nach Südosten. Nur einmal schweift der Weg nach 800 Metern links kurz von der Straße ab, um sich beim Hof *Ladstatt* wieder mit ihr zu vereinen. Am *Alten Eck* (1075 m) links weiter zu einer Häuser-

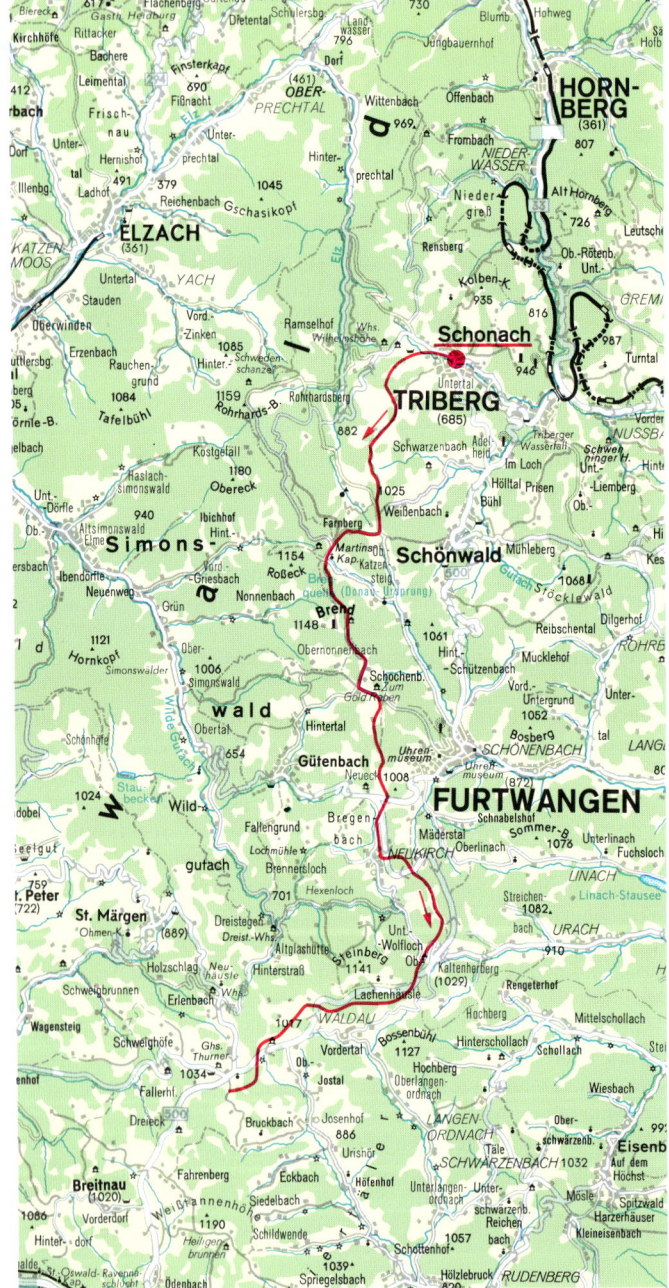

gruppe (Wirtshaus). Dann rechts an den *Leimgrubenhöfen* vorbei auf breitem Waldweg über den *Staatsberg* (1060 m) zum Neueck.

Wir unterqueren die Autostraße und treten bei einem Wirtshaus auf die *B 500*. Bis oberhalb von *Neukirch* verläuft der Weg etwa 1,5 Kilometer lang meist in deren Nähe nach Süden. Dann geht es über eine Straßenbrücke links in den Wald. In *Schweizersgrund* (983 m) laufen wir unter einem Viadukt hindurch und steigen durch Wald zur *Heubacher Höhe* (1060 m) an der *B 500* empor (Gabelung von *West-* und *Mittelweg*). Am *Hohen Bildstöckle* (1056 m) vorbei folgen wir dem Verlauf der Straße bis zur *Kalten Herberge* (1029 m).

Auf etwa 7 Kilometer Länge bestimmt nun erneut der Straßenverlauf der *B 500* in groben Zügen die Richtung unseres Wanderweges. 1 Kilometer hinter dem *Lachenhäusle* (1077 m) biegen wir am *Ruheckle* auf schmaler Asphaltstraße schräg ab nach Südwesten und genießen die schöne Aussicht auf die umliegenden Berge. Nach etwa 500 Metern wandern wir nach rechts bis in die Nähe der *Glashöfe*. Nun hinter einem Waldstück links hinunter, über einen Bach hinweg und bald darauf über offenes Gelände zu einer Asphaltstraße. Auf dieser kommen wir links zum *Schweizerhof* (1018 m).

Wenn wir dort nicht einkehren möchten, wenden wir uns vor der Straßenunterführung nach rechts, um auf aussichtsreicher Asphaltstraße weiterzuwandern. In einem Taleinschnitt verlassen wir die Straße, um links über einen Wiesenhang emporzusteigen. Wenig später erreichen wir, uns vor der *B 500* rechts haltend, den Gasthof *Kreuz*. Dann laufen wir oberhalb der Autostraße über die Höhe des *Hohle Graben* (1045 m) zum *Süßen Häusle*. Geradeaus kommt man entlang der *B 500* nach 700 Metern zum *Höhenhotel Thurner* (1036 m).

9.8 Thurner – Titisee – Feldberg

Verkehrsmöglichkeiten Busverbindung zwischen Thurner und Hinterzarten, Bahnverbindung von Hinterzarten über Titisee und Bärental nach Schluchsee, Busverbindung von Bärental zum Feldberg.
Wegmarkierungen Rote Raute auf weißem Grund (Westweg).
Tourenlänge a) 23 km (bis Feldberger Hof)
b) 29 km (bis Feldberggipfel und zurück zum Feldberger Hof).
Wanderzeit a) 6½ Stunden. b) 8½ Stunden.

Höhenunterschiede Aufstieg vom Thurner (1036 m) zur Höhe zwischen Fahrenberg und Fahrenhalde (etwa 1160 m), Abstieg zum Titisee (846 m), langgezogener Aufstieg zum Feldberger Hof (1279 m), steiler Aufstieg zum Seebuck (1448 m) und leichter Anstieg zum Feldberggipfel (1493 m).
Gesamte Steigung: a) 650 m (bis Feldberger Hof),
b) 865 m (bis Feldberggipfel).
Wanderkarten 1:50 000 SV-Karten: Blatt 6 (Kaiserstuhl/Freiburg/Feldberg), Blatt 7 (Triberg/Donaueschingen) und Blatt 9 (Schluchsee/Wutachtal).
Gaststätten unterwegs Titisee, Bärental.
Übernachtung Feldberger Hof, Hebelhof (DJH), außerdem noch weitere Gasthäuser im Feldberggebiet.

Tourenbeschreibung Zunächst wandern wir parallel zur *B 500* wieder 700 Meter zum *Süßen Häusle* zurück. Hier zweigt der Westweg halb links in Richtung *Kuhnenbachhof* ab. Doch bevor er sich im Wald in einem Rechtsbogen hinabsenkt, verlassen wir den Forstweg, um rechts leicht bergansteigend durch dichten Nadelwald zum *Doldenbühl* (1099 m) zu gelangen. Von der Höhe

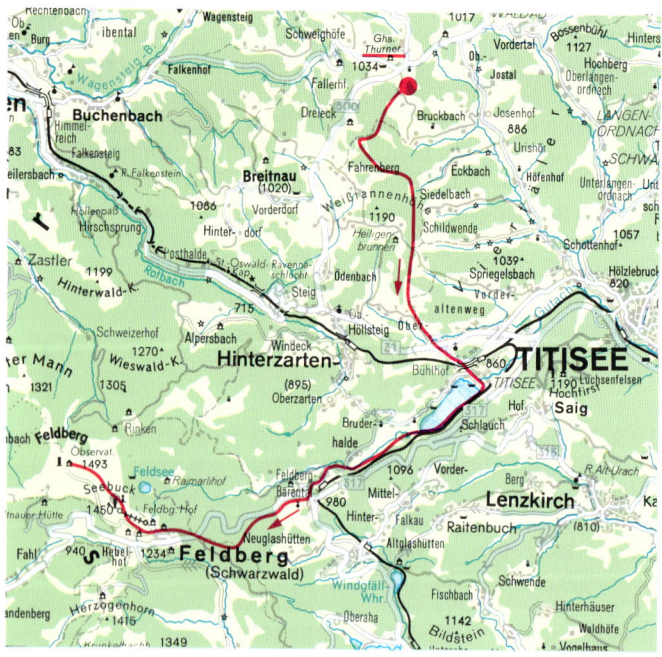

geht es links etwas bergabwärts zum Waldrand und dann rechts an diesem entlang. Über eine Asphaltstraße hinweg steigen wir am *Dreieck* (1097 m) vorbei zu einer Wegspinne hinauf. Man kann auch den *Doldenbühl* auslassen und direkt vom Turner auf der schmalen Asphaltstraße nach Süden laufen. Hier trifft man am Waldrand wieder auf den *Westweg*, dem man sich rechts in Richtung *Dreieck* anschließt. An der Wegspinne wandern wir nach links bis kurz vor die *Weißtannenhöhe* (1190 m). Ein neuer Wegverlauf umgeht diese jedoch links an ihrer Ostflanke und bringt uns schließlich zur *Fürsatzhöhe* (1071 m) oberhalb von *Heiligenbrunnen*. Am Naturfreundehaus vorbei geht es dann auf einem Asphaltsträßchen ständig bergab an einigen typischen Schwarzwaldhöfen vorbei, bis wir vor dem *Gantershof* links einem schmalen Weg folgen müssen, der uns durch eine Straßenunterführung nach *Titisee* führt. Auf der *Alten Poststraße* erreichen wir das Seeufer.

Der Weg verläuft anfangs auf ebener Strecke am südlichen Seeufer entlang nach Westen. Am Seende passieren wir ein Campinggelände. Anschließend beginnen wir hinter einem Sumpfgebiet hochzusteigen. Wir halten uns stets unterhalb von Bahnlinie und Autostraße und erreichen nach etwa 3 Kilometern den Bahnhof *Bärental* (980 m). Am *Gasthof Adler* betreten wir die *B 317*. Nach etwa 100 Metern wenden wir uns auf der Straße nach rechts, um erneut links hochzusteigen. In zwei Kehren geht es über *Panorama-* und *Zweiseenblickweg* zur Wegspinne am *Happ* (1150 m) empor. Am Wasserbehälter gehen wir schräg rechts hinauf und kommen bald zum *Zweiseenblick* (1294 m). Nun rechts ab und etwas bergab zur *Hochkopfhütte* (1200 m).

Hier gehen wir rechts oberhalb des Steilhangs weiter und gelangen am Jugendheim der *Caritas* nach etwa 1 Kilometer zur Autostraße am *Feldbergpaß* (1230 m). Nun einige hundert Meter nach links. Dann auf einem Fahrweg rechts hoch zum *Feldberger Hof* (1279 m).

9.9 Feldberg – Lenzkirch

Verkehrsmöglichkeiten Busverbindung vom Feldberger Hof über Bärental und Titisee-Neustadt nach Lenzkirch.
Wegmarkierungen Bis Hochkopfhütte: rote Raute auf weißem Grund (Westweg), ab Hochkopfhütte: weißer Balken in blauer Raute auf weißem Grund, ab Schluchsee: weißer Balken in roter Raute auf weißem Grund (Mittelweg).

Tourenlänge a) mit Feldberggipfel: 26 km.
b) ohne Feldberggipfel: 20 km.
Wanderzeit a) 6½ Stunden.
    b) 4½ Stunden.
Höhenunterschiede Steiler Aufstieg vom Feldberger Hof (1279 m) zum Seebuck (1448 m) und leichter Anstieg zum Feldberggipfel (1493 m), auf ziemlich gleicher Höhe vom Feldberger Hof (1279 m) zur Farnwitte (1235 m), Abstieg nach Aha (935 m), ohne große Höhenunterschiede nach Schluchsee (950 m), Anstieg zum Pflumberg 1120 m, Abstieg nach Lenzkirch 808 m.
Gesamte Steigung: a) mit Feldbergbesteigung: 550 m,
b) ohne Feldbergbesteigung: 335 m.
Wanderkarten 1:50 000 SV-Karten: Blatt 6 (Kaiserstuhl/Freiburg/Feldberg), Blatt 7 (Triberg/Donaueschingen) und Blatt 9 (Schluchsee/Wutachtal).
Gaststätten unterwegs Bf. Aha, Schluchsee.
Übernachtung Lenzkirch.
Anmerkung Ab Titisee ist es möglich, den Feldberg auszulassen und sogleich über den Hochfirst dem Querweg Freiburg – Bodensee (weiß-rote Raute auf gelbem Grund) zu folgen.

Tourenbeschreibung Um einen Abstecher zum Gipfel zu machen, gehen wir vom *Feldberger Hof* zum Sessellift und neben diesem steil hoch zum *Seebuck* (1448 m, Bismarckdenkmal, Fernsehturm). 1,5 Kilometer weiter gelangen wir über den *Grüble Sattel* (1421 m) und den *Baldenweger Buck* (1461 m) auf den *Feldberggipfel* (1493 m, Wetterwarte).

Wir steigen wieder zum *Feldberger Hof* hinab und setzen unsere Wanderung fort, indem wir bis zur *Hochkopfhütte* zurücklaufen. Hier verlassen wir nun endgültig den *Westweg*. Ein weißer Balken in blauer Raute auf weißem Grund dient uns nun bis *Lenzkirch* als Wegmarkierung. Über den *Hochkopfweg* gelangen wir zur *Farnwitte* (1235 m) und halblinks weiter über den *Lachrütteweg* nach *Oberaha* am *Schluchsee* (935 m).

Landstraße überqueren und links durch die Wiesen zum Seeufer. Im Bogen wieder auf die Straße zu und zur querenden B 500. Dieser rechts folgen bis zum Ortseingang *Aha*. Jetzt mit Unterführung unter der B 500 durch (*Schlageterweg*). Sofort hinter der Unterführung (!) links Treppe hoch und geradeaus über Ortsstraße hinweg auf ungeteerten Weg, vorbei an Seglerheim. Rechts unter der Bahn durch, dann teilt sich die Markierung.

Die geradeaus führende Markierung läuft nach Lenzkirch über Bildstein – Ober-Fischbach. Der E 1 biegt jedoch rechts ab Richtung Schluchsee, weiter auf dem *Schlageterweg*. Der Weg läuft zunächst meist am Waldrand, dann an Wegeteilung links kurz steil in den Wald hoch zu Querweg. Kurz bevor dieser wieder die B 500 erreicht, links ab. Parallel zur Straße durch den Wald, die Bundesstraße überqueren (!), auf dem *Sägackerweg* nach *Schluchsee*.

Mit der Ortsstraße abwärts, Querstraße kreuzen und auf Fuß-/Radweg neben dem *Fischbach* unter der B 500 durch. Sofort scharf rechts und geradeaus in die *Lindenstraße*. (Abkürzung: Wer das Ortszentrum nicht berühren will, stößt links auf dem *Mattenweg* nach 100 Metern wieder auf den E 1.) An der *Kurverwaltung* wird die Ortsmitte erreicht. – Der E 1 biegt scharf links ein auf die *Fischbacher Straße*, Markierung rote Raute mit weißem Balken (Mittelweg) Richtung Lenzkirch. Links abwärts in *Schmidtenberg*, kurz darauf an Gabel rechts. Geradeaus aus dem Ort. Unter Straße durch und rechts aufwärts auf Teer nach *Unterfischbach*. Wieder zur Landstraße hoch.

Jetzt aufmerksam die komplizierte Wegführung beachten: Scharf rechts über die Straße hinweg, gleich wieder scharf links vor dem Gebäude des *Rotenhofs*, neben Silo auf den rechten Weg, links schwenken und vor dem Waldrand links auf unbefestigten Weg, der ansteigt und dann als Pfad durch die Wiesen führt. Geradeaus zu Straße hoch. Diese berührt *Hinterhäuser*.

Am Waldrand geradeaus hoch auf Fahrweg. Im Wald fällt der Weg wieder. Hochspannungstrasse und Querweg kreuzen. Am *Kreuz im Kohlbach* den Fahrweg links verlassen und in der bisherigen Richtung auf steil abwärts führenden Waldweg. Links in festen Weg, rechts schwenken, an zwei Gabeln zunächst rechts, dann links weiter. Nach Rechts-Links-Kurve halblinks ab auf abwärts führenden Waldweg. Am Treffpunkt mehrerer unbefestigter Wege rechts in den zweiten Weg einschwenken (!) und auf Hangpfad abwärts. Straße links versetzt kreuzen und schließlich über Wiese nach *Lenzkirch*.

9.10 Lenzkirch – Schattenmühle

Verkehrsmöglichkeiten Bus Lenzkirch – Bonndorf, ab Haltestelle Lotenbrücke 2 Kilometer Fußweg durch die Lotenbachklamm zur Schattenmühle. Mai – Oktober auch Wanderbus zur Schattenmühle.
Wegmarkierungen Bis Hochfirst: weißer Balken in roter Raute auf weißem Grund (Mittelweg), ab Hochfirst: weiß-rote Raute auf gelbem Grund (Querweg Freiburg – Bodensee).
Tourenlänge 20 km.   **Wanderzeit** 5$^{1}/_{2}$ Stunden.
Höhenunterschiede Streckenweise steiler Aufstieg von Lenzkirch (808 m) zum Hochfirst (1190 m), allmählicher Abstieg nach Kappel (889 m), weiter bergabwärts ins Haslachtal (etwa 750 m), auf und ab durch die Wutachschlucht zur Schattenmühle (etwa 650 m).
Wanderkarten 1:50 000 SWV-Karte Blatt 9 (Schluchsee/Wutachtal).
Gaststätten unterwegs Hochfirst, Kappel.
Übernachtung Schattenmühle.
Wissenswertes Wutachschlucht: erstreckt sich von der Haslachmündung bis zur Wutachmühle, teilweise 80 m hohe Felswände aus Kalkstein, eine der einzigartigsten Schluchten Mitteleuropas mit 1200 von 2800 in Mitteleuropa vorkommenden höheren Pflanzenarten, 570 Schmetterlingsarten (z. B. Apollofalter), über 1200 Vogelarten (z. B. Eisvogel), Wutachversickerung am Rümmelesteg, interessante geologische Erscheinungen (Verkarstung, Ausschwemmungen, Höhlen und Dolinen). Gauchschlucht: wildromantisch, tief in den von Sandsteinbänken überlagerten Muschelkalk eingegraben, mit zahlreichen kleinen Wasserfällen, im Frühsommer schöne Blütenpracht, urwaldartiger Schluchtenwald.

Tourenbeschreibung Anfangs weist uns das Zeichen des *Mittelweges* (weißer Balken in roter Raute auf weißem Grund) den Weg zum *Hochfirst* hinauf. Zuerst überschreiten wir die *Haslach* und wenden uns links zum Sportplatz. Dann geht es rechts hoch durch eine Siedlung und weiter durch den Wald über den *Sommerberg* zum *Hierakreuz* (944 m). Geradeaus steil zum Bergrücken empor. Hier treffen wir auf das Zeichen des *Querweges Freiburg – Bodensee* (weiß-rote Raute auf gelbem Grund), das von nun an bis *Konstanz* für uns maßgebend ist.

Es besteht nun die Möglichkeit, einen Abstecher zum *Hochfirst* (1190 m, Aussichtsturm und Gaststätte) zu unternehmen (etwa 2,5 Kilometer nach links über die Höhe). Ansonsten geht es sofort rechts weiter am *Hierabrunnen* (1105 m, Schutzhütte) vorbei auf breitem Fahrweg durch den *Beerwald*. An einem Wanderparkplatz treten wir aus dem Wald heraus (steinernes *Gedenkkreuz* für gefallene österreichisch-französische Krieger von 1799). Dann geradeaus, zuletzt über eine Wiese, hinunter nach *Kappel*.

Am Kurgarten vorbei gelangen wir zur Hauptstraße. Hier geht es links an der Kirche vorbei und in der Linkskurve geradeaus weiter bis zu einem Eisenkreuz. Nun rechts über die *Grünwalder Straße* hinab zum *Haslachtal*.

Hier schlagen wir einen nach links laufenden Weg ein. Bald führt die Wanderung zuerst etwas nach rechts, dann links steil ins Tal hinunter. Doch sogleich steigen wir zum *Höllochfelsen* wieder hoch. Nur kurz wieder bergab und erneut bergauf zum *Rechenfelsen* (Blick in eine schmale Felsenge mit tosendem Wasserfall). Bald darauf treffen wir an den Zusammenfluß von *Haslach* und *Gutach* (720 m), wo die *Wutach* beginnt. Hier erstreckt sich ein einmaliges Naturschutzgebiet mit artenreicher Fauna und Flora.

Wir gehen über die *Gutachbrücke*. Etwa 1 Kilometer weiter fließt von links der *Rötenbach* in die Schlucht. Wiederum geht es über eine Brücke. Dann kommen wir an der *Stallegger Tanne* (über 425 Jahre alt) und an der überdachten *Stallegger Brücke* (687 m) vorbei. Nun auf schmalem Forstfahrweg, der nur in Höhe der Porphyrfelsen des *Räuberschlößles* (710 m) als Pfad verläuft, in mehreren Windungen ohne große Höhenunterschiede durch den Forst. Unterhalb der Felsen befindet sich der Wutachsteg einer alten Verbindung zwischen Göschweiler und Gündelwangen. Schließlich steigen wir zur *Schattenmühle* hinab.

9.11 Schattenmühle – Blumberg

Verkehrsmöglichkeiten Busverbindung von Reiselfingen über Hüfingen. Bahnverbindung zwischen Löffingen und Hüfingen.
Wegmarkierungen Weiß-rote Raute auf gelbem Grund (Querweg Freiburg – Bodensee).
Tourenlänge 19 Kilometer.
Wanderzeit 5½ Stunden.
Höhenunterschiede Ohne besondere Steigungen nach Achdorf (539 m), kurzer Aufstieg nach Blumberg (704 m). Gesamte Steigung: etwa 250 m.
Wanderkarten 1:50 000 SWV-Karte Blatt 9 (Schluchsee/Wutachtal).
Gaststätten unterwegs Aselfingen, Achdorf.
Übernachtung Achdorf, Blumberg.

Tourenbeschreibung Oberhalb des Sägewerks führt uns ein Fußpfad zu einer flachen Wiese hinunter. Nach etwa 2 Kilometern erreichen wir nach einigem Auf und Ab die Ruinen von *Ober-Dietfurt* (bis 1873 schuf hier eine Brücke die einzige Verbindung zwischen Löffingen und Bonndorf). Nun auf etwas breiterem Weg bergauf und wieder hinab zu einer Holzbrücke. Über diese hinweg und auf der anderen Flußseite zunächst am Ufer entlang.

Dann steigen wir am *Durchlöcherten Fels* vorbei zu einer Waldstraße empor, die uns links zum ehemaligen *Bad Boll* hinabbringt.

Weiter geht es längs des Ufers über eine schöne Kastanien- und dann Platanenallee zu einer kleinen Brücke neben einem Wasserfall. Jetzt leitet uns ein Pfad über ein schmales Felsband zum Rastplatz an der *Schurhammerhütte*. Ein weiteres Felsband läßt uns hinter einem Bach einen breiteren Weg erreichen, der flach neben der *Wutach* verläuft. Erneut geht es dann über einen Felspfad zum *Rümmelesteg* (593 m). Hier sehen wir, wie der größte Teil des Wutachwassers unter einer Felswand versickert. Nun über die Brücke und auf breitem Weg zu einem Rastplatz empor. Darauf wieder bergab und über eine Brücke zum anderen Ufer. Hier tritt das versickerte Wasser wieder zutage. Neben einer Felswand führt uns ein breiter Weg zu der Stelle, an der sich an einer Brücke die malerische *Gauchach* in die Wutach ergießt. Etwa 1 Kilometer weiter haben wir schließlich die *Wutachmühle* erreicht.

Hier wenden wir uns rechts und folgen der Autostraße einige hundert Meter aufwärs. Dann laufen wir links über einen breiten

Waldweg zu einer Obstwiese. Ohne Weg über diese hinweg und unterhalb von *Überachen* und *Aselfingen* flußabwärts nach *Achdorf*.

Hinter der *Wutachbrücke* halten wir uns links. Kurz vor dem Gasthaus *Scheffellinde* geht es rechts ab zur Hauptstraße. Hier einige hundert Meter nach rechts und dann wieder rechts dem »Wellblechweg« folgend nach dem letzten Haus links über den Wiesenweg aufwärts und durch die Schlucht des *Schleifenbaches* steil hinauf nach *Blumberg*.

9.12 Blumberg – Engen

Verkehrsmöglichkeiten Busverbindung zwischen Blumberg und Immendingen, Bahnverbindung zwischen Immendingen und Engen.
Wegmarkierungen Weiß-rote Raute auf gelbem Grund (Querweg Freiburg – Bodensee).
Tourenlänge 25 Kilometer. **Wanderzeit** 6$^1/_2$ bis 7 Stunden.
Höhenunterschiede Steiler Aufstieg von Blumberg (704 m) zum Buchberg, (876 m), Abstieg über Randen (etwa 840 m) nach Riedöschingen (714 m), Aufstieg zur Höhe am Hasler Hof (791 m), Abstieg nach Engen (531 m).
Gesamte Steigung: etwa 300 m.
Wanderkarten 1:50000 RV 11470: Hegau (westlicher Bodensee) oder SV-Karten: Blatt 9 (Schluchsee/Wutachtal) und Blatt 10 (Hegau/Bodensee).
Gaststätten unterwegs Randen, Riedöschingen.
Übernachtung Engen.

Tourenbeschreibung Über die Hauptstraße gelangen wir am Kriegerdenkmal vorbei zur *Friedhofstraße*, die uns rechts den Friedhof erreichen läßt. Danach passieren wir einen Wanderparkplatz und halten uns hinter einer Stromleitung schräg rechts auf einem Asphaltweg. Doch bald bringt uns ein Pfad südwestlich zum *Buchberggipfel* empor (878 m, Buchberghütte).

Etwa 2 Kilometer weiter östlich überqueren wir eine Landstraße. Dahinter wandern wir oberhalb des Steilabfalls des *Büchels*. Nach etwa 1 Kilometer geht es im spitzen Winkel nach rechts und wenig später nach links durch den *Heilinbuck*. Zuletzt über offenes Feld erreichen wir schießlich *Randen*.

Hier wählen wir eine Asphaltstraße, die zwischen zwei Wirtshäusern links zum Wald abzweigt. Kurz nach Waldeintritt

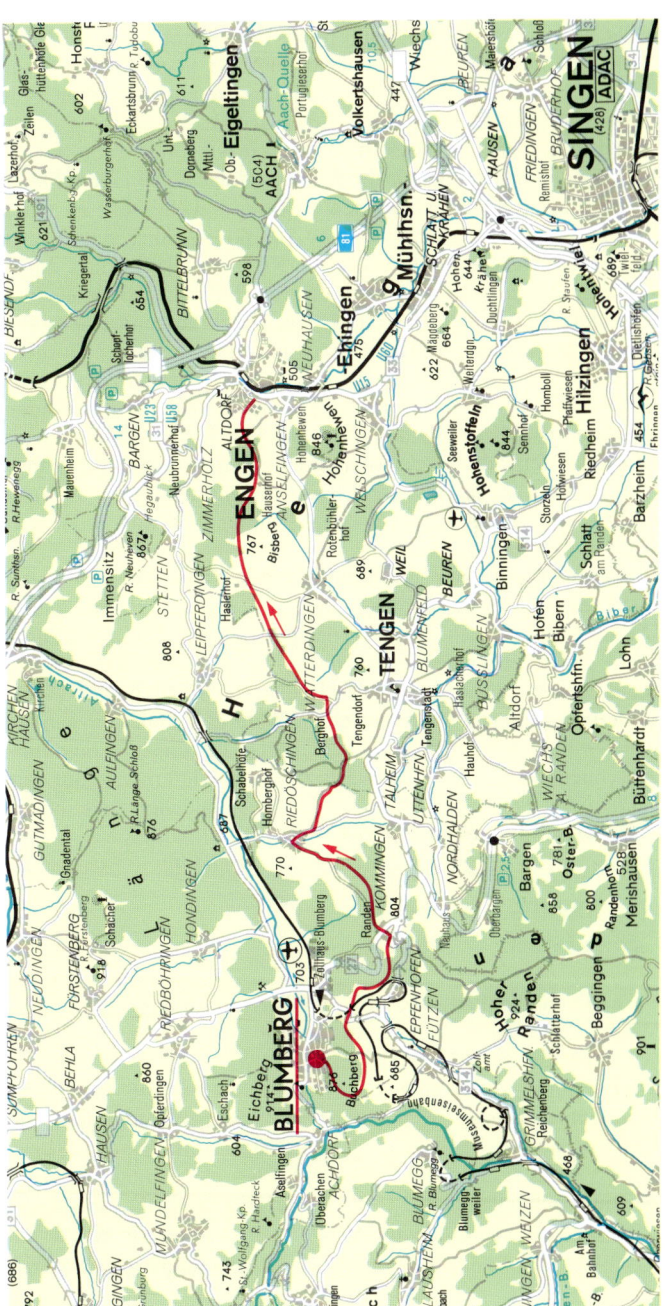

leitet uns die Markierung halb rechts zum sehenswerten *Blauen Stein* (844 m), der etwas versteckt im Wald liegt. Nachdem wir innerhalb weniger Minuten zwei Steinkreuze passiert haben, fällt unser Weg schließlich nach *Riedöschingen* ab.

Wir verlassen die Ortschaft, indem wir der Landstraße wenige hundert Meter in südöstlicher Richtung folgen. An einem Steinkreuz biegen wir links in einen Feldweg ein, der uns an einer Scheune vorbei zu einem weiteren Steinkreuz führt, das auf der Höhe steht. Oben geht es etwa 1 Kilometer südöstlich durch Nadelwald. Am Waldrand halten wir uns links. In der Nähe eines Parkplatzes überqueren wir an einem Holzkreuz und einer alten Linde eine schmale Straße. Geradeaus weiter zu einer Dornenhecke und an dieser entlang bis zu einer doppelten Stromleitung. Jetzt bleiben wir links oberhalb einer parallel verlaufenden schmalen Chaussee. Schließlich gehen wir auf ihr 300 Meter bis zum nächsten Waldstück. Hier zweigt schräg rechts ein breiter Waldweg ab, der uns an einem Parkplatz auf der *Höhe 773 Meter* zu einer Landstraße gelangen läßt. (Schöner Blick auf die *Vulkankegel* der *Hegauberge*.)

Nun geht es immer geradeaus auf dem *Alten Postweg* in der Nähe des *Hasler Hofes* an einem Holzkreuz (791 m) vorbei. Dahinter gabelt sich der Weg nach links und führt bald durch Wald. Im freien Feld wenden wir uns vor einem Feldkreuz nach rechts den Berg hinab. Gleich darauf treten wir links auf einem breiteren Waldweg erneut in einen Wald ein. Dahinter geht es leicht bergab unter zwei Überlandleitungen hindurch. Anschließend geradeaus aufwärts zu einem Kiefernwald auf dem *Ballenberg* (710 m). Nun durch ein Wäldchen mit einem Pumpwerk hinunter nach *Engen*.

9.13 Engen – Singen

Verkehrsmöglichkeiten Bahn- und Busverbindung.
Wegmarkierungen Weiß-rote Raute auf gelbem Grund (Querweg Freiburg – Bodensee).
Tourenlänge 22 Kilometer. **Wanderzeit** 6 bis 6½ Stunden.
Höhenunterschiede Zunächst steiler Aufstieg von Engen zum Hohenhewen (846 m), steiler Abstieg nach Welschingen (481 m), steiler Aufstieg zum Hohenstoffeln (844 m), anfangs steiler Abstieg nach Duchtlingen (528 m), Aufstieg zur Höhe am Mägdeberg und Hohenkrähen (etwa 600 m), Abstieg zur Straße am Brunnenhof (etwa 520 m), aufwärts zum Hang des Hohentwiel

(etwa 620 m), Abstieg nach Singen (429 m). Gesamte Steigung: etwa 850 m.
Wanderkarten 1:50 000 RV 11470: Hegau (westlicher Bodensee) oder SV-Karte: Blatt 10 (Hegau/Bodensee).
Gaststätten unterwegs Anselfingen, Welschingen, Duchtlingen, Hohentwiel.
Übernachtung Singen.
Wissenswertes Engen: erstmals 1179 erwähnt, Stadt seit Mitte des 13. Jh., 1398 an Herzöge von Österreich, dann Reichslehen der Grafen von Lupfen, der Pappenheimer und bis 1806 der Fürsten von Fürstenberg. Sehenswert: kath. Pfarrkirche Mariae Himmelfahrt: Turm ältester Bestandteil, zwei der drei Tore romanisch (1250–80), im mittleren Bogenfeld derbes Relief, im Innern romanische Rundsäulenpaare, Arkadenbögen 1442–1496 gotisch erweitert, 1746 durchgehende Barockisierung, im nördlichen Seitenschiff Marientodrelief (16. Jh.), etliche Epitaphien, besonders vom 16. Jh., Monstranz von 1623 und Vortragekreuz des 14. Jh. im Kirchenschatz. Spätgotisches Rathaus mit Treppengiebeln (1556), Krenkinger Schloß (im 16. Jh. Sitz der Grafen von Lupfen), ehem. Zehntscheuer (1571). Ehemaliges Dominikanerinnen-Kloster St. Wolfgang (17./18. Jh.) beherrscht das westliche Stadtbild. Kapelle (1629) heute Heimatmuseum. Hohenkrähen: Name vom keltischen craig, craien = hoher Fels (Hinweis auf den schroffen, hochragenden Phonolithkegel), Ruine seit 1634. Hohentwiel: Der vulkanische Felsenberg besaß stets strategische Bedeutung, z. B. bei Kelten, Römern und Alemannen; Burg seit 10. Jh., heute älteste Teile vom 14. Jh., 1634 Ausbau zur Festung, 1800/01 von den Franzosen geschleift, noch heute imponierende Reste vorhanden.

Tourenbeschreibung Vom Vereinigungspunkt mit dem *Schwarzwald-Jura-Bodensee-Weg* (grüne Raute auf gelbem Grund) bringt uns eine Straße südwestlich nach etwa 1 Kilometer bis *Anselfingen*. Auf der Hauptstraße nur wenige Meter nach links. Dann etwa 250 Meter rechts über eine Nebenstraße. Hier läßt uns eine Asphaltstraße rechts zur Wanderhütte *Allmen* am Waldrand hochsteigen. Weiter etwa 1,5 Kilometer steil hoch. Nun durch Wald bis kurz unterhalb des Gipfels des *Hohen Höwen* (oder auch *Hohenhewen*, 846 m). Ein Abstecher führt links zur Spitze (Burgruine, Aussichtsturm, gute Fernsicht). Ansonsten geht es über einen Zickzackpfad bergab und über Wiesen direkt hinunter nach *Welschingen*.

An der Abzweigung nach Weiterdingen folgen wir der Landstraße etwa 300 Meter bis zum Waldrand. Hier zweigt geradeaus der *Ludwig-Finckh-Weg* (zwei rote Gipfel auf weißem Grund) zum *Hohenstoffeln* ab. Wir gehen jedoch halbrechts hoch, zunächst wenige hundert Meter durch Wald, dann durch freies Feld, bis wir wieder auf die Straße treffen. Hier laufen wir nach rechts und dann im Linksbogen durch die Felder zu einem festen Wirtschaftsweg, der uns links nach *Weiterdingen* bringt. Gleich am Ortsbeginn steigen wir rechts über einen breiten Feldweg zum Wald empor. Durch diesen geht es halbrechts hoch zur *Hohenstoffelnhütte* (699 m, Ludwig-Finckh-Denkmal). Über uns erhebt sich die markante Silhouette des *Hohenstoffeln* (844 m, Ruinen, Naturschutzgebiet).

Der Weg läuft nun südöstlich am Hang entlang. Wer Lust verspürt, kann nach etwa 1 Kilometer zum Gipfel hinaufklettern. Der Querweg »Freiburg – Bodensee« weist uns jedoch links zu einer 1 Kilometer entfernt gelegenen schmalen Straße hinab. Hier wenige Meter nach links und sogleich wieder rechts weiter ins Tal. An der *Lochmühle* führt uns ein Fahrweg links vorbei zur Straße Weiterdingen – Duchtlingen. Nun weiter geradeaus nach Nordosten bis zum *Hegaukreuz* (661 m) und von dort rechts zum *Mägdeberg* (644 m, Burgruine). Weiter unterhalb treffen wir auf

einen Fahrweg, dem wir nach links etwa 300 Meter lang bergabwärts folgen müssen. Dann halten wir uns rechts hoch in südöstlicher Richtung und kommen bald an den Fuß des *Hohenkrähengipfels* (643 m, Burgruine). Vor dem *Altkrähenhof* geht es rechts auf gleicher Höhe weiter bis zu einem Wanderparkplatz, der oberhalb einer Landstraße liegt. Ihr folgen wir nach links, bis hinter dem Naturfreundehaus in einer Linkskurve ein Weg rechts abzweigt (bei guter Sicht sehen wir bereits in der Ferne den Bodensee liegen). Der Weg führt uns nach etwa 1 Kilometer zum Wald am *Staufen* (588 m). Etwa 200 Meter bleiben wir links am Rand. Dann wenden wir uns nach rechts, durchschreiten in wenigen Minuten den Forst und kommen erneut an den Waldrand. Dabei schließen wir uns unterwegs einem Zugangsweg zum *Ostweg* an (blau-gelbe Raute auf weißem Grund). Bis Singen verlaufen beide Markierungen gemeinsam. Hier halten wir uns rechts, um dann oberhalb des Tunneleingangs der Autobahn *A 81* über eine Wiese auf den vor uns aufragenden *Hohentwiel* (686 m, Ruinen, Befestigungen) zuzuwandern. Nach etwa 150 Metern treffen wir auf eine schmale Straße, die uns nach links etwas bergab steigen läßt. Anschließend vor einer Obstplantage rechts. Kurz hinter einem Hotel verlassen wir links die Straße, um auf einem Spazierweg nach *Singen* hinunterzugehen.

9.14 Singen – Güttingen

Verkehrsmöglichkeiten Bahn- und Busverbindung zwischen Singen und Radolfzell, Bahnverbindung zwischen Radolfzell und Stahringen, Busverbindung zwischen Radolfzell und Stahringen über Güttingen.
Wegmarkierungen Weiß-rote Raute auf gelbem Grund (Querweg Freiburg – Bodensee).
Tourenlänge 16 Kilometer.
Wanderzeit 4 Stunden.
Höhenunterschiede Leichter Anstieg von Singen (429 m) über den Buchberg (etwa 490 m) zum Fronholz (etwa 500 m), kurz abwärs nach Steißlingen (465 m), Aufstieg zum Porthof (620 m), streckenweise steil bergabwärts nach Stahringen (440 m), leicht aufwärts nach Güttingen (467 m). Gesamte Steigung: etwa 250 m.
Wanderkarten 1:50 000 SV-Karte: Blatt 10 (Hegau/Bodensee).
Gaststätten unterwegs Steißlingen, Stahringen.
Übernachtung Güttingen oder Stahringen.

Tourenbeschreibung Am Ostrand der Stadt wandern wir auf der *B 34* an einer Stadionanlage vorbei. Dahinter biegen wir links ein und kommen an Schrebergärten vorbei zur *Friedingerstraße*. Auf dieser gehen wir nach rechts, um wenig später schräg rechts durch Tannenwald und über den *Buchberg* zu einer Autostraße zu laufen. Hier kurz nach links und an einem Steinkreuz rechts ab zwischen Obstbäumen hindurch. Nun wenden wir uns links durch den Wald und umkreisen im großen Rechtsbogen das auf einem Berg gelegene *Schloß Friedingen*. Am *Leprosenhaus* wandern wir nach links zu einer Autobahnunterführung. Dann nach rechts bis zur Waldecke, wo es links weitergeht. Jetzt erreichen wir, fast stets am Waldrand bleibend, nach etwa 3 Kilometern *Steißlingen*.

Hier folgen wir der *Singener Straße* nach links. Dann nimmt uns rechts die *Langestraße* auf und führt uns bis zur *Bohlstraße* durch den Ort mit gut erhaltenen Fachwerkhäusern. Nun 200 Meter nach rechts und anschließend über den *Heidenbühlweg* an *Ziegelhof* vorbei nach etwa 3 Kilometern empor zum *Porthof* neben der Ruine der ehemaligen *Homburg* (620 m). Ein Zickzackpfad leitet uns den Steilhang hinunter. Dann bringt uns ein breiter Waldweg und schließlich ein Pfad zwischen Obstgärten hindurch nach *Stahringen*. Dort wenden wir uns auf der Hauptstraße nach rechts, um nach 400 Metern links einen Bahnübergang zu überschreiten und bald darauf die *B 34*. Zum Schluß führt uns eine schmale Straße südöstlich nach *Güttingen*.

9.15 Güttingen – Konstanz

Verkehrsmöglichkeiten Busverbindung von Stahringen über Güttingen nach Radolfzell, Bahn- und Busverbindung zwischen Radolfzell und Konstanz, Busverbindung zwischen Langenrain, Wallhausen, Litzelstetten und Konstanz.
Wegmarkierungen Weiß-rote Raute auf gelbem Grund (Querweg Freiburg – Bodensee).
Tourenlänge 22 Kilometer (bis Pfeifferhölzle).
Wanderzeit 5½ bis 6 Stunden.
Höhenunterschiede Nur leichtere Auf- und Abstiege. Gesamte Steigung: etwa 250 Meter.
Wanderkarten 1:50 000 RV 11470 Hegau (Westlicher Bodensee) oder SV-Karte: Blatt 10 (Hegau/Bodensee).
Gaststätten unterwegs Möggingen, Langenrain, Wallhausen, Litzelstetten.
Übernachtung Konstanz.

Tourenbeschreibung Gegenüber der Kirche zweigt von der Hauptstraße eine Nebenstraße nach Osten ab, die uns zu einem Wirtschaftsweg führt, der vor einer Schloßanlage auf eine Straße trifft. Auf dieser geht es links durch *Möggingen* und geradeaus über einen festen Weg oberhalb des zauberhaft gelegenen *Mindelsees* (Naturschutzgebiet) am *Dürrenhof* vorbei bis in die Nähe des *Hirtenhofs*. Kurz vorher halten wir uns an einem Kreuz rechts und gelangen überwiegend durch den Wald des *Bodanrücks* nach etwa 3 Kilometern nach *Langenrain*.

Dort wandern wir am Schloß vorbei nach links bis zur Hauptstraße (L 220). Diese wird überquert. Dann geht es am Gasthaus *Bodanrück* vorbei, wobei wir der Ortsstraße und der Beschilderung bis zur Abzweigung folgen. Danach über den *Blissenweg* nach links zu einem Feldkreuz. Anschließend rechts halten und über eine Wiese an Obstbäumen vorbei zum Parkplatz der wildromantischen *Marienschlucht* mit der Ruine *Kargegg* hoch oben über dem Steilufer des *Überlinger Sees*. Über einen vorsichtig zu begehenden Pfad erreichen wir endlich den *Burgfeldweg*, der uns am Parkplatz *Eulenbach* oberhalb von *Wallhausen* auf eine Straße führt, neben der wir nach rechts weitergehen.

Gleich darauf wandern wir links auf einem Feldweg zu einer weiteren Straße. Auf dieser kommen wir links zum Parkplatz *Lausbühl*. Nun auf einem Fußweg erneut zur Straße. Dann rechts über den *Östlichen Rammelholzweg* durch schattigen Mischwald oberhalb von *Oberdorf* meist nach Südosten. Hinter einem

erfrischenden Brunnen, einem großen Wasserbehälter und einem Rastplatz erreichen wir den *Purren* (506 m) mit schöner Aussicht auf *Kloster Birnau, Überlingen* und die *Insel Mainau*. Der Wanderweg durchzieht nun Obstgärten und verläuft oberhalb von Litzelstetten und nach Überqueren einer Straße durch den Wald. Vor dem ehemaligen *Kloster St. Katharina* wenden wir uns links, um den deutlichen Wanderzeichen durch den *Mainauwald* bis zum Gelände der *Universität Konstanz* zu folgen. Ein breiter Spazierweg, der parallel zur Zufahrtsstraße verläuft, läßt uns schließlich am *Pfeifferhölzle* (437 m, Hinweistafel) den Außenbezirk von *Konstanz* erreichen. Der Bus fährt uns nun in die malerische Altstadt. Wir sind am Endpunkt der abwechslungsreichen Strecke des *Europäischen Fernwanderweges E 1* auf deutschem Gebiet.

Vorbemerkungen für Teilstrecke Schweiz

In der Schweiz sind die Wanderwege mit einer gelben Raute, die nicht überall häufig genug auftaucht, gezeichnet. Meist muß man sich nach den gelben Wegweiserarmen richten, die an Kreuzungen und Abzweigungen auf die nächsten Ziele hinweisen. Bergwege, die eine besonders gute Wanderausrüstung und etwas mehr Umsicht verlangen, geben sich durch einen weiß-rot-weißen Querbalken zu erkennen und sind ausnahmslos deutlich markiert. Das vertraute weiße Andreaskreuz auf schwarzem Grund fehlt in der gesamten Schweiz. Bei der Streckenplanung muß man sich vorher unbedingt nach der Schneelage erkundigen. Das gilt besonders für das Mythengebiet, den St. Gotthard-Paß und die Strada alta.

Zur umsichtigen Reiseplanung eignet sich besonders der Gesamtfahrplan der Schweizer Bundesbahn- und Buslinien, der im handlichen Format an allen Bahnhöfen erhältlich ist.

Ostschweiz

10 Konstanz (D)/Kreuzlingen (x E 4/E 5) – Weinfelden – Wil – Wattwil – Rapperswil (84 km)

10.1 Konstanz – Wil

Verkehrsmöglichkeiten Bahnverbindung zwischen Wil und Kreuzlingen (Konstanz).
Wegmarkierungen Gelbe Raute, hauptsächlich gelbe Richtungszeiger oder Wegweiser an Kreuzungen und Abzweigungen.
Tourenlänge 30 Kilometer. **Wanderzeit** 8½ Stunden.
Höhenunterschiede Aufstieg von Konstanz (404 m) bis Alp (671 m), Abstieg nach Weinfelden (427 m), Aufstieg bis hinter Rütihof (550 m), meist auf gleicher Höhe von Affeltrangen (489 m) nach Wil (569 m). Gesamte Steigung: 550 m.
Wanderkarten 1:75 000 Kompass Blatt 1c (Bodenseegesamtgebiet), 1:50 000 Blätter 207 Konstanz, 217 Arbon und 216 Frauenfeld.
Gaststätten unterwegs Kreuzlingen, Engelschwilen, Weinfelden, Bussnang, Affeltrangen, Bettwiesen, Dreibrunnen.
Übernachtung Wil.
Wissenswertes Konstanz: Römischer Ursprung (3. Jh. n. Chr.), Kastell von Alemannen im 5. Jh. zerstört, Wiederbelebung des Ortes um 600 durch Verlegung des Bischofsitzes von Vindonissa (Aargau), Münsterstift seit 8. Jh., Reichsstadt (1192–1548), Konstanzer Konzil (1414–18): Verurteilung des böhm. Reformators Joh. Huß, seit 16. Jh. Reformation, 1548 österreichisch, 1805 Anschluß an Baden, 1821 Verlegung des Bischofsitzes nach Freiburg. Sehenswert: Münster U. L. Frau: Weihe 1089, ehemals romanische Basilika mit Monolithsäulen und achtseitigen Kapitellen, gotische, barocke und klassizist. Umbauten, Turmaufbau von 1850, im Innern fiel ein Großteil der Ausstattung dem Bildersturm zum Opfer, Turmvorhalle (1518), Martinsfigur, »Großer Herrgott von Konstanz« (Kruzifix des 15. Jh.), geschnitzte Türflügel mit Darstellungen aus der Heilsgeschichte, mächtige Orgelbühne (1518), Welserkapelle (um 1500), Kreuzabnahme von Hans Morinck (um 1600), Bartholomäus-, Nikolaus- und St.-Anna-Kapelle, Bernhardskapelle mit vergoldeten Kupferscheiben, Chorgestühl (1465–70): ein Hauptwerk der spätgotischen Bodenseeplastik, Hochchor mit Grabplatte des

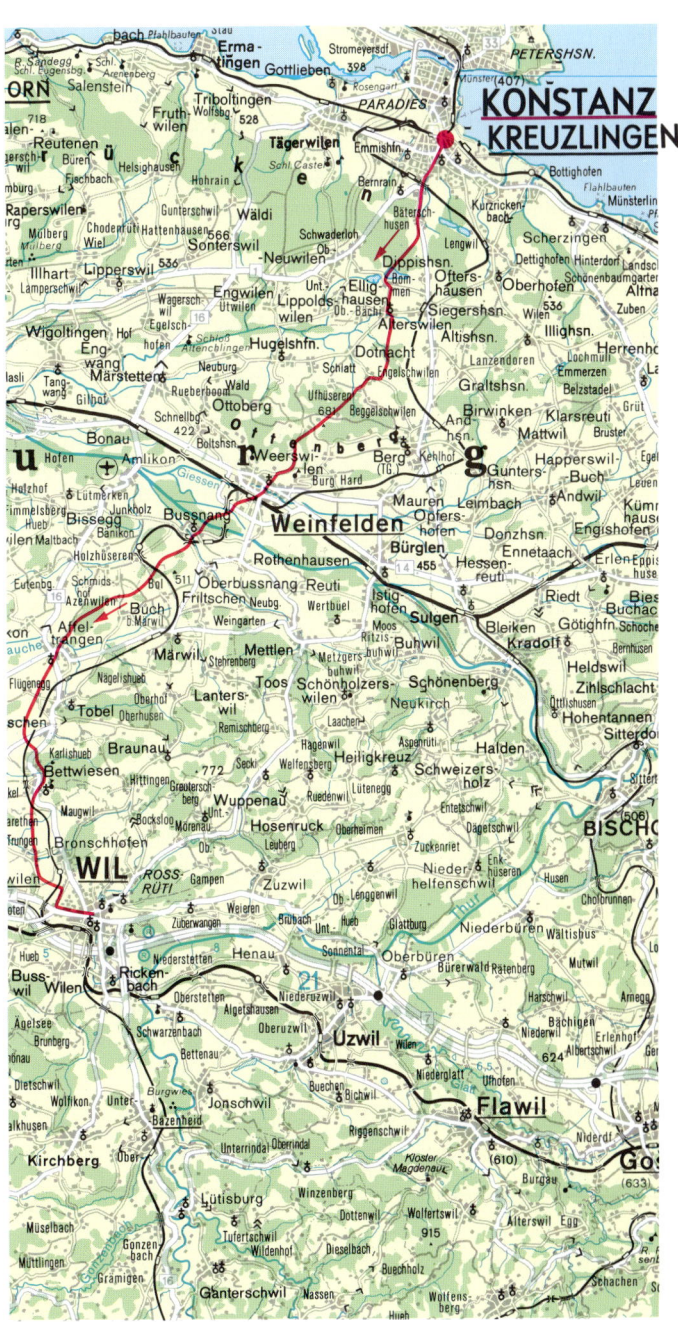

Bischofs von Salisbury (um 1417), Margarethenkapelle mit Wandmalereien (15. Jh.), »Schnegg« (reichverzierte Treppenspindel von 1438), Krypta (10. Jh.), verschiedene Grabdenkmäler, Münstergarten, Mauritiuskapelle (14. Jh.) mit Nachbildung des hl. Grabes (1280), Kreuzgang (13. und 14. Jh.), Silvesterkapelle mit Muttergottesfigur (1472), dreischiffiger Kapitelsaal (1453–80). Ehem. Dominikanerkloster (Inselhotel) mit schönem Kreuzgang von 1260–70. Ehemalige Augustinerkirche mit Freskenzyklus (1417). Pfarrkirche St. Stephan (spätgotisch, 1845 vollendet) mit Sakramentshäuschen von Morinck (1594), zahlreiche Gemälde und Bildwerke des 17. und 18. Jh. Ehem. Domherren- und Klerikerhöfe, Patrizier- und Zunfthäuser: Haus zur Kunkel mit Fresken (um 1300, früheste Profanmalereien diesseits der Alpen), Zunfthaus Rosengarten (14. bis 15. Jh., jetzt Museum) Zunfthaus zur Katz mit Steinfassade, Haus zum Schafhirten (Relief von 1608, Wohnung von Hans Morinck), Neues Rathaus (Renaissancebau von 1585–94), Reste der Stadtbefestigung: Schnetztor (14. Jh.) und zwei Türme am Rhein, Universitätsstadt seit 1966.

Kreuzlingen: Ehemaliges Augustinerstift mit Barock-Basilika St. Ulrich und St. Afra mit 300 Holzschnitzfiguren (Kreuzlinger Passion), bedeutender Deckenspiegel von F. L. Hermann (1710–91); alte Fachwerkhäuser, z. B. »Grödeli«; Schloß Seeburg mit Park und Tiergehege.

Tourenbeschreibung Wir beginnen unsere Wanderung auf deutschem Gebiet im *Stadtgarten* von *Konstanz*: Hier befindet sich am Musikpavillon eine *Gedenktafel* vom 2. Juli 1972, die an die Einweihung der beiden *Europäischen Fernwanderwege Nr. 1* und *5* erinnert. Wir gehen zunächst links an Hauptpost und Bahnhof vorbei. Über die *Bodanstraße* gelangen wir zum gleichnamigen Platz. Wir überqueren ihn schräg zur *Hütlinstraße*. Diese führt uns zur *Kreuzlinger Straße*, die uns links zum *Zoll* bringt. Einige hundert Meter folgen wir nun, vorläufig ohne Wegmarkierung, der Hauptstraße durch *Kreuzlingen*. Ab jetzt gelten für uns die gelben Wegweiser der Schweiz. Dann geht es rechts zur *Sonnenstraße*. Auf dieser links weiter und darauf vor einer Ampelanlage eine schmale Straße hinauf.

Nach 400 Metern sind wir am Waldrand, wo uns wieder ein Wanderzeichen (große gelbe Raute) erwartet. Nun halbrechts südwestlich meist durch Wald, bis nach etwa 2 Kilometern der *Bommer Weiher* (533 m) vor uns liegt. Am *Rebhäuli* (540 m) zeigt uns ein Wegweiser die Richtung geradeaus nach *Bommen*. Hier halten wir uns rechts und erreichen bald *Alterswilen*. Nun links und geradeaus über die Hauptstraße am Bach entlang. Nach etwa 250 Metern über einen asphaltierten Weg zu einem Waldstück hinab. Hier überschreiten wir einen Bach und gelangen über einen Feldweg nach etwa 800 Metern nach *Engelschwilen* (schöner Fachwerkgasthof).

Nach zwei Rechts-Linkswendungen steigen wir hinter dem *Altschhof* zum *Ottenberg* (681 m) hinauf. Ein kaum sichtbarer Wiesenpfad bringt uns an einem Brunnen vorbei durch zwei Weidezaundurchlässe zur Häusergruppe von *Alp*. Hier wenden wir uns rechts, um nach etwa 1 Kilometer links zunächst über eine Straße, dann über einen Pfad, der am Rande einer Schlucht verläuft, nach *Weinfelden* hinabzusteigen. Der schmale Weg mündet schließlich in die untere *Bühlstraße*. Schon nach 150 Metern erreichen wir den Hohlweg, der zur *Kirchstraße* hinabführt. An der evangelischen Kirche vorbei stehen wir bald vor dem Rathaus und dem historischen *Gasthaus »Zum Trauben«*. Über *Rathaus-* und *Pestalozzistraße* erreichen wir den Bahnhof.

Durch die Bahnunterführung gelangen wir an die *Bleichestraße*, die links vom neuen *Berufsbildungszentrum* flankiert wird. Nach etwa 700 Metern stehen wir am *Mühlekanal*, dem wir 200 Meter nach Westen folgen. Dann gehen wir über die Kanalbrücke auf ein thermisches Kraftwerk zu, das aber nur in strengen Wintern in Betrieb genommen wird. Schon nach wenigen Metern leitet uns ein Feldsträßchen an der *Fohlenweide* vorbei zur *Thur*, die wir auf einer schmalen Hängebrücke überqueren, um bald darauf das Dorf *Bussnang* zu durchwandern.

Ein steiler Weg führt uns zum *Furtbach* hinab. Anschließend geht es links zum Eisenbahnviadukt bis zu einer schmalen Straße, die wir aber nur 150 Meter in südöstlicher Richtung benutzen. Dann folgen wir rechts einem Waldsträßchen, bis wir nach 250 Metern den Einschnitt der *Mittel-Thurgau-Bahn* (Konstanz – Weinfelden – Wil) erreichen, dem wir 250 Meter nach rechts bis zu einer Bahnbrücke nachgehen. Immer dem Sträßchen folgend nähern wir uns der Straße *Oppikon – Märwil*. Dort zeigt uns der gelbe Wanderwegweiser den Weg, der über eine kleine Anhöhe zu einem Gehölz führt. Nach 500 Metern verlassen wir die Straße und benutzen rechts abzweigend einen Feldweg, bis wir wieder zu einer geteerten Straße kommen, die wir überqueren, um nach 150 Metern zu einer *Käserei* zu gelangen. Von dort nehmen wir das Sträßchen, das am Wald entlang und später zwischen *Axenwilen* und *Buch* zum *Rütihof* führt: Vor diesem rechts hoch und sogleich links auf den Wald zuhalten. Ein schattiger Waldweg bringt uns nach etwa einem Kilometer auf freies Feld, wo uns schließlich ein Fahrweg links nach *Affeltrangen* hinunterführt.

An der Hauptstraßenkreuzung folgen wir entweder dem Autowegweiser oder dem Wanderweg an der Kirche vorbei, um am Dorfausgang rechts abzubiegen. Über *Flügenegg* läßt uns der Weg rechts in südwestlicher Richtung den Wald durchwandern, bis wir wieder auf ein Fahrsträßchen stoßen. Hier halten wir uns links, um an der Häusergruppe *Türn* vorbei auf markiertem Weg weiter bis *Bettwiesen* zu laufen. Vom Bahnhof verläuft unser Weg bis zur Unterführung parallel zur Bahn, dann 300 Meter genau in Richtung Kirche und darauf wieder rechts bis zur Bahnschranke. Wenige Meter danach geht es auf einem Natursträßchen an einem Waldstück vorbei nach *Trungen*.

Die deutliche Wegmarkierung weist uns südlich nach *Dreibrunnen* (Wallfahrtskirchlein und Gasthof). Hier wählen wir links einen Feldweg, auf dem wir schließlich hinter einer Bahnunterführung die sehenswerte Äbtestadt *Wil* erreichen.

10.2 Wil – Wattwil

Verkehrsmöglichkeiten Bahnverbindung.
Wegmarkierungen Gelbe Raute und Wegweiser.
Tourenlänge 25 Kilometer.
Wanderzeit Etwa 7 Stunden.
Wissenswertes Wil: Stadtrecht seit 1050, 1292 Brandzerstörung, Anfang des 14. Jh. als Sommerresidenz der Fürstäbte von St. Gallen neu angelegt. Sehenswert: Laubengänge (15.–17. Jh.), Beinhaus U. L. Frau (15. Jh.) mit Flügelaltar von 1516, Hof der Fürstäbte (15. Jh.), Haus Bannwart (1795), Rathaus.
Höhenunterschiede Anstieg bis hinter Lamperswil (660 m), Abstieg zur Thur (543 m), Anstieg nach Grämigen (641 m), geringfügiger Abstieg zur Thur (etwa 600 m), Wanderung auf ziemlich gleicher Höhe bis Wattwil (613 m).
Gesamte Steigung: etwa 220 m.
Wanderkarten 1:50 000 Blätter 216 Frauenfeld, 226 Rapperswil oder Zusammendruck 5014 St. Gallen – Appenzell.
Gaststätten unterwegs Bazenheid, Bütschwil, Lichtensteig.
Übernachtung Wattwil.

Tourenbeschreibung Beim Hauptwegweiser am Bahnhof benutzen wir zunächst einen Fußgängertunnel bis zum Südausgang. Dann wenden wir uns sogleich nach links, um bald darauf rechts in die *Glärnischstraße* einzuschwenken. Nach etwa 750 Metern wird die Autobahn überquert. 200 Meter weiter geht

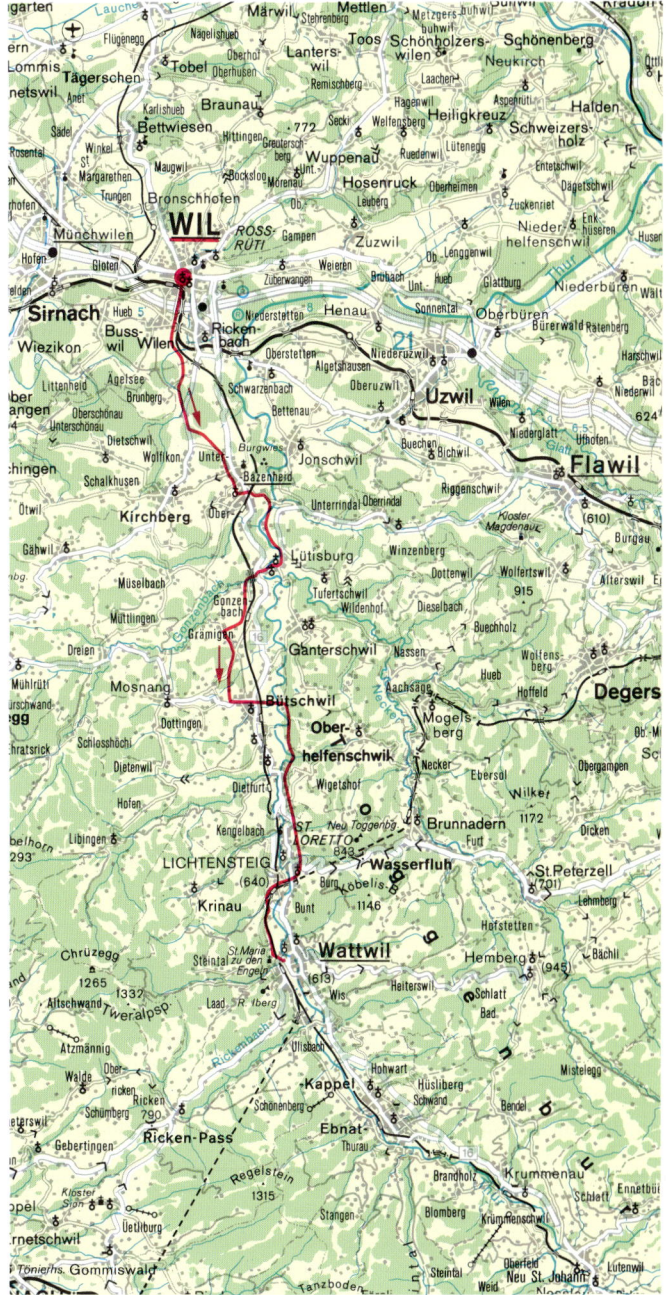

es links bis zum Bahndamm. Vor diesem biegen wir nach rechts in einen Feldweg ein. An einem Umspannwerk vorbei erreichen wir schräg rechts den Wald, an dessen Rand uns ein schmaler Schotterweg links unter den Bäumen weiterführt. Ein fester Weg bringt uns südwestlich bis in die Nähe der Häusergruppe *Engi*. Kurz vorher halten wir uns links und stoßen auf eine Autostraße, die uns rechts nach *Lamperswil* leitet. Hier zweigt schräg links ein Weg nach *Bazenheid* ab.

Am Ortsende gehen wir hinter dem Bahnübergang links zunächst über die *Waldeggstraße*, dann über einen Weg, der sich zur *Thurbrücke* hinabsenkt. Hinter der Brücke überschreiten wir rechts das Gelände eines Steinröhrenwerkes, bis uns ein Pfad aufnimmt, der zu den Höfen von *Haslen* verläuft. Stets oberhalb des Steilufers der *Thur* kommen wir nach etwa 1,5 Kilometern nach *Lütisburg*.

Wir folgen der Straße nach rechts hinunter, um schließlich über eine große überdachte Holzbrücke den Fluß zu überschreiten. Auf der Hauptstraße geht es links über den *Gonzenbach* und gleich darauf rechts hoch unter einem Viadukt hindurch zur gleichnamigen Siedlung. Wir gelangen zur Bahnlinie und weiter zur Station *Lütisburg*, wo uns ein Wiesenpfad rechts nach *Grämigen* hochführt.

Sogleich steigen wir wieder im spitzen Winkel zu einer Landstraße hinab. Über eine Kreuzung hinweg kommen wir rechts zu einem Hof, an dem wir links abbiegen müssen. Hinter einem Kreuz läuft ein Weg steil aufwärts durch Wald und Feld zu einem weiteren Hof. Von dort aus wandern wir zum Bahnhof *Bütschwil* (Hauptwegweiser). An seinem nördlichen Ende führt ein Fußweg zur *Thur* hinab, dann über den Fußgängersteig bei *Untermüli* und aufwärts durch Wiesen bis zur Güterstraße. Hier halten wir uns rechts. Wir befinden uns jetzt auf dem *Thurweg* am rechten Ufer. Nun am Weiler *Laufen* vorbei zum Wald, wo die Ruine *Rüdberg* liegt. Mit Treppenstufen steigen wir auf einem Waldweg bergab und wandern nahe der *Thur* aufwärts bis zur Landstraße bei *Dietfurt*. Auf dieser geht es etwa 300 Meter nach links, dann rechts auf der Güterstraße an *Langensteig* vorbei und auf schmalem Waldweg zu einer Landstraße hinab. Wir folgen ihr ein kurzes Stück bis hinter eine Kurve, um dann links auf einem Wiesenweg zu einer Wohnsiedlung hinaufzusteigen. Anschließend erreichen wir das mittelalterliche Städtchen *Lichtensteig* und seinen Bahnhof (Hauptwegweiser).

Auf der Straße unter der Bahnunterführung gelangen wir zur *Thur*, deren Ufer wir auf einer Straße, dann auf einem Spazierweg (*Sonderegger-Weg*) etwa 3 Kilometer bis *Wattwil* folgen.

10.3 Wattwil – Rapperswil

Verkehrsmöglichkeiten Bahnverbindung.
Wegmarkierungen Gelbe Raute und Wegweiser.
Tourenlänge 29 Kilometer. **Wanderzeit** Etwa 7½ Stunden.
Höhenunterschiede Manch steiler Aufstieg von Wattwil (613 m) zum Laad-Paß (990 m), langgezogener Abstieg nach Schmerikon (409 m), auf gleicher Höhe nach Rapperswil (409 m).
Gesamte Steigung: etwa 400 m.
Wanderkarten 1:50000 Blatt 226 Rapperswil oder Zusammendrucke 5015 Toggenburg – St. Galler Oberland und 5011 Zürichsee – Zug.
Gaststätten unterwegs Iberg, Walde, Rüeterswil, St.-Gallenkappel, Schmerikon, Bollingen.
Übernachtung Rapperswil.
Wissenswertes Wattwil: Industrieort mit stattlichen Landhäusern (18. Jh.); Reformierte, paritätische Kirche von F. W. Kubli (1802–72).

Tourenbeschreibung Am Bahnhof benutzen wir die Fußgängerunterführung und wandern 200 Meter nach rechts bis zu einer Tankstelle. Dahinter bringt uns ein Weg links zu einer schmalen Straße empor. Von hier aus steigt ein Pfad schräg links steil zur Ruine *Iberg* hoch. Unter uns liegt die *Feldbachschlucht*, auf deren Gegenseite sich das Kloster *St. Maria der Engel* erhebt. Wir erreichen südwestlich wieder die Straße und, teilweise deren Windungen durch einen steileren Weg abschneidend, im Gebiet von *Laad* (986 m) die Höhe des alten *Rickenpasses*.

Ein schmaler Weg führt zu einer kleinen Straße hinab, die uns meist in südwestlicher Richtung über *Oberricken* und *Walde* nach *Widen* bringt. Dort wählen wir an einem überdachten Kreuz eine rechts emporführende Güterstraße, um nach etwa 1,5 Kilometern nach *Rüeterswil* zu gelangen. Eine halbe Stunde später sind wir in *St.-Gallenkappel*.

Bis hinter der Kirche bleiben wir auf der Hauptstraße. Dann biegen wir nach rechts und sogleich wieder nach links, um uns von einem Wiesenpfad nach *Geretingen* leiten zu lassen. Nun geht es am linken Ufer eines Baches, der sich bald in eine tiefe Schlucht versenkt, hinab nach *Aatal*. An einer überdachten Holzbrücke vorbei schlängelt sich ein breiter Weg in zwei Kurven talabwärts. Hinter einem Hof über einen Steg und anschließend nahe der Kapelle zur Straße empor. Hier kurz links und alsbald rechts etwa 200 Meter über einen Wiesenweg. Dann von *Länziken* recht-

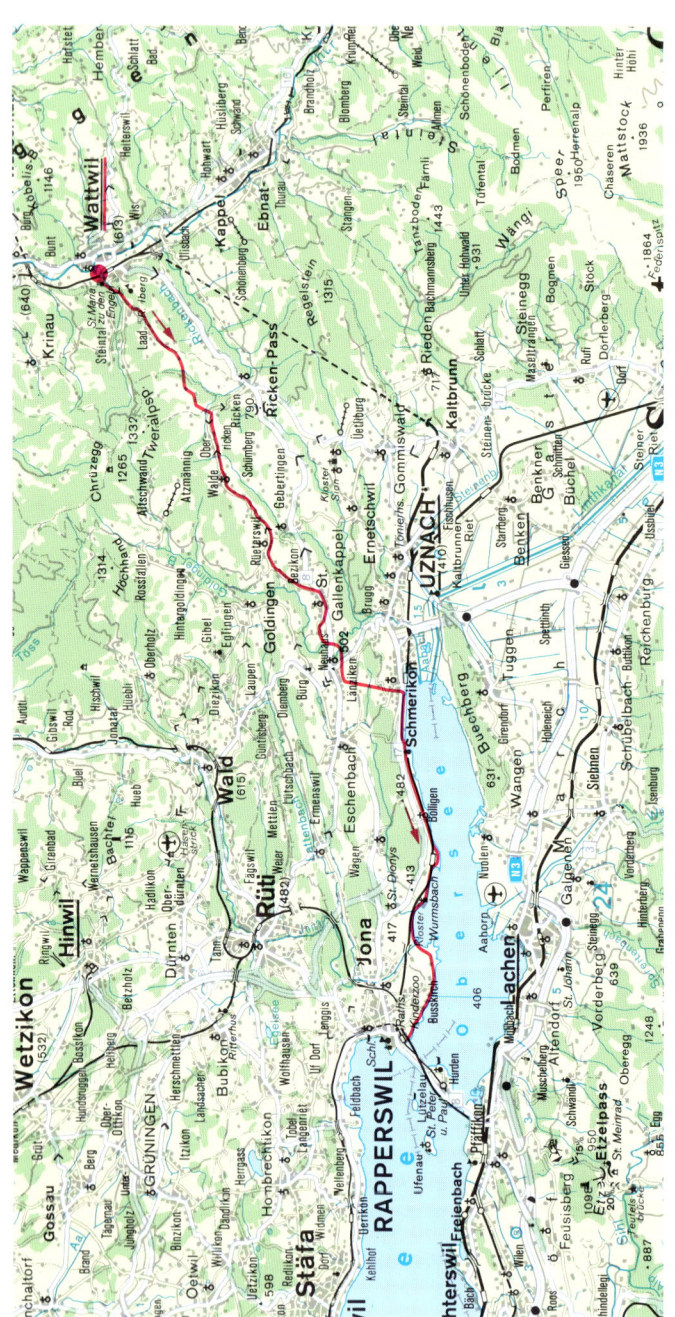

winklig nach links zur Häusergruppe *Herrenweg* und schräg rechts weiter über den *Goldberg* (521 m) hinunter nach *Schmerikon* zum *Obersee*.

Hier folgen wir dem Strandweg, der am Seeufer entlang über *Bollingen* und am Kloster *Wurmsbach* vorbei nach etwa 1,5 Kilometern an einer Bahnunterführung das Ufer der *Jona* erreicht. Ein Dammweg führt uns links am rechten Ufer in die Nähe der Flußmündung. Weiter rechts berühren wir bei *Busskirch* eine abseitsstehende Kirche und gelangen, stets am Seeufer bleibend, zum malerischen Städtchen *Rapperswil*.

Zentralschweiz

11 *Rapperswil – Schwyz – Flüelen (Vierwaldstättersee) – Andermatt (106 km)*

11.1 Rapperswil – Einsiedeln

Verkehrsmöglichkeiten Bahnverbindung.
Wegmarkierungen Gelbe Raute und Wegweiser.
Tourenlänge 24 Kilometer.
Wanderzeit Etwa 7 bis 8 Stunden.
Höhenunterschiede Zuletzt etwas mühevoller Anstieg von Rapperswil (409 m) zum Etzel (1098 m), Abstieg nach St. Meinrad (950 m), Aufstieg zum Stöcklichrüz (1248 m), Abstieg zum Sihlsee (etwa 890 m), kurzer Anstieg zum Vogelherd (965 m), Abstieg nach Einsiedeln (etwa 890 m). Gesamte Steigung: etwa 1100 m.
Wanderkarten 1:50 000 Blätter 226 Rapperswil, 236 Lachen oder Zusammendruck 5011 Zürichsee – Zug.
Gaststätten unterwegs Hurden, Pfäffikon, Feusisgarten (etwas abseits zwischen Riedweid und Moos), Feusisberg, Etzel, St. Meinrad, Naturfreundehaus Sonnenberg (meist nur in Ferienzeiten oder an Wochenenden geöffnet), Körnlisegg.
Übernachtung Einsiedeln.
Wissenswertes Rapperswil: Stadtgründung um 1200, seit 1289 habsburgisch, 1415 Freie Reichsstadt, 1458 eidgenössisch; statt Holzbrücke seit 1878 Seedamm nach Hurden. Sehenswert: mächtiges Schloß (12.–14. Jh.); spätgotisches Rathaus (1470); Archivturm (1614); Breny-Haus (15. Jh.); malerische Altstadt mit schönen Bürgerhäusern. Pfäffikon: kleiner Ort am Südufer des Zürichsees gegenüber Rapperswil. Sehenswert: Rathaus (1765); Stiftshaus des Klosters Einsiedeln; Schloß (13. Jh.).

Tourenbeschreibung In *Rapperswil* bringt uns ein Fußgängertunnel vom Bahnhof in südlicher Richtung zum *Technikum*. Wir queren dessen Parkplätze nach Westen und kommen so zum *Seedamm*. Dieser wird unterquert. Auf einem Gehsteig geht es entlang der Autostraße nach *Pfäffikon*. Am Brückenende in *Rosshorn* Hinweisschild zum alten Fischerdorf *Hurden* mit sehenswerter, 1497 erbauter Kapelle. Südlich weiterwandernd kommen wir zur *Seedammstraße*. Auf deren Gehweg erreichen wir nach 800 Metern die Kanalbrücke im *Seefeld*. Unter der Brücke hindurch geht es auf einem Kiesweg rechts entlang der Bahngleise zum Bahnhof *Pfäffikon*.

Eine Fußgängerunterführung läßt uns über die *Bahnhofstraße* zur *Hauptstraße* gelangen. Nun links über die *Schmittengasse* zur *Oberdorfstraße* und weiter geradeaus zum *Römerrain*. Dieser bringt uns nach links, wo wir bald auf steinigem Fußpfad, der teilweise mit Holzstufen befestigt ist, zur Autostraße hochsteigen. Auf ihr überqueren wir rechts die Autobahn. Gleich darauf wandern wir rechts dem *Mettlenweg* folgend, zunächst über eine Wiese, dann nur wenig durch Wald und zuletzt wieder über offenes Gelände steil nach *Luegeten* empor. Etwa 300 Meter weiter, in der Straßengabelung *St.-Meinrad-Feusisberg*, führt ein

in einem Geländeeinschnitt eingebetteter Fußweg durch den Wald hinauf zum *Erli.* Am rechten Waldsaum weist uns der Wegweiser auf den Feldweg zum Bauernhaus *Schneckenburg* und weiter über *Sennweid, Riedweid, Moos* nach *Feusisberg.*

In Höhe der Kirche führt ein Pfad links den Berg hinauf. Nicht ohne Mühe ersteigen wir den Gipfel des *Etzel* (1098 m, Aussicht).

Vom *Etzelkulm* erreichen wir auf etwas rauhem Wegstück nach 15 Minuten das Gasthaus und die Kapelle *St. Meinrad.* Letztere stammt aus dem 14. Jahrhundert und wurde 1698 von *Kaspar Mossbrugger* (Erbauer der Klosterkirche in Einsiedeln) in ein reizvolles Barockkirchlein umgebaut. Vom *Etzelpaß* geht es leicht ansteigend auf festem Weg etwa 800 Meter in östlicher Richtung bis *Hof.* Gegenüber einer Scheune zeigt ein Wegweiser auf den Feldweg in nordöstlicher Richtung zum Waldrand. An diesem entlang über teilweise mooriges Gelände erreichen wir nach leichtem Aufstieg die von *Oberegg* kommende befestigte Güterstraße und etwa 700 Meter weiter das Naturfreundehaus *Sonnenberg.* Dort wenden wir uns nach links, um hinter *Müligassegg* (Scheune) einen Brunnen zu erreichen. Dahinter biegen wir vor einem Weidezaun nach links und gelangen alsbald zum *Stöcklichrüz* (1248 m).

Etwas unterhalb befindet sich eine zeitweilig bewirtschaftete Berghütte. Ohne Zeichen geht es nun südlich zum *Hof Grueb.* Kurz darauf zweigt ein breiter Fahrweg nach rechts ab, der uns durch den Wald zum *Sihlsee* hinabbringt.

Bei den ersten Häusern von *Willerzell* nun links ab, wenig später nach rechts und anschließend über eine etwa 1 Kilometer lange Brücke über den Stausee. Jetzt zur nächsten Straßenmündung hoch und rechts nach *Birchli.* Dort wählen wir einen gut gezeichneten Weg nach links zum *Vogelherd* (965 m) empor. Hier sehen wir plötzlich *Einsiedeln* mit dem gewaltigen Komplex des Klosters *St. Benedikt* vor uns liegen. In wenigen Minuten sind wir am Ziel unserer heutigen Wanderung.

11.2 Einsiedeln – Schwyz

Verkehrsmöglichkeiten Bahnverbindung über Biberbrugg.
Wegmarkierungen Gelbe Raute und Wegweiser, streckenweise weiß-rot-weiß (Bergweg).
Tourenlänge 25 Kilometer. **Wanderzeit** 7 Stunden.
Höhenunterschiede Schwacher Anstieg von Einsiedeln (890 m) bis hinter Alpthal (1017 m), steiler Aufstieg nach Haggenegg

(1414 m), meist auf gleicher Höhe bis Ibergeregg (1406 m), ständiger Abstieg nach Schwyz (516 m).
Gesamte Steigung: etwa 700 m.
Wanderkarten 1:50 000 Blatt 236 Lachen oder Zusammendrucke 5011 Zürichsee – Zug und 5008 Vierwaldstätter See.
Gaststätten unterwegs Ober-Trachslau, Alpthal, Haggenegg, Holzegg, Ibergeregg, Hand.
Übernachtung Schwyz.
Wissenswertes Einsiedeln: seit mehr als 1000 Jahren Benediktinerkloster; dort errichtet, wo 861 der hl. Meinrad ermordet wurde; berühmte Marien-Wallfahrtsstätte. Sehenswert: Kloster, 1682-1759 von den Gebrüdern Moosbrugger erbaut, renoviert 1955; Innenausstattung von Cosmas und Quirin Asam; Gnadenbild: »Schwarze Mutter Gottes« (15. Jh.); Liebfrauenbrunnen (1749); Bibliothek (70000 Bde.); am 14. September Engelweihe (wichtigster Wallfahrtstag).

Tourenbeschreibung Vom Ortsmittelpunkt geht es am Bahnhof vorbei über die *Alpbrücke*. Dann folgen wir dem Fluß nach links auf der *Fabrikstraße*. Diese wird von einem breiten Weg fort-

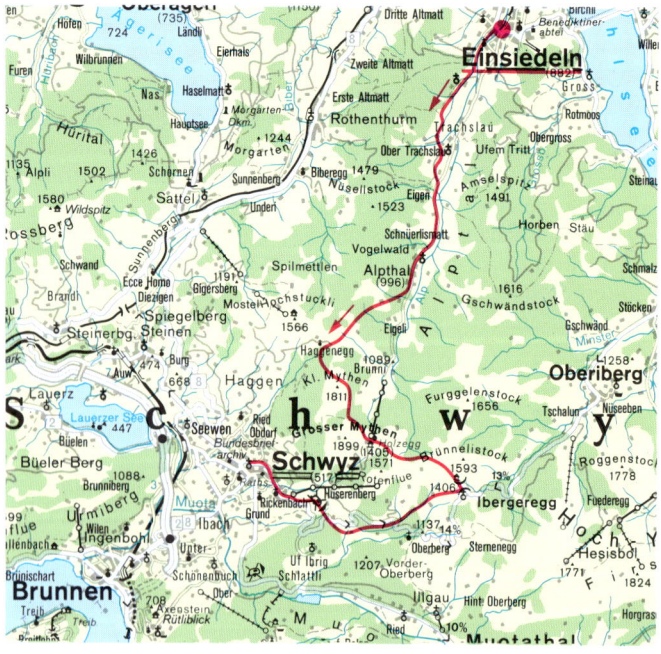

gesetzt, der am Frauenkloster Au vorbei nach *Trachslau* verläuft. In *Ober-Trachslau* wenden wir uns vor der Kirche nach rechts und treffen bald auf eine Landstraße, die uns etwa 2 Kilometer weiter nach *Alpthal* führt. Etwa 300 Meter südlich des Dorfes, beginnt rechts ein steiler Aufstieg auf steinigem Weg zum *Haggenegg* (1414 m).

Wenn wir uns dort im Gasthaus stärken wollen, müssen wir von der Paßhöhe ein kurzes Stück geradeaus hinuntergehen (gute Aussicht auf *Schwyz* und den *Vierwaldstättersee*). Zurück zur Höhe und rechts etwas bergab über einen kaum wahrnehmbaren Wiesenpfad, dann durch Wald bis zu einer Wegeteilung. Hier rechts ab an der Ostseite des *Kleinen Mythen* (1811 m) entlang auf meist steinigem Pfad zu den Hütten von *Zwüschet Mythen* (1356 m). Hier ist der Weg als Bergweg (weiß-rot-weiß) gekennzeichnet; das heißt, es sind gute Wanderausrüstung und Umsicht erforderlich. Unmittelbar unterhalb der steilaufragenden Felswand des *Großen Mythen* (1899 m) weiterwandernd erreichen wir bald *Holzegg* (1405 m, Seilbahnstation und Gasthof).

Jetzt gehen wir zunächst geradeaus weiter am Hang entlang nach Südosten. Dann nur wenig durch Wald bergauf und anschließend leicht absteigend über *Müsliegg* (1426 m) nach *Ibergeregg* (1406 m). Hier auf der Paßhöhe halten wir uns gleich hinter dem Gasthaus rechts, wobei die Fahrstraße nur kurz berührt wird. Ständig bergabsteigend gelangen wir nach 2,5 Kilometern südwestlich am *Großenboden* (Skihütte) vorbei und meist parallel zur Seilbahnleitung nach *Hand* (Wirtshaus). Jetzt überqueren wir die *Ibergereggstraße* und benutzen das Natursträßchen über *Chaisten* zum *Lotenbach*. Dort wenden wir uns nach rechts, queren nochmals die *Ibergereggstraße* und gelangen über *Großegg – Stalden – Rickenbach* nach *Schwyz*.

11.3 Schwyz – Flüelen

Verkehrsmöglichkeiten Bahnverbindung.
Wegmarkierungen Gelbe Raute und Wegweiser.
Tourenlänge 19 Kilometer. **Wanderzeit** 5 Stunden.
Höhenunterschiede Bergab von Schwyz (516 m) nach Ibach (454 m), bis hinter Hof Hezig (etwa 820 m), Abstieg nach Sisikon (464 m), auf ziemlich gleicher Höhe bis Flüelen (etwa 450 m). Gesamte Steigung: etwa 700 m.
Wanderkarten 1:50 000 Blätter 236 Lachen, 246 Klausenpaß, 245 Stans oder Zusammendruck 5008 Vierwaldstätter See.

Gaststätten unterwegs Ibach, Dägenbalm, Sisikon, Tellsplatte.
Übernachtung Flüelen.
Wissenswertes Schwyz: Aus den Ortsteilen Seewen, Ibach und Rickenbach zusammengesetzt; Kernzelle der Urschweiz, die dem ganzen Land seinen Namen gab. Sehenswert: Rathaus (17.–19. Jh.) mit schönen Außenfresken und Rathaussaal mit Kassettendecke, Intarsien und Gemälden der Schwyzer Landamtsleute (1590–1850); Barockpfarrkirche St. Martin (1774); Bundesbriefarchiv; Turm-Museum; Zeughaus; Bürgerhäuser, z. B. Ital-Reding-Haus (1605).

Tourenbeschreibung Das buntbemalte Rathaus und die stattliche Kirche hinter uns lassend, wandern wir die *Schmiedgasse* in Richtung *Brunnen* hinab. Nach etwa 1,5 Kilometern überschreiten wir in *Ibach* die *Muota*, an deren Ufer wir nun etwa 600 Meter nach links bis *Hinter-Ibach* entlanggehen. Bei der Brücke wandern wir geradeaus erst über eine schmale Landstraße, später über einen befestigten Pfad nach *Oberschönenbuch* hinauf. Hier zweigt 200 Meter hinter der Kapelle eine Straße im spitzen Winkel nach rechts ab, der wir etwa 2,5 Kilometer bis zu mehreren Hochspannungsleitungen folgen. Von dort aus läuft links ein schmaler Weg an einigen Häusern vorbei nach *Dägenbalm*.

Hier schlagen wir links einen schmalen Pfad ein, der steil zum *Hof Hezig* hochführt. Jetzt etwa 500 Meter auf einem Fahrweg nach Süden. Bei der Wegeteilung hinter dem Bachbett nehmen wir die linke befestigte Straße, bis uns schräg rechts ein Pfad aufnimmt, um ein Gehöft zu umgehen. Weiter geht es auf breitem Weg auf ziemlich gleicher Höhe über *Schilti* und *Tannen* (schöner Blick auf den *Vierwaldstätter See*). Darauf durch Wald, wo uns zeitweise einige Schuttgefällstrecken (sogenannte *Runsen*) behindern können, bis zu einer Asphaltstraße. Auf dieser wenden wir uns nach rechts, um in mehreren Spitzkehren nach *Sisikon* hinunterzukommen.

Anschließend unterqueren wir Kantonsstraße und Bahnlinie und wandern dann an letzterer entlang. Dann bringt uns rechts der im Frühjahr 1983 angelegte »*Hans-Hürlimann-Weg*« in Serpentinen zum Ufer des *Urnersees*. Auf teilweise durch den Fels gesprengtem und gut gesichertem Weg erreichen wir die *Tellskapelle*. Von hier aus bringt uns ein neuer Weg, der 1991 von der Schweiz erbaut wurde, teils über die Galerien der alten Axenstraße bis zu den ersten Häusern von Flüelen. Am Ortsbeginn halten wir uns nach Überschreiten des *Gruonbaches* rechts, um auf einem Strandweg zu den Schiffsanlegestellen weiterzulaufen.

11.4 Flüelen – Amsteg

Wegmarkierungen Gelbe Wegweiser.
Tourenlänge 18 Kilometer.
Wanderzeit 4½ Stunden.
Höhenunterschiede Allmählicher Anstieg bis Amsteg (etwa 550 m). Gesamte Steigung: etwa 100 m.
Wanderkarten 1:50 000 Blätter 246 Klausenpass und 256 Disentis oder Zusammendrucke 5008 Vierwaldstätter See und 5001 Gotthard.
Gaststätten unterwegs Attinghausen, Erstfeld.
Übernachtung Amsteg.

Tourenbeschreibung Von der Westseite des Bahnhofs geht es zunächst neben dem Bahngelände einige hundert Meter nach Süden. Dann zweigt schräg rechts eine Asphaltstraße ab, die uns

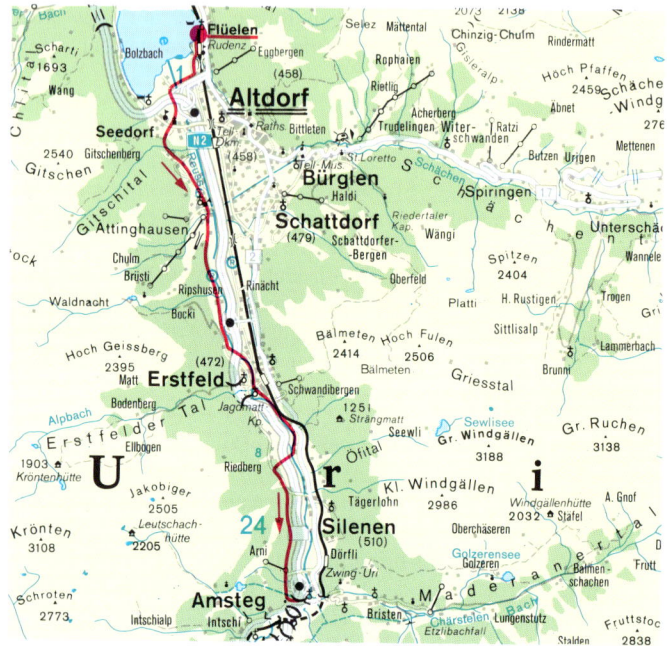

nach *Wild-Ried* und weiter über eine *Reussbrücke* bringt. Nach links dient uns nun der Uferdamm bis *Attinghausen* als Wanderweg. An der *Reussbrücke* wenden wir uns etwa 200 Meter nach rechts zur Ortsmitte, um dann links einen Weg einzuschlagen, der bald nahe der *Reuss* durch die flachen Wiesen verläuft. Schließlich steigen wir etwas zum Wald hoch. Ein malerischer, teilweise durch den Felsen geschlagener Pfad bringt uns zu den Wiesen um *Ripshusen*. Von hier aus leitet uns ein breiter Fahrweg etwa 3 Kilometer nach *Taubach*.

Auf der anderen Seite des Flusses liegt *Erstfeld* mit seinen ausgedehnten Gleisanlagen. Wir bleiben jedoch am linken Ufer und wandern, die Brücke links liegen lassend, geradeaus über den Hof eines Sägewerkes, um gleich darauf den *Reussdamm* zu erreichen. Etwa 3 Kilometer weiter wird die Autobahn nach rechts unterschritten. Nun links um einen Teich und auf schattigem Weg weiter durch Wiesen, bis wir rechts einen Sportplatz erblicken, den wir hinter einem Bach überqueren. Über einen festen Wirtschaftsweg kommen wir hinter der Gehöftegruppe von *Wiler* zu einer Landstraße. Nach etwa 3 Kilometern betreten wir in Höhe einer Brücke einen Feldweg, der bald in einen Dammweg übergeht. 3 Kilometer weiter umgehen wir ein Militärgelände und gelangen hinter einem Umspannwerk über die *Reussbrücke* nach *Amsteg*.

11.5 Amsteg – Andermatt

Verkehrsmöglichkeiten Zwischen Amsteg und Göschenen Bundesbahn- und zwischen Göschenen und Andermatt Bergbahnverbindung.
Wegmarkierungen Gelbe Wegweiser, ab Meitschliger Brücke streckenweise weiß-rot-weißer Querbalken (Bergweg).
Tourenlänge 20 Kilometer. **Wanderzeit** 6 bis 7 Stunden.
Höhenunterschiede Zuletzt etwas steilerer Anstieg nach Gurtnellen-Dorf (928 m), Abstieg nach Gurtnellen-Wiler (745 m), allmählicher Anstieg bis Göschenen (1102 m). Manchmal steilerer Aufstieg bis Andermatt (1436 m).
Gesamte Steigung: etwa 1100 m.
Wanderkarten 1:50 000 Blätter 256 Disentis und 255 Sustenpaß oder Zusammendruck 5001 Gotthard.
Gaststätten unterwegs Gurtnellen-Dorf, Gurtnellen-Wiler, Göschenen, Teufelsbrücke.
Übernachtung Andermatt.

Tourenbeschreibung Bei *Amsteg* wird das *Reusstal* enger, und der Fluß schäumt oft wild über die Felsen hinab. Am Kraftwerk vorbei verlassen wir geradeaus die Hauptstraße. Dann steigen wir zuerst steil nach *Vorder-Ried* hinauf. Dort plätschert neben der Kirche einer der zahlreichen Brunnen dieser Gegend. Anschließend auf fast gleicher Höhe nach *Hinter-Ried*. Nun etwas abwärts. Dann entlang eines Schutzzaunes oberhalb der Autobahn bis zum nächsten Graben, dem Teiftal. Dieser wird mittels eines Tunnels unterquert. (Auf der linken Seite des Tunnelanfangs befindet sich der Lichtschalter.) Kurz nachher bringt uns ein Pfad zur Autostraße hinab, auf der wir nach rechts über die *Meitschliger-Brücke* (648 m) schreiten.

Dahinter läuft der Wanderweg, jetzt als Bergweg weiß-rot-weiß markiert, nach links weiter und darauf auf steilem Pfad zu den Höfen von *Waldi* empor. Anschließend läßt uns ein breiter Fahrweg südwestlich *Gurtnellen-Dorf* erreichen. Nun müssen wir wieder bergabsteigen, um nach 500 Metern in einer Linkskurve auf einem steilen, steinigen Pfad die kurvenreiche Straße zu verlassen. Am Ortsanfang von *Gurtnellen-Wiler* stoßen wir wieder

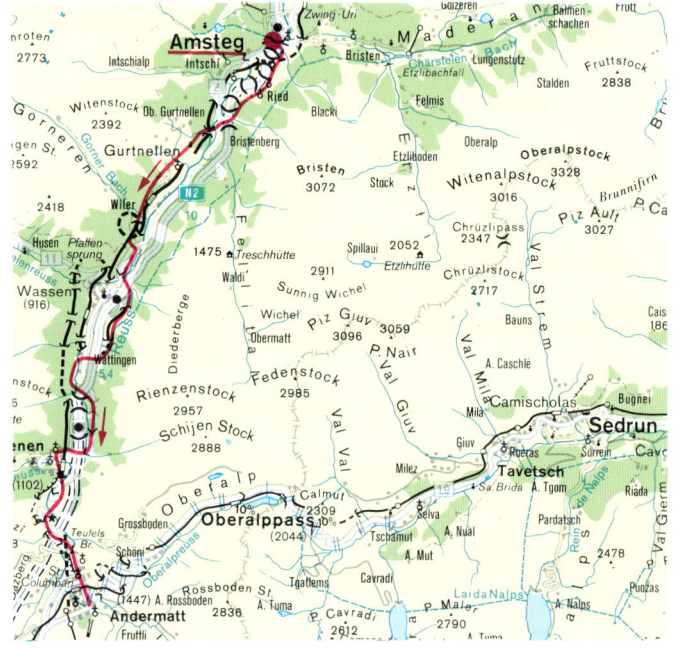

auf die Fahrstraße. Links durch einen Fußgängertunnel und über die *Reuss* gelangen wir zum Bahnhof. Hier sehen wir zum erstenmal unser Wanderzeichen in italienischer Sprache.

Wir bleiben am linken *Reussufer*, um die Bahnlinie zu unterqueren und alsbald auf schmalem Wiesenweg links an den Höfen von *Muren* vorbei und erneut unter der Bahnlinie hindurch zum Waldrand zu gelangen. Es währt nicht lange, bis wir die Bahnlinie abermals unterschreiten und unterhalb des *Pfaffensprungs* das gleichnamige Kraftwerk passieren.

Hier gehen wir zur Straße hinab und links über die Brücke (807 m). Wild schießen neben uns die Wassermassen der *Reuss* in einem mächtigen Wasserfall aus dem Staubecken in die Tiefe. Nun rechts ab, teilweise unter dem Überdach neben der Autobahn entlang. Anschließend über das Lawinendach und durch einen Tunnel abwärts zu einer *Reussbrücke*. Währenddessen erblicken wir vom Lawinendach aus auf der anderen Talseite etwas höher gelegen die Kirche von *Wassen*.

Vor der Brücke geht es jedoch nach links unter einem Autobahnviadukt hindurch, über einen Zaun und durch Wiesen etwa 1,5 Kilometer zu einem Kasernengelände nahe der Siedlung

Wattingen. Dann über die Straße zur *Wattinger Brücke* (912 m). Wenn der Weg auf der anderen Flußseite über den *Rohrbach* wegen Lawinenschadens unbegehbar sein sollte, bleiben wir besser links auf der Straße, um nach wenigen hundert Metern rechts vor der Eisenbahnbrücke über die *Reuss* zu gelangen.

Dann geht es links über die Höfe von *Neiselen* und anschließend über einen schmalen Pfad aufwärts bis oberhalb der Einfahrt des Autobahntunnels. Nun weiter zur *Gotthardstraße,* die uns bis *Göschenen* bringt. Sollte der Weg durch Lawinen zerstört sein (erkundigen!), müssen wir unsere Wanderung bereits ab *Wattingen* auf der Straße fortsetzen.

In *Göschenen* beginnt der etwa 16 Kilometer lange *Gotthardtunnel.*

Wir durchqueren den Ort, indem wir auf der Hauptstraße bleiben. Etwa 500 Meter südlich des Dorfes überspannt am Beginn der engen *Schöllenenschlucht* eine Brücke eine Zahnradbahn. Einige hundert Meter weiter verlassen wir die Straße vor einer scharfen Linkskehre, um rechts über eine alte kühngeschwungene Steinbrücke zu gehen. (*Häderlinsbrücke:* Grenze der Wegpflichten zwischen *Urner* und *Andermatter Säumern*).

Jetzt steigen wir ein kurzes Stück auf dem alten Saumpfad hoch. Die kurvenreiche Paßstraße wird mehrmals überquert. Dann folgen wir erneut für etwa 1 Kilometer der teilweise überdachten Autostraße bis zu den Häusern von *Brüggwald.* Nun weiter auf altem Weg hoch über der tosenden *Reuss,* um eine scharfe Felskante herum in den engsten Teil der Schlucht und über die 1830 erbaute *Teufelsbrücke,* die heute nur noch Fußgängern zugänglich ist. Dahinter wiederum zur Straße hinauf und durch das *Urner Loch,* 1707 durch den Tessiner Ingenieur *Pietro Morettini* erbaut, bis zu unserem Tagesziel *Andermatt.*

Südschweiz

12 *Andermatt – Gotthard/Gottardo – Airolo – Biasca – Bellinzona – Isone – Tesserete – Lugano – Morcote (131 km)*

12.1 Andermatt – Airolo

Verkehrsmöglichkeiten Zwischen Andermatt und Göschenen Bergbahnverbindung, zwischen Göschenen und Airolo Bahnverbindung.
Wegmarkierungen Gelbe Wegweiser, streckenweise weiß-rot-weißer Querbalken (Bergweg).
Tourenlänge 18 Kilometer. **Wanderzeit** 6 bis 7 Stunden.
Höhenunterschiede Aufstieg von Andermatt (1436 m) zur Gotthardpaßhöhe (2091 m), manchmal etwas steilerer Abstieg nach Airolo (1141 m). Gesamte Steigung: etwa 700 m.
Wanderkarten 1:50 000 Blätter 255 Sustenpaß und 265 Nufenenpaß oder Zusammendruck 5001 Gotthard.
Gaststätten unterwegs Hospental, Mätteli, Ospizio.
Übernachtung Ospizio (Gotthard-Hospiz: Hotel Monte Prosa), Airolo.
Wissenswertes Andermatt: wichtiger Verkehrsknotenpunkt im Urserntal. Sehenswert: St.-Kolumban-Kirche (spätgotisch) am Eingang der Schöllenenschlucht; barocke Pfarrkirche; alte Holzhäuser mit hohem Giebel und Vordach. Hospental: schon 1825 unter diesem Namen erwähntes Dorf. Sehenswert: Wehrturm (13. Jh.): Langobardenturm, (Sitz der Edlen von Hospental, Dienstleute des Klosters Disentis), Gotthardreussbrücke mit Wehrstein von 1631, im oberen Dorfteil St.-Karls-Kapelle (1719) mit sinnvollem Wandspruch am »Scheidpunkt Europas«.

Tourenbeschreibung Ohne merkliche Steigung geht es zunächst zum etwa 2,5 Kilometer südwestlich gelegenen Flecken *Hospental*, wobei der Weg dem *Reussdamm* folgt. Etwa 500 Meter hinter der Ortschaft *Andermatt* überschreiten wir bei einer Straßenkreuzung die Gleise der *Furka-Oberalpbahn*. Eine Erhebung wird auf einem Wirtschaftsweg im linken Bogen umwandert. An einem Bildstock zweigt der Bergweg über einen kaum sichtbaren Wiesenpfad links nach *Hospental* ab.

Beim *Hotel Rössli* wird die Dorfstraße überquert. Der Weg steigt nun zur Paßstraße hoch. Diese wird bald unterschritten,

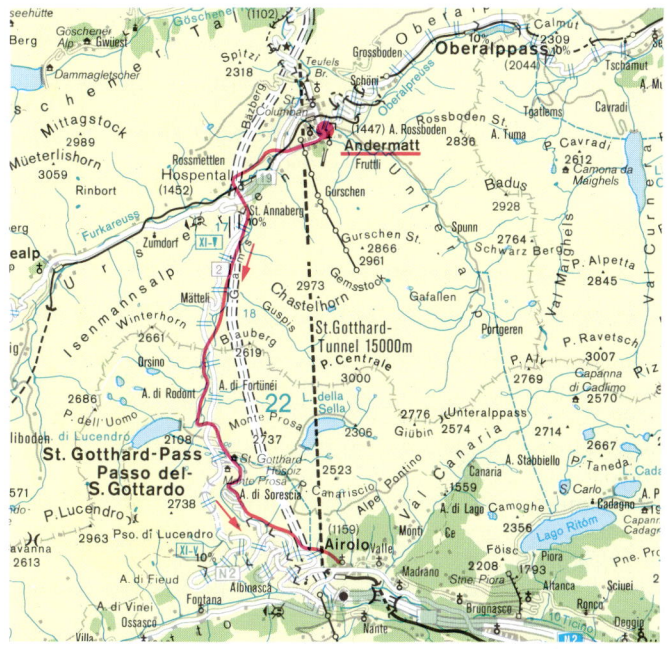

wobei es stets weiter bergauf geht. Wenn wir die Straße erreichen, folgen wir dieser ein kurzes Stück. Etwas oberhalb läuft anschließend der Wanderweg zum *Gamssteg* (1616 m) hoch. Dann bleiben wir vorläufig im Talgrund und gehen, indem wir manchmal dem alten Saumpfad folgen, zum Wirtshaus *Mätteli* (1790 m) empor. Wir bleiben in der Nähe der *Reuss*, um nach 1,5 Kilometern zum *Brüggloch* (1910 m) zu gelangen.

Erneut wird die Paßstraße unterquert. Hier verläuft die Grenze zwischen den Kantonen *Uri* und *Tessin*. Jetzt links über eine Brücke, dann rechts am Ufer der *Gotthardreuss* entlang.

Über Steinplatten und feuchte Stellen, dann über zahllose Steinblöcke geht es wieder zum alten *Gotthardweg*. Darauf überwinden wir einige glattgeschliffene eiszeitliche Rundfelsen. Einige kleinere Bergseen künden uns an, daß wir die Paßhöhe des *St. Gotthard* erreicht haben. Hier oben erfrischen wir uns ausgiebig im unter Denkmalschutz stehenden *Ospizio* (2091 m). (Höchster Punkt des Europäischen Fernwanderweges E 1, weiter Blick ins Tessiner Gebiet.)

Anschließend leitet uns die alte Paßstraße zum *Val Tremola*, dem Tal des Zitterns, hinab. Hier wurde früher die Höhe in zahlreichen Kehren mühsam überwunden. Über den *Sorescia*-Bach kommen wir nach *Motto di dentro* (1650 m). Die neue Autostraße wird darauf zweimal überquert. Bald darauf geht es links zu einem Pfad, auf dem wir nach *Motto Bartola* (1527 m) wandern. Dann steigen wir in mehreren Kehren steil ins Tal hinunter, wo wir schließlich bald *Airolo* (1175 m) erreichen.

12.2 Airolo – Osco

Verkehrsmöglichkeiten Abstieg von Osco über Mairengo nach Faido, von dort Bahnverbindung mit Airolo und Biasca.
Wegmarkierungen Gelbe Wegweiser, streckenweise weiß-rot-weißer Querbalken (Bergweg).
Tourenlänge 17 Kilometer.
Wanderzeit Etwa 5 Stunden.
Höhenunterschiede Aufstieg von Airolo (1141 m) bis hinter Altanca (Cresta di sopra: 1241 m), Abstieg nach Deggio (1194 m), Aufstieg nach Lurengo (1324 m), manchmal etwas steilerer Abstieg bis Freggio (1037 m), Aufstieg bis unterhalb von Vigera (1203 m) und wenig abwärts nach Osco (1157 m). Gesamte Steigung: etwa 600 m.
Wanderkarten 1:50 000 Blatt 266 Valle Leventina und Zusammendruck 5001 Gotthard.
Gaststätten unterwegs Brugnasco, Altanca, Deggio, Grotto di Strada Alta (nahe San Martino), Lurengo, Catto (oberhalb von Lurengo).
Übernachtung Osco; außerdem in den meisten Orten, die an der Strecke liegen.
Wissenswertes Airolo: in Urkunden auch Erielz, Orielz oder Oriolo genannt, bis 1880 (Durchstich des Gotthardtunnels) wichtige Raststation mit über 100 Saum- und Postpferden; oftmals von Naturkatastrophen heimgesucht, z. B. Bergsturz von 1898; Pfarrkirche SS. Nazurio e Celso (schon 1224 erwähnt, 1879 neuerbaut) mit auffallend schlankem vorromanischem Turm.

Tourenbeschreibung In *Airolo* beginnt die beliebte Wanderstrecke der *Strada alta*. Dieser oft noch als Saumpfad verlaufende Höhenweg muß zweifellos zu den schönsten Wanderwegen Europas gezählt werden. Vor dem Bahnhof ist eine große Übersichtstafel aufgestellt worden. Von hier aus gehen wir bis zum Friedhof die Hauptstraße hinauf. Unmittelbar danach zweigt eine schmale Straße links ab. Auf ihr erreichen wir bald die Ansiedlung von *Valle*. Dann bringt uns ein schmalerer Weg ins Tal des *Canaria*-Baches und wieder hinauf nach *Madrano*.

Wir durchschreiten das typische Bergdorf und folgen nun einem Pfad, der uns über einen Steilhang zu einer Straße hochführt. Diese erreicht nach etwa 1 Kilometer das hochgelegene Dorf *Brugnasco* (1380 m). Darauf geht es erst durch offenes Gelände, dann über eine Waldstraße durch Fichtenwald an der Seilbahnstation von *Altanca* vorbei nach 2,5 Kilometern zur gleichnamigen Ortschaft. Hinter dem *Foßbach* erreichen wir nahe einer Holzhütte den höchsten Punkt des Höhenweges, *Cresta di sopra* (1421 m).

Bald darauf durchqueren wir *Ronco* und steigen anschließend rechts auf einem Fußweg bergab. Parallel zur höher verlaufenden Straße wandern wir in 1,5 Kilometern nach *Deggio*. Hinter der Ortschaft überschreiten wir einen Bach und biegen kurz darauf links ab. Rechts unter uns sehen wir die alte *Kapelle San Martino* aus dem 12. Jahrhundert. An einem Gasthaus vorbei leitet uns der Weg nach *Lurengo* empor.

Anschließend betreten wir schattigen Nadelwald. Wir bleiben zunächst auf gleicher Höhe auf einem Waldweg bis zum *Bosco*

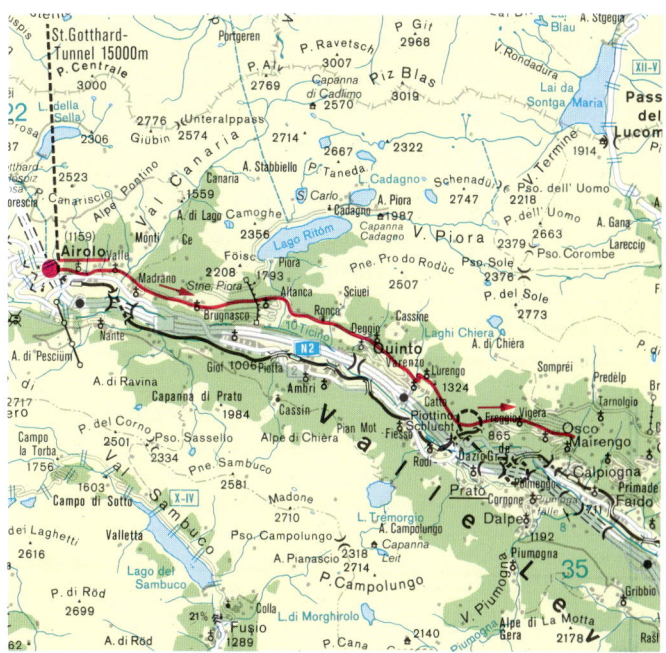

d'Oes, um dann auf malerischem Pfad oft über Felsplatten steil abzusteigen. Nach etwa 2 Kilometern kommen wir nach *Freggio*. Oberhalb des Dorfes steigen wir in einigen Kehren bergauf, sehen nach kurzer Zeit links über uns *Vigera* liegen und gelangen unmittelbar hinter *Modrengo* nach *Osco*, das zu den wichtigsten Ortschaften der *Strada* alta zählt. Da innerhalb der nächsten zwei Wegstunden Übernachtungsmöglichkeiten meist fehlen, empfiehlt es sich, bereits in *Osco* Station zu machen.

12.3 Osco – Biasca

Verkehrsmöglichkeiten Abstiegsmöglichkeit von Osco über Mairengo nach Faido, von dort Bahnverbindung mit Airolo und Biasca.
Wegmarkierungen Gelbe Wegweiser, streckenweise weiß-rot-weißer Querbalken (Bergweg).
Tourenlänge 28 Kilometer.
Wanderzeit Etwa 8 Stunden.
Höhenunterschiede Ohne nennenswerte Steigung von Osco (1157 m) bis unterhalb von Campella (etwa 1150 m), abwärts nach Rossura (1056 m). Manchmal etwas steiler bergauf bis zur Hüttengruppe Gianon (1388 m) hinter Co, Abstieg nach Anzonico (984 m), etwas bergauf bis 1120 m, dann etwas bergab nach Cavagnano (1020 m), Anstieg nach Sobrio (1128 m), bergabwärts nach Diganengo (964 m), zuletzt sehr steiler Abstieg nach Biasca (293 m). Gesamte Steigung: etwa 600 m.
Wanderkarten 1:50 000 Blatt 266 Valle Leventina.
Gaststätten unterwegs Calpiogna, Calonico, Anzonico, Cavagnago, Sobrio.
Übernachtung Biasca; außerdem in allen obengenannten Ortschaften.

Tourenbeschreibung Wir verlassen zunächst *Osco* auf der Straße in östlicher Richtung. An der ersten scharfen Rechtskurve gehen wir geradeaus weiter auf einem Fußpfad, welcher uns durch Kiefernwald zwei Bachtäler durchqueren läßt. Das hintere Tal wird durch den *Ri Sciresa* gebildet. Anschließend führt die Wanderung durch Wiesen, die von Eßkastanien gesäumt werden, zu einigen Hütten und der Kapelle von *Targnet* (1060 m). Durch das Tal des *Formiéi* (*Vallona Formiéi*, 1100 m) läuft der Pfad nach *Calpiogna*.

Weiter geht es auf einem Wiesenpfad und dann durch buschiges Gelände bis zu einer Kapelle. Der Hauptweg, welcher geradeaus ins Tal des *Ri Bassengo* hinunterführt und dann weiter nach *Figione* verläuft, ist bei Hochwasser oft unterbrochen. Dann dient ein rechts hinablaufender Zickzackpfad als Umleitung, der hinter den Ruinen von *Fontane* auf die Straße trifft. Auf dieser wandern wir einige hundert Meter nach links, um dann links nach *Figione* zum Hauptweg hochzusteigen. Dieser leitet uns über den *Croarescio-Bach* oberhalb an *Rossura* (sehenswerte Kirche) vorbei. Hinter einem Bach kommen wir wieder auf die Straße und links weiter nach *Tengia*.

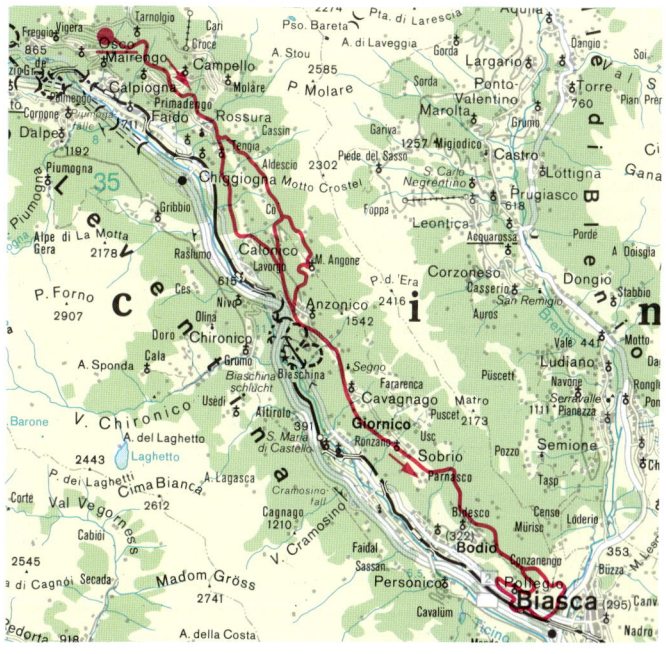

Hier geht es entweder geradeaus weiter nach *Calonico* (Einkehr- und Übernachtungsmöglichkeit) mit seiner auf steilem Felsvorsprung hochragenden Kirche oder scharf links einen Wiesenweg aufwärts zu einigen Hütten. Dann passieren wir ein kurzes Stück hinter einer Kapelle die Häuser von *Sorsello*. Hinter einer Holzbrücke geht es links über einige Holztreppen hoch. Dann läuft der Pfad rechts durch Buschgelände zu den Hütten von *Co* (1362 m).

Dahinter ist der höherverlaufende Weg über *Monte Angone* infolge von Witterungseinflüssen oft unterbrochen. Deshalb geht man besser rechts ab und steigt steil abwärts zu den Höfen von *Ravatoi* hinunter. Hier bringt uns eine schmale Asphaltstraße weiter bergab. An einer Kapelle stößt von links die Abzweigung über *Calonico* wieder zu unserer Route.

In Róusgia di *Rivài* vereint sich unser Weg wieder mit der von Monte *Angone* kommenden Strecke. Nur wenig später sind wir in *Anzonico*, einem ansehnlichen Bergdorf.

Hinter der *Chiesa di San Antonio* folgen wir erst einem Feldweg, dann einem aufwärts führenden Pfad links zu den Häusern von *Segno*. Hier befindet sich das kleine Kirchlein *Sant' Ambrogio* mit bedeutenden Innen- und Außenmalereien. Den Schlüssel erhält man im Pfarrhaus des Dorfes *Cavagnago*, das man sowohl über einen breiten Weg als auch über einen Wiesenpfad erreicht. Hinter *Cavagnago* nimmt uns ein Wiesenweg auf, der schließlich in einen Pfad übergeht. Er bringt uns durch Kiefern- und Kastanienwald aufwärts. Wir berühren *Ronzano*, kommen an einer freistehenden Kirche mit einem Kirchhof vorbei und sind gleich darauf in *Sobrio*.

Eine schmale Asphaltstraße läßt uns bis zu einem Kiesplatz südöstlich weiterwandern. Zurückschauend bietet sich uns mit der prächtigen Kirche und den alten Häusern von *Sobrio* ein malerisches Bild. Nun beginnt die vielleicht schönste Strecke der *Strada alta*. Meist über Felsplatten, Felsvorsprünge und Felsbänder geht es durch Mischwald durch die Felsschlucht des *Vallone*.

Schließlich passieren wir die Scheuern von *Bedretto*. Zwischen mächtigen Kastanien läuft nun ein Pfad zu einem Brunnen an einer Asphaltstraße. Diese bringt uns links zu einem Bach. Hier geradeaus weiter auf breitem Feldweg nach *Diganengo*. Fast auf gleicher Höhe gelangen wir dann nach zweimaligem Linksabbiegen nach *Conzanengo*. Hier genießen wir eine eindrucksvolle Aussicht. Hinter den Häusern abwärts durch Kastanienwald auf einem Zickzackpfad zum *Sotto Conzanengo* (893 m). Nun entweder rechts auf leichterem Weg hinunter ins Tal nach *Pollegio* oder links zunächst über einen breiten Forstweg zum *Motto Bruciato* (818 m). Dann rechts an einer Hütte vorbei über einen immer steiler abfallenden Bergpfad, der uns fast ständig über Felsstufen mühsam in zahlreichen Kehren und zum Schluß durch Weinberge nach *Biasca* hinabsteigen läßt. Hier endet die Wanderstrecke der *Strada alta*.

12.4 Biasca – Bellinzona

Verkehrsmöglichkeiten Bahn- und Busverbindung.
Wegmarkierungen Gelbe Rauten, Wegweiser und Beschriftung Sentiero riviera.
Tourenlänge 22 Kilometer.
Wanderzeit $5^{1}/_{2}$ Stunden.
Höhenunterschiede 30 m.
Wanderkarten 1:50 000 Blätter 266 Valle Levantina und 276 Val Verzasca.
Gaststätten unterwegs Arbedo, Iragna (etwas abseits), Lodrino, Cresciano und Claro.
Übernachtung Bellinzona.
Wissenswertes Biasca: Schon im Mittelalter bedeutender Ort nahe des Gotthard-Passes, zeitweilig Sitz eines Generalvikars des Erzbistums Mailand. Sehenswert: romanische Stiftskirche San Pietro e Paolo (9. Jh.), im 16. u. 17. Jh. umgebaut, im Innenraum Schwarzweiß-Malereien, Christophorusbild, Weihwasserbecken, thronender Christus und Bilderzyklus aus dem Leben des Karl Borromäus (16. Jh.).

Tourenbeschreibung Vom Bahnhof Biasca etwa 150 Meter nördlich bis zu einem Kreisverkehr, dort halblinks etwa 250 Meter. Nun nach links auf der Via Iragna auf die rechte Talseite, unter der Autobahn hindurch und über den Ticino. Nun von der Straße weg auf den Uferdamm. Stellenweise über große Steinplatten auf gutem Wanderweg bis auf die Höhe von Lodrino.

Hier bei wenig Wasser auf ausgelegten Steinen durch das Flußbett eines Seitenbaches. Bei Hochwasser jedoch Umweg über die Straßenbrücke in Lodrino (Wegweiser). Weiter auf dem Wanderweg unter der Autobahnbrücke hindurch und nach etwa 500 Metern den Ticino auf einer Straßenbrücke überschreiten und wenig südwärts (etwa 200 Meter) zum Bahnhof Osogna-Cresciano. Etwa 30 Meter weiter über eine Steintreppe wieder zum Ticino hinunter. Dann zuerst an alten Häusern vorbei und über ein Steinbruchgelände. Nun überwiegend durch offenes Feld und Auwälder immer am Flußufer entlang bis zur Einmündung der Moesa in den Ticino. Dabei passieren wir ein großes Kieswerk. Nun geht es an der Moesa aufwärts und unter der Bahnlinie hindurch. Auf der ersten Brücke wird die Moesa überquert (alte Eisenbrücke der ehemaligen Bellinzona-Mesocco-Bahn). Nun wieder an der Moesa entlang abwärts bis zum Ticino und diesem folgen bis zur Brücke von Arbedo nach

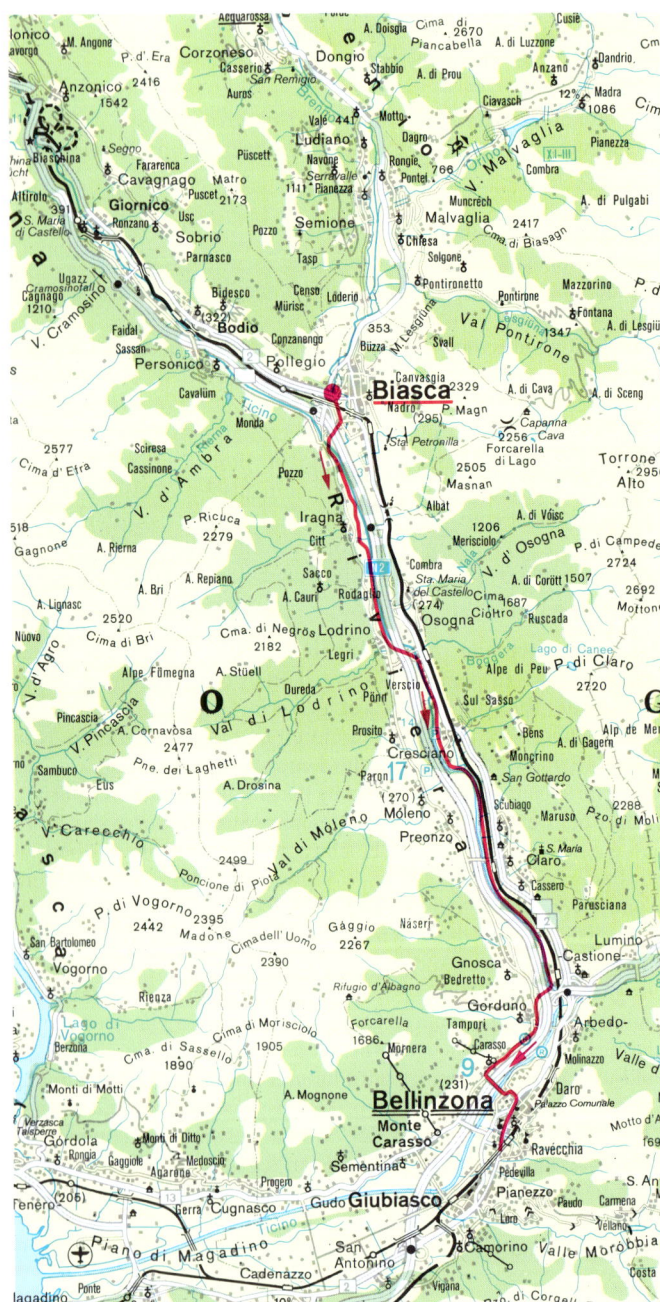

Gorduno. Anschließend auf einem hohen Damm bis auf die Höhe von Carasso und zuletzt über Wirtschaftsstraßen zum Bahnhof Bellinzona.

12.5 Bellinzona – Isone

Verkehrsmöglichkeiten Keine (Rucksacktour).
Wegmarkierungen Gelbe Wegweiser, streckenweise weiß-rot-weißer Querbalken (Bergweg).
Tourenlänge 13 Kilometer.
Wanderzeit 4 bis 5 Stunden.
Höhenunterschiede Meist auf gleicher Höhe von Bellinzona (227 m) bis Camorino (etwa 250 m), oft sehr steiler Aufstieg zum Sattel von Cima di dento (1005 m), Abstieg nach Isone (743 m). Gesamte Steigung: etwa 800 m.
Wanderkarten 1:50 000 Blatt 276 Val Verzasca oder Zusammendruck 5007 Locarno – Lugano.
Gaststätten unterwegs Giubiasco.
Übernachtung Isone.
Wissenswertes Bellinzona: Hauptstadt des Kantons Tessin, beherrscht von drei Burgen, die den Eingang zu den Alpenpässen beherrschten; noch heute wichtiger Verkehrsknotenpunkt. Sehenswert: die drei Burgen des Herzogtums Mailand: Castello Grande, auch Uri oder S. Michele gen. (12. Jh.); Castello Montebello oder Svitto, Schwyz (14. Jh.); Castello di Sasso Corbaro (auch Untervaldo) (15. Jh.); Peterskirche SS. Pietro e Stefano (15.–19. Jh.); S. Biagio in Ravecchia: romanische Pfeilerbasilika (13. Jh.) mit bedeutenden Außen- und Innenmalereien; Reste der Letzimauer (»Letzi« = schweiz. Grenzwall).

Tourenbeschreibung In *Bellinzona*, der altertümlichen Stadt mit den teils gutherhaltenen Resten dreier Burganlagen, führt der Weg vom Bahnhof zunächst durch die Altstadt zur *Via Lugano*. Nur wenige hundert Meter bleiben wir auf dieser Straße. Hinter dem schnellfließenden *Dragonato-Bach* biegen wir nach links ab und überschreiten alsbald eine Eisenbahnbrücke. Dahinter rechts ab bis zu einem kleinen Platz vor einer alten Kirche. Nun links hoch durch das Viertel von *Ravecchia*. Nach etwa 500 Metern rechts ab zur *Via Ravecchia*. Auf dieser nach links zur *Via Guesta*, dann rechts und wieder links zur *Via Pedevilla*. Hier links vor einem Torbogen zur *Via Mte Tabor* und weiter zur *Via Fabrizia*. Diese

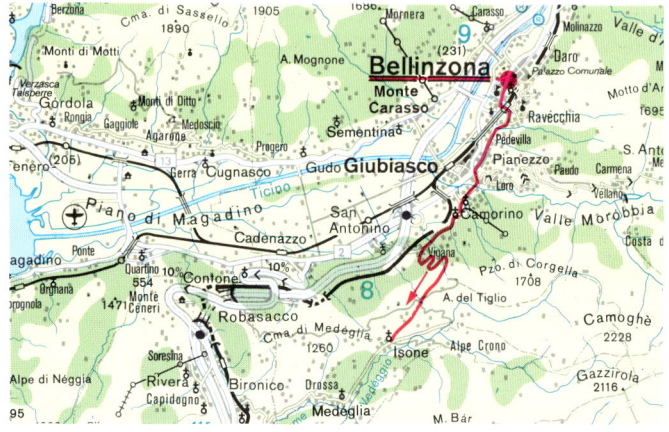

läßt uns links weiterwandern und geht hinter einem Bach in die *Via Rompeda* über nach *Giubiasco*.

An der Kirche vorbei durch die *Via Ponte Vecchio* überschreiten wir die *Piazza Grande*. Dann geht es links hoch über die *Morobbia* südwestlich nach *Camorino*. Vor der Eisenbahnbrücke wenden wir uns links und umrunden bald auf einer schmalen Asphaltstraße einen Berg, auf dem sich die Kirche *San Martino* erhebt. Meist in südwestlicher Richtung folgen wir der Straße etwa 1 Kilometer. Jetzt halten wir uns links, um nach 200 Metern zwischen Weinbergen rechts hochzusteigen. Nach etwa 200 Metern biegen wir erneut links ab und passieren einige Häuser. Endlich nimmt uns der schattenspendende Wald auf und läßt uns erst auf breitem Weg, dann auf schmalem Bergpfad zu einem großen Wiesenhang mit den Häusern von *Stabiello* gelangen.

Auf schmalem, oftmals äußerst steil hochgehendem Zickzackpfad ersteigen wir nach etwa 2 Kilometern den Sattel von *Cima di dento* (1005 m). Wir befinden uns in militärischem Gebiet. Ein Pfad leitet uns zu einer Straße hinunter, auf der wir nur kurz bleiben. Dann führt uns rechts ein gut begehbarer, oftmals mit alten Steinen gepflasterter Saumpfad nach *Isone* hinab.

12.6 Isone – Tesserete

Verkehrsmöglichkeiten Keine (Rucksacktour).
Wegmarkierungen Gelbe Wegweiser, streckenweise weiß-rot-weißer Querbalken (Bergweg).
Tourenlänge 11 Kilometer. **Wanderzeit** 4 Stunden.
Höhenunterschiede Zunächst bergab ins Tal des Vedeggio (etwa 700 m), ständiger Aufstieg bis Murice (980 m) und zum Gola di Lago (972 m), Abstieg nach Tesserete (514 m). Gesamte Steigung: etwa 300 m.
Wanderkarten 1:50 000 Blatt 286 Malcantone oder Zusammendruck 5007 Locarno – Lugano.
Gaststätten unterwegs Luera (etwas abseits der Strecke an der Straße wenige hundert Meter südlich des Gola di Lago).
Übernachtung Tesserete.

Tourenbeschreibung Auf der Hauptstraße passieren wir die Kirche. Etwa 50 Meter weiter wählen wir eine links abbiegende Straße, die uns an einem Supermarkt vorbei zu einer Häuser-

gruppe führt. Hier erst links, dann rechts über Treppenstufen ins Tal des *Vedeggio* hinunter. Wir überqueren den Bach und halten uns zunächst südlich, dann östlich, um schließlich in einigen Kehren an den Häusern von *Revöira* vorbei zu den Hütten von *Murice* (980 m) hochzusteigen. Dabei werden zwei Bachläufe gequert. Achtung! Ein Verfehlen des Weges ist möglich, da keine Markierung vorhanden. Nach Überschreiten des zweiten Baches halten wir uns auf einem der vielen Pfade bergabwärts. Einige Zeit später erreichen wir auf einer befestigten Paßstraße (ab hier wieder Markierung) über *Alpe di Zalto* den Sattel von *Gola di Lago* (972 m).

Hier kommen wir an einer kleinen Kapelle vorbei und stoßen auf eine Straße. Ihr folgen wir wenige hundert Meter nach rechts. Jetzt bringt uns links ein Pfad ein kurzes Stück durch feuchtes Gelände. Dann wandern wir auf einem neuen Fahrweg, der teilweise asphaltiert ist, an Ferienhäusern vorbei und weiter über einen Wiesenpfad. Bald berühren wir links einen Zaun. An dessen Ende nehmen wir rechts einen Fußweg, der uns an den bewaldeten Hängen des *Monte Bigorio* entlangführt. Schließlich benutzen wir einen alten Saumpfad, um zum malerischen Bergdorf *Bigorio* hinunter zu gelangen. Wir betreten die Hauptstraße und folgen ihr abwärts bis zur ersten Rechtskurve. Hier wählen wir eine links hinabführende Steintreppe. Ein Fußweg führt uns zur Straße hinab. Auf dieser erreichen wir bald *Tesserete*.

12.7 Tesserete – Lugano – Morcote

Verkehrsmöglichkeiten Busverbindung zwischen Tesserete und Lugano. Busverbindung zwischen Morcote und Lugano. Ansonsten Rucksacktour.
Wegmarkierungen Gelbe Wegweiser, streckenweise weiß-rot-weißer Querbalken (Bergweg).
Tourenlänge 22 Kilometer (4 km können durch die Seilbahnfahrt zum San Salvatore eingespart werden).
Wanderzeit 5 bis 6½ Stunden.
Höhenunterschiede Aufstieg von Tesserete (514 m) zum San Bernardo (707 m), Abstieg nach Lugano (etwa 300 m), steiler Aufstieg zum San Salvatore (912 m), Abstieg nach Carona (599 m), aufwärts zum San Grato (etwa 700 m), Abstieg nach Morcote (272 m). Gesamte Steigung: mit San Salvatore und San Grato: etwa 900 Meter, ohne letztere Aufstiege: etwa 200 m.

Wanderkarten 1:50 000 Blatt 286 Malcantone oder Zusammendruck 5007 Locarno – Lugano.
Gaststätten unterwegs Comano, Massagno, Lugano, Paradiso, San Salvatore, Ciona, Carona, Vico Morcote.
Übernachtung Lugano, Morcote.
Wissenswertes Lugano: wichtiger Kur- und Badeort am gleichnamigen See, bereits im 9. Jh. Wochenmarkt, jahrhundertelang Selbstverwaltung, seit 1499 französisch, 1516 zu den Eidgenossen. Sehenswert: Kathedrale San Lorenzo (15. Jh.) mit Renaissance-Fassade und Reste von Innenfresken (15. u. 16. Jh.); San Maria degli Angioli, 1500–1700 erbaut, Passionsfresko (1529) an der Lettnerwand, Fresken von 1520–30 in der Capelle dell' Immaculata; San Antonio (17. Jh.) mit Altarbildern; Rathaus (Municipio), klassizistisch (1840–44); Arkadengänge in der Altstadt.

Tourenbeschreibung Zuerst bleiben wir bis hinter einer Tankstelle auf der Straße in Richtung *Lugano*. Dann biegen wir scharf nach rechts ab und gehen zum Schützenhaus hoch. Vor zwei großen Kastanienbäumen wandern wir nun halblinks über die Wiesen zum Wald hinüber. Vor einer Einfriedung leitet uns der Weg erst links, dann rechts um das Gelände herum. Hier geht es meist in südlicher Richtung bei angenehmen Schatten an der Ostseite des *San Clemente* (624 m) vorbei bis zu einem Brunnen. Von dort aus läuft ein steiler Weg etwas rechts zur Einsiedelei *San Bernardo* (707 m, alte Kirche) empor.

Ein Waldweg fällt nach Süden hin ab, um jedoch nach etwa 200 Metern rechts abzuknicken. Bald wiederum südlich nach links schwenkend gelangen wir nach *Comano*, einem zwischen Weinbergen gelegenen Bergdorf. Von hier aus ohne Zeichen über die *Via Cantonale* nach *Porza*. Hinter einer Kapelle gehen wir links über die *Salita delle capelletta* zur nächsten Straße hinab (schöner Blick auf *Luganer See* und die umliegenden Berge). Wir folgen der *Via Prada*, dann rechts der *Via Poggiolo*. Nun halten wir uns rechts und kommen an einer Steinmauer entlang durch die *Via Borsario Velti* hinab nach *Rovello*. Durch ein Wäldchen gehen wir auf einer schmalen Straße weiter nach *Massagno*. Wir unterqueren eine große Kreuzung, um schließlich über die *Via Battista Foletti* zum Bahnhof von *Lugano* zu marschieren.

Hier bleiben wir auf der oberen Hauptstraße, um zum südlich gelegenen Vorort *Paradiso* zu gelangen. Einige Hinweisschilder zeigen uns den Weg zur Standseilbahnstation, die uns auf bequeme Weise zum Gipfel des *San Salvatore* (912 m, prächtige Rundsicht) hinaufträgt. Wer jedoch die Mühe nicht scheuen möchte, kann auf steilem Pfad zu Fuß hinaufsteigen.

Auf steinigem Waldweg (als Bergweg weiß-rot-weiß) gekennzeichnet) geht es nun in etwa 1,5 Kilometer zur kleinen Ansiedlung *Ciona* hinab. Auf der Straße laufen wir links weiter nach *Carona*, einem malerischen Bergort mit sehenswerter Kirche. Wir bleiben auch hinter der Ortschaft weiterhin auf der Straße. Etwa 200 Meter hinter einer scharfen Linkskurve (Sportzentrum) zweigt rechts eine schmale Straße nach *San Grato* hoch (schöne Aussicht).

Dahinter zunächst südwestlich, dann südöstlich an einer Siedlung vorbei nach etwa 1 Kilometer zur Straße hinunter. Um hundert Meter Steigung zu vermeiden, kann man jedoch auch ab *Carona* bis hierher auf der Straße bleiben. An einer spitzen Linkskurve etwa 3 Kilometer hinter *Carona* steigen wir geradeaus über einen steinigen Saumpfad nach *Vico Morcote* hinunter. Hier links über die Dorfstraße an einem Brunnen vorbei. Gleich dahinter auf einem gepflasterten Saumweg zwischen Wochenendhäusern bergab. Zuletzt durch Kastanienwald und über Steintreppen hinab zum vielbesuchten Fremdenverkehrsort *Morcote am Lago di Lugano*. Der *Europäische Fernwanderweg E 1* verläuft nun nicht mehr wie bisher über *Mendrisio* weiter nach *Chiasso*. Statt dessen wird die Wanderstrecke am gegenüberliegenden Ufer ab *Porto Ceresio* auf *italienischer Seite* weitergeführt.

Campo dei Fiori – Parco del Ticino

13.1 Lugano – Pavia – Tortona

Eigenheit Im Bereich der oberitalienischen Seen geht es durch die Voralpen (Nationalpark Campo dei Fiori) mit Höhen bis 1200 m. Dann wird auf flacher Strecke die Po-Ebene entlang der Flüsse Ticino und Scrivia durchquert. Hier herrscht Flußauenlandschaft vor (am Ticino Nationalpark).
Länge 221 Kilometer.

Markierung Bis Morcote wie 12.7. Ab Porto Cerésio rot-weiß-rot mit Bezeichnung E/1.
Betreuer Schweiz: siehe S. 8. Italien: wie 13.2.
Karten 1:50 000: Studio Cartografico Italiano, Genova (SCI), Blätter F11, F13 – F16; Kompass-Karte, Blatt 90.
Führer Wegbeschreibung bis Morcote siehe 12.7. Italienisch ab Porto Cerésio: den genannten SCI-Karten beigegeben. Guida agli itinerari escursionistici della Provincia di Genova (GIEPG), SCI, 9. Aufl., S. 73f. Mehrsprachiges (u.a. deutsch) Wegeschema für die Strecke Osmate – Sannazaro: La Valle del Ticino col sentiero E/1, SCI 1989.

Verlauf Lugano (300 m) – Seilbahn – San Salvatore (912 m) – Morcote (272 m) – Fähre Luganer See mit Grenzübertritt CH/I – Porto Cerésio – Cuasso al Monte (528 m) – Monte Piambello (1105 m) – Boarezzo – Ganna (460 m) – Brinzio – Monte Tre Croci (1111 m) – NP Campo dei Fiori – Fort von Orino (1139 m) – Orino (442 m) – Gavirate – Biandronno – Osmate – Lentate Verbano – ö. Sesto Calende – w. Somma Lombardo – Porto Torre (Deich, Variante auf der anderen Ticino-Seite nach Turbigo) – Maddalena – Tornavento (Brücke) – Turbigo (Brücke, *Variante auf der anderen Ticino-Seite nach Magenta*) – w. Cuggione – w. Magenta (Brücke) – w. Abbiategrasso – Besate – w. Bereguardo – Ponte di Barche (Bootsbrücke) – Cantina Venara (*markierter Anschluß* entlang des Ticino *nach* Pavia/Ponte Vecchio, 13 km) – Zerbolò – Gropello Cairoli – Dorno – Sannazzaro dei Burgondi – Po-Brücke – Cornale – Castelnuovo Scrivia – Tortona.

Ligurischer Apennin

13.2 Tortona (– Genua) – Grondola/ Montelungo (Pontremoli)

Eigenheit Der E 1 führt zunächst südlich durch das Scrivia-Tal auf den Apennin bis oberhalb von Genua (Stichstrecke). Hier knickt er nach Osten, wobei er dem Höhenzug des Apennin (der sich über die ganze italienische Halbinsel erstreckt) folgt. Bis Genua werden Höhen bis über 1100 Meter erreicht, auf der Hauptstrecke im Ligurischen Apennin bis 1700 Meter. Die höheren Lagen des Apennin sind nahezu unbesiedelt und der E 1 führt kaum durch Ortschaften; es gibt jedoch Schutz- und Berghütten bzw. Hotels in ausreichenden Abständen. Verkehrsmöglichkeiten sind in der Regel an größeren Paß-Straßen.

Länge Tortona – Genua 79 Kilometer. Tortona – Montelungo 215 Kilometer.
Markierung Bis oberhalb des Passo della Bocchetta rot-weiß-rot, Bezeichnung E/1. Dann auf der Hauptstrecke bis zum Passo dei Due Santi rot-weiß-rot, Bezeichnung AV (Alta Via dei Monti Liguri), bis zum Passo Cento Croci zusätzlich blaue Doppelscheibe. Bis Monte Lavagnola Gleichlauf E 7. Ab Passo dei Due Santi weißes Dreieck, Bezeichnung GEA (Grande Escursione Appenninica), ab Cervara zugleich rot-weiß-rot, Bezeichnung TL4 (Trekking Lunigiana). Auf der Stichstrecke bis Genua rot-weiß-rot, Bezeichnung E/1, bis Monte Penello zugleich Bezeichnung AV und blaue Doppelscheibe (Gleichlauf E 7).
Betreuer Federazione Italiana Escursionismo (FIE), Via La Spezia, 58 r., I-16149 Genova (GE).
Karten 1:100 000: Übersichtskarte zum Führer GIEPG. 1:50 000: SCI wie 13.1, Blätter F1, F2, F4 – F6, F11. 1:25 000 Edizioni Multigraphic (EM), Firenze, Doppelblätter 3/4, 5/7, 6/8, 9/13.
Führer Deutsch mit Karten (1:50 000) von Passo della Bocchetta bis Passo dei Due Santi: Der Höhenweg der Ligurischen Berge, Unioncamere Liguri/SCI, Genova 1988. Italienisch: Den genannten SCI-Karten beigegeben; GIEPG wie 13.1, S. 53, 75f, 103, 130f; Ab Passo dei Due Santi siehe 13.3.

Verlauf Tortona – Bettole di Castellar – Brücke Cassano – Stazzano – Serravalle Scrivia – Arquata Scrivia (220 m) – Monte Zuccaro (767 m) – Monte Alpe (839 m) – Castagnola (590 m) – Monte Calvo (831 m) – oberhalb Passo della Bochetta (785 m, *auf der Hauptstrecke Trennung von Bezeichnung E/1!*) – Passo dei Giovi (472 m) – Vittoria (680 m) – Crocetta d'Orero (468 m, Bahn Genua) – Monte Carossino (753 m) – Creto (604 m) – Monte Candelozzo (1036 m) – Passo della Scoffera (674 m) – Monte Lavagnola (1080 m) – Passo del Portello – Sella della Giassina (926 m) – Barbagelata (1115 m) – Passo della Scoglina (940 m) – Monte Roncazi (1105 m) – Passo di Ventarola (985 m) – Monte Ramaceto (1345 m) – Passo della Forcella (875 m) – Passo della Rocche (1105 m) – Passo Pre de Lame (1537 m) – Monte Aiona (1701 m) – Passo della Spingarda (1549 m) – Passo dell'Incisa – Passo del Bocco (956 m) – Monte Zatta (1404 m) – Colla Craiolo (907 m) – Monte Ventarola – Monte Zuccone (1425 m) – Passo di Cento Croci (1055 m) – Monte Bertola – Monte Gottero (1639 m) – Passo dei Due Santi (1392 m, Trennung von AV!) – Agneda (1082 m) – Cervara (707 m) – Bahnhof Grondola-Guinadi (425 m, aufgelassen, kein Personenzughalt!) – Grondola Ort (628 m, 8 km von Pontremoli, Straße Pontremoli – Borgo Val di Taro) – Villa Vecchia – Polina – Montelungo (833 m, 11 km von Pontremoli, Staatsstraße 62 Pontremoli – Parma).

Stichstrecke nach Genua: Passo della Bocchetta (772 m, Bezeichnung weiter E/1) – Monte Taccone (1113 m) – Piani di Praglia (950 m) – Monto Penello (995 m) – Genova-Pegli (6 m). Vorort von Genua, Bahn.

Tosko-Emilianischer Apennin

13.3 Grondola/Montelungo (Pontremoli) – Crespino del Lamone

Eigenheit Zum Apennin allgemein siehe 13.2. In diesem Teil werden Höhen bis 2000 Meter erreicht.
Länge 228 Kilometer (ab Montelungo).
Markierung Weißes Dreieck, Bezeichnung GEA (Grande Escursione Appenninica). Ab Groppo del Vescovo ist die GEA auf weiten Strecken, aber nicht durchweg, identisch mit dem Apennin-Kammweg (Markierung rot-weiß-rot, Bezeichnung 00).
Betreuer Wie 13.2.
Karten 1:50 000: CAI/SELCA, sentieri montani della Provincia di Firenze, Blatt 1. 1:25 000: Edizioni Multigraphic (EM), Firenze, Doppelblätter 9/13, 14/16, 15/18, 17/19, 21/22, 23/24, 25/28, 26/27.
Führer Italienisch: Appennino trekking (für GEA, 00-Kammweg und andere Routen), 2 Bde. von EM.

Verlauf Grondola – wie 13.2 – Montelungo (833 m) – Cavezzana d'Antena (578 m) – Il Cucchero (860 m) – Gravagna (683 m) – Groppo del Viscovo (1176 m) – Monte Fontanini (1399 m) – Passo Cirone (1248 m) – Monte Orsaro (1831 m) – Capanna Schiaffno (1600 m) – oberhalb Lago Santo (Rifugio Mariotti) – Passo delle Guadine – Passo di Badignana (1685 m) – Monte Sillara (1861 m) – Passo Compione (1794 m) – Lago Martini – Rifugio Frato Spilla (1320 m) – Lago Paduli (1157 m) – Rifugio Citta di Sarzana (1580 m) – Passo di Pietra Tagliata (1750 m) – Passo del Cerreto (1261 m, Hotels) – Monte La Nuda (1895 m) – Cima Belfiore – Passo di Pradarena (1579 m, Rifugio) – Le Porraie (1779 m) – Rifugio La Bargetana (1740 m) – La Malite – Passo Bocca di Massa (1816 m) – Passo delle Foroici (1574 m) – Cima La Nuda (1708 m) – Passo delle Radici (1529 m, Hotel) – Alpe San Pellegrino – Bassa del Saltello (1599 m) – Cima dell'Omo – Lago Santo

(1501 m, Hütten) – Monte Rondinaio (1964 m, höchster Punkt am E 1 im Apennin) – Foce a Giovo (1674 m) – Lago Nero (1730 m, Rifugio) – Boscolungo (1400 m) – La Verginetta – Libro Aperto (1937 m) – Cima Taufi (1937 m) – Passo della Croce Arcana (1675 m, Rifugio) – Lago Scaffarolo (1775, Rifugio) – Passo Strofinatoio (1837 m, Rifugio) – Passagio dei Malandrini (1662 m, Rifugio) – Passagio Catinaccio (1406 m) – Pracchia (Reno-Tal, 607 m, Bahnstrecke Pistoia – Bologna) – Passo della Collina (932 m) – Passagio Alto (1093 m) – Spedaletto (881 m, Hütte) – Monte Bucciana (1204 m) – Rifugio Pacini (1004 m) – Tabernacolo (968 m) – Monte delle Scalette (1186 m) – Case dell'Alpi (1012 m) – Passagio di Petto (1121 m) – Montepiano (700 m) – Rifiletti (886 m) – Passo della Futa (903 m) – Monto Gazzaro (1125 m) – Passo dell'Osteria Bruciata (917 m) – Monte Castel Guerrino (1117 m) – Giogo di Scarperia (882 m, Hotel) – Passagio dei Prati Plani (1031 m) – Moscheta (569 m) – Casetta di Tiara – Passagio Roncaccio (1044 m) – Passo Sambuca – Casaglia (754 m) – 2 km abseits Crespino del Lamone (535 m, Bahnstrecke Bargo San Lorenzo – Faenza).

Tosko-Romagnolischer und Umbrischer Apennin

13.4 Crespino del Lamone – Bocca Trabària – Castelluccio (– Norcia)

Eigenheit Zum Apennin allgemein siehe 13.2. Auf diesem Abschnitt erreicht der E 1 im ersten Teil Höhen bis 1700 Meter, dann in Umbrien bis 1800 Meter.
Länge 290 Kilometer. Anschluß nach Norcia 14 Kilometer.
Markierung Bis Bocca Trabària weißes Dreieck, Bezeichnung GEA (Grande Escursione Apenninica). Die GEA ist auf weiten Strecken, aber nicht durchweg, identisch mit dem Apennin-Kammweg (Markierung rot-weiß-rot, Bezeichnung 00). Ab Bocca Trabària rot-weiß-rot (Tratto Umbro).
Betreuer Wie 13.2.
Karten 1:50 000: CAI/SELCA, sentieri montani della Provincia di Firenze, Blatt 1; Edizioni Multigraphic (EM), Firenze, carta turistica e dei sentieri, Blatt Foreste Casentinesi; SELCA, Firenze, carta dei sentieri, Blatt Val Tiberina e Marca Toscana; Kompass-Karte, Blatt 675 (Tratto Umbro); 1:25 000: EM, Doppelblätter 25/28, 29/30, 33/35, 34/36.
Führer Italienisch: für GEA (bis Bocca Trabària) siehe 13.3; für Tratto Umbro der angegebenen Kompass-Karte beigegeben.

Anmerkung Der durchgehende E 1 endet derzeit mit dem Tratto Umbro in Castelluccio. Um die Wanderung abzuschließen, geht man von Castelluccio mit Markierung 60 über den Paß zwischen Monte Calarelle und Monte Ventòsola nach Norcia. Insgesamt 14 km sind einzusparen, wenn man den E 1 bereits bei Campo del'Acquaro verläßt und mit Markierung 58 über Campi – Forca d'Ancarano nach Norcia geht. Von Norcia täglich Bus nach Spoleto (Bahn Rom – Ancona).

Verlauf 2 km abseits Crespino del Lamone – Passagio degli Allocchi (1019 m) – Alpe di Vitigliano (1117 m) – Porcellecchi (998 m) – Giogo di Corella (1121 m) – Colla della Maestà – Passo del Muraglione (907 m) – Colla Tre Faggi – Colla Giogo (1075 m) – Castagno d'Andrea (727 m) – Monte Falterona (1654 m) – Monte Falco – Rifugio Città di Forli – Passo Calla (1296 m) – Naturreservat Sasso Fratino – Giogo Seccheta – Sepolcro Eremo (1104 m) – Passo Fangacci – Badia Prataglia (840 m) – Passo dei Mandrioli (1173 m) – Montalto (1291 m) – Passagio Tre Vescovi (1232 m) – Passo delle Pratelle (1067 m) – Monte Penna (1282 m) – Chiusi della Verna (952 m) – Passagio dell'Abete – Eremo della Casella (1263 m) – Fragaiolo – Caprese Michelangelo (657 m) – Pieve S. Stefano (Tiber-Tal, 431 m) – Passo di Viamaggio (983 m) – Passagio della Ciocchetta (1062 m) – Alpe della Luna (Monte Maggiore, 1384 m) – Monte Sodo Pulito – Bocca Trabària (1049 m, Hotel, Bus Sansepolcro) – Bocca Serriola (730 m, Hütte) – Madonna dei Cinque Faggi – Acquapartita (Hotel) – Certano-Tal (500 m) – Sierra di Burano (1020 m) – Tranquillo (430 m) – Monte Picognola (806 m) – Scheggia (580 m) – Monte Cucco (1435 m) – Val di Ranco (1178 m, Hotel) – oberhalb Fossato di Vico (900 m) – Monte Maggio – Monte Serra Santa (1423 m) – Trivio di Luticchio (869 m) – Monte Alago (Hotel) – Bagnara (634 m) – Annifo – Colfiorito – Dignano (885 m) – Monte Cavallo (1485 m) – Croce – Valle di Visso (Nera-Tal, 550 m) – Saccovescio – Campo dell'Acquaro (1129 m, *Abkürzung nach* Norcia) – Croce di Cardosa (1388 m) – Monte delle Rose (1800 m) – Castelluccio (1453 m, *Anschluß nach* Norcia).

Anschriftenverzeichnis

Europäische Wandervereinigung e.V.
Wilhelmshöher Allee 157–159,
D-34121 Kassel

Verband Deutscher Gebirgs- und Wandervereine e.V.
Wilhelmshöher Allee 157–159,
D-34121 Kassel

Deutsche Wanderjugend
Tannenweg 22, D-71364 Winnenden

Deutsches Jugendherbergswerk
Im Gilde Zentrum,
Bad Meinberger Straße 1,
D-32760 Detmold